Matrimônio e família

Dados Internacionais de Catalogação na Publicação (CIP)
(Câmara Brasileira do Livro, SP, Brasil)

Matrimônio e família : modelo ultrapassado ou garantia de futuro? / George Augustin (org.) ; tradução de Maria do Rosário de Castro Pernas. – Petrópolis, RJ : Vozes, 2018.

Vários autores.
Título original : Familie : Auslaufmodell oder Garant unserer Zukunft? / Ehe und Familie : Wege zum Gelingen aus Katholischer Perspektive.
 Bibliografia.
 ISBN 978-85-326-5951-4

1. Casamento (Sacramentos) 2. Casamento – Aspectos religiosos – Igreja Católica 3. Cônjuges 4. Família – Aspectos religiosos – Igreja Católica 5. Família – Vida religiosa 6. Homem-mulher – Relacionamento 7. Pais e filhos
I. Augustin, George.

18-19733 CDD-234.165

Índices para catálogo sistemático:
1. Matrimônio como sacramento : Teologia : Doutrina cristã : Cristianismo 234.165

Cibele Maria Dias – Bibliotecária – CRB-8/9427

George Augustin (org.)

Matrimônio e família
Modelo ultrapassado ou garantia de futuro?

Tradução de Maria do Rosário de Castro Pernas

Petrópolis

© Kardinal Walter Kasper Institut
Título do original em alemão: Este volume corresponde a uma seleção de textos recolhidos das seguintes obras: *Familie. Auslaufmodell oder Garant unserer Zukunft? / Ehe und Familie. Wege zum Gelingen aus Katholischer Perspektive* (publicados em alemão por Verlag Herder GmbH. Friburgo, 2014).

© Tradução: Paulinas Editora.

Direitos de publicação em língua portuguesa – Brasil:
2018, Editora Vozes Ltda.
Rua Frei Luís, 100
25689-900 Petrópolis, RJ
www.vozes.com.br
Brasil

Todos os direitos reservados. Nenhuma parte desta obra poderá ser reproduzida ou transmitida por qualquer forma e/ou quaisquer meios (eletrônico ou mecânico, incluindo fotocópia e gravação) ou arquivada em qualquer sistema ou banco de dados sem permissão escrita da editora.

CONSELHO EDITORIAL
Diretor
Gilberto Gonçalves Garcia

Editores
Aline dos Santos Carneiro
Edrian Josué Pasini
Marilac Loraine Oleniki
Welder Lancieri Marchini

Conselheiros
Francisco Morás
Ludovico Garmus
Teobaldo Heidemann
Volney J. Berkenbrock

Secretário executivo
João Batista Kreuch

Editoração: Leonardo A.R.T. dos Santos
Diagramação: Sheilandre Desenv. Gráfico
Revisão gráfica: Fernando S.O. da Rocha / Nivaldo S. Menezes
Capa: Ygor Moretti
Ilustração de capa: ©Tatiana Kasyanova | Shutterstock

ISBN 978-85-326-5951-4 (Brasil)
ISBN 978-84-293-2232-3 (Alemanha)

Editado conforme o novo acordo ortográfico.

Este livro foi composto e impresso pela Editora Vozes Ltda.

Sumário

Lista de abreviaturas, 7

Prólogo, 9

I – Matrimônio e família: Uma realidade em processo de mudança, 17

1 O futuro da família – Fundamentos antropológicos e desafios éticos, 19
   Eberhard Schockenhoff

2 Estará a medicina moderna mudando a nossa imagem de família?, 34
   Michael Lauerer, Eckhard Nagel e Isabel Schmidt

3 Fazer justiça às famílias no século XXI – Perspectivas de ética social cristã, 51
   Ursula Nothelle Wildfeuer

II – Matrimônio e família: A partir do olhar da fé, 67

4 Pensamentos sobre realidade e sacramentos, 69
   Thomas Krafft

O matrimônio, 89

5 O matrimônio – Verdadeiro sacramento da nova aliança, 91
   Gerhard Ludwig Müller

6 Integrar a sexualidade humana na vida familiar – Pensamentos para ter êxito no matrimônio, 112
   George Augustin

A família, 125

7 O futuro da família segundo a perspectiva cristã, 127
   Walter Kasper

8 "Não desprezes o teu irmão" (Is 58,7) – Reflexões segundo a perspectiva da Igreja Católica sobre a importância fundamental da família, 146
   Reinhard Marx

9 A família como célula germinal para a renovação da fé, 164
   Ralph Weimann

III – Matrimônio e família: Desafios pastorais, 179

10 Cinco recordatórios segundo a perspectiva do agente de pastoral – Sobre a pastoral dos fiéis divorciados e recasados, civilmente, 181
   Christoph Schönborn

11 Êxito e fracasso no amor e no matrimônio – Alegação em favor de uma forma adequada de abordar o fracasso irreversível e os novos começos, 193
   Dietmar Mieth

12 Desafios e prioridades para o evangelho da família – Caso paradigmático de uma família atual, 222
   Terrence Keeley

Os autores, 253

Lista de abreviaturas

AAS	*Acta Apostolicae Sedis* [ata oficial da Sé Apostólica na qual podem ser encontrados todos os textos e pronunciamentos pontifícios em língua original, disponível no site vatican.va]
BSELK	*Bekenntnisschriften der evangelisch-lutherischen Kirche* [Confissões de fé das Igrejas evangélicas luteranas]
CDSI	*Compêndio da Doutrina Social da Igreja*
CIC	*Catecismo da Igreja Católica* (Papa João Paulo II, 1992)
CL	Exortação Apostólica *Christifideles Laici* (Papa João Paulo II, 1988)
DCE	Carta Encíclica *Deus Charitas Est* (Papa Bento XVI, 2005)
DH	*Enchiridion Symbolorum: definitionum et declarationum de rebus fidei et morum* [coletânea de documentos de toda a história do cristianismo organizada por E. Denzinger]
EG	Exortação Apostólica *Evangelii Gaudium* (Papa Francisco, 2013)
EKK	*Evangelisch-Katholischer Kommentar* [grande e conhecido comentário bíblico alemão com autores católicos e evangélicos]
EV	Carta Encíclica *Evangelium Vitae* (Papa João Paulo II, 1995)
FC	Exortação Apostólica *Familiaris Consortio* (Papa João Paulo II, 1981)
FD	Constituição Apostólica *Fidei Depositum* (in: *Catecismo da Igreja Católica*)
GS	Constituição Pastoral *Gaudium et Spes* (Concílio Vaticano II, 1965)
HV	Carta Encíclica *Humanae Vitae* (Papa Paulo VI, 1968)
LG	Constituição Dogmática *Lumen Gentium* (Concílio Vaticano II, 1964)
LS	Carta Encíclica *Laudato Si'* (Papa Francisco, 2015)

LThK	*Lexikon für Theologie und Kirche* [enciclopédia teológica alemã editada por W. Kasper, cuja última edição conta com 10 vols.]
MFUF	*Matrimônio, família e "uniões de fato"* (Conselho Pontifício para a Família, 2000)
MM	Carta Encíclica *Mater et Magistra* (Papa João XXIII, 1961)
PF	Carta Apostólica, sob a forma de *motu proprio*, *Porta Fidei* (Papa Bento XVI, 2011)
RH	Carta Encíclica *Redemptor Hominis* (Papa João Paulo II, 1979)
SC	Constituição Conciliar *Sacrosanctum Concilium* (Concílio Vaticano II, 1963)
USCCB	United States Conference of Catholic Bishops [conferência episcopal americana]
VS	Carta Encíclica *Veritatis Splendor* (Papa João Paulo II, 1993)

Prólogo

Com o anúncio da Assembleia Extraordinária do Sínodo dos Bispos, ocorrida em 2014, o Papa Francisco voltou a colocar o tema "Matrimônio e família" no centro da atenção eclesial. Como se quisesse afinar a orquestra em vista da preparação do encontro, o Cardeal Walter Kasper, a convite do papa, pronunciou, em fevereiro de 2014, diante do consistório de cardeais, um discurso muito comentado sobre o tema "O evangelho da família". Este suscitou de imediato um debate bastante agitado. Com o presente volume, desejamos abordar o tema dessa discussão, expor os problemas sobre o matrimônio e a família no mundo atual, e contribuir para uma melhor e mais profunda compreensão da doutrina da Igreja sobre este assunto.

Os resultados do questionário pré-sinodal sobre a situação da família, realizado à escala universal pelo secretariado romano para o Sínodo, mostraram claramente que existem grandes diferenças, no contexto da Igreja universal, entre a doutrina e a práxis eclesial em relação ao matrimônio e à família. Verifica-se o fenômeno de que doutrina e vida se afastam significativamente uma da outra. Aqui devemos interrogar-nos: Como podemos reconciliar, de novo, vida e doutrina, e ultrapassar a discrepância existente?

Num mundo globalizado e pluralista, a Igreja, como comunidade mundial de testemunho e de fé, vive num âmbito de grande tensão devido à assincronia das culturas. Essa assincronia, essa diferença de ritmo no desenvolvimento cultural, afeta a percepção dos conteúdos e da práxis da fé. Por isso, na busca de soluções pastorais para a configuração do matrimônio e da família, devemos ter em vista os fatores antropológicos e socioculturais e interpretar a realidade vital dos crentes à luz do Evangelho.

Isso só se pode conseguir tomando a sério a realidade da vida das pessoas. Para isso, há que perceber a fé como fundamento da ação e ajuda na orientação para a práxis. Cabe à Igreja esclarecer continuamente o sentido existencial da sua doutrina e motivar as pessoas para realizar, na sua vida prática, a mensagem do Evangelho. A partir do espírito do Evangelho e dos valores nele cimentados, nós, os cristãos, temos a missão de tornar presente a santidade do matrimônio e da família, e defendê-los dos perigos.

Constitui um desafio permanente esclarecer e expor que a moral cristã não é uma moral de proibições, mas promessa e orientação para a vida em plenitude (cf. Jo 10,10). Ser cristão significa ser capaz, com a graça de Deus, de cooperar com total confiança e de viver no seguimento de Cristo. A moral cristã é uma moral de impulso e de serviço à vida; é, no fundo, uma moral de capacitação.

Uma moral cristã sem profundidade teológica e amplitude espiritual torna-se, sem dúvida, irrelevante a curto prazo, e não pode servir para o crescimento do cristão e do ser humano na sociedade. Se quiser estar à altura da sua missão mundial, a Igreja deve adotar uma posição crítico-positiva frente ao mundo secularizado, inclusive em assuntos de ordenação ética da sociedade.

Nesse aspecto, cabe à Igreja anunciar de forma reconfortante e inteligível, no contexto de uma situação social transformada, a mensagem da beleza e do valor do matrimônio e da família, baseada no Evangelho de Jesus Cristo. Que isto fique bem claro: a Igreja quer servir a vida e o amor das pessoas. A Igreja quer que a vida dos casais e das famílias se realize de fato. Em todas as aplicações práticas da doutrina, essa intenção fundamental pode e deve tornar-se claramente reconhecível.

Hoje, por motivos diferentes, essa mensagem positiva da Igreja não chega a muitos crentes. Por um lado, não veem a intenção de servir a vida por parte da doutrina eclesial sobre o matrimônio e a família; por outro, não conseguem comunicar, clara, sintética e inteligivelmente, os aspectos relevantes para a vida da doutrina da Igreja.

Não podemos nem nos é lícito mudar ao nosso gosto o conteúdo e a substância da mensagem bíblica. Em vez disso, devemos procurar caminhos e ver como podemos ganhar e entusiasmar pessoas para a mensagem. O importante é manifestar claramente como se pode viver e desenvolver a riqueza e a grandeza da doutrina da Igreja sobre a vida e o amor no matrimônio e na família. A transmissão do evangelho do matrimônio e da família deve recuperar de novo uma alta prioridade pastoral e converter-se em preocupação missionária de todos os crentes.

Assim, devemos ultrapassar a fixação exclusivista em temas problemáticos singulares e, primeiro que tudo, apresentar de novo, de forma positiva, o sentido e o fim da doutrina da Igreja. A nossa preocupação primordial deve ser não nos perdermos em debates teológicos ou casuísticos particulares, mas pôr todo o empenho em comunicar abertamente o sentido da ideia católica do matrimônio. É necessária uma mudança de perspectivas e de paradigmas. A nossa atenção deve centrar-se na práxis de uma vida conseguida, tanto ao nível do matrimônio como da família.

Levanta-se uma multidão de interrogações: Como podemos fortalecer o matrimônio e a família nos seus múltiplos desafios? Que podemos fazer, pessoalmente e como Igreja, para criar as condições em que as pessoas possam, cheias de confiança, com plena responsabilidade, conscientes da presença amorosa de Deus, estruturar a sua vida matrimonial e familiar?

Não somos poupados à luta, segundo o espírito do Evangelho, de procurar respostas para perguntas inadiáveis sobre o matrimônio e a família. Trata-se de procurar caminhos para anunciar o evangelho do matrimônio e da família na nossa sociedade plural, de tal modo que as pessoas não o entendam como proibição ou impedimento na vida, mas como indicador da configuração de uma vida conseguida. Devemos transmitir pastoralmente a ideia teológica de matrimônio e família, de tal modo que se possa tornar frutífera no dia a dia, tanto no matrimônio como na família.

Por conseguinte, a Igreja, como comunidade de fé, deve estar disposta a aceitar e a suportar com toda a humildade que não podemos encontrar uma solução satisfatória para todos os problemas, inclusive os que dizem respeito ao matrimônio e à família.

O crente não tem outro remédio senão confrontar estas contradições da vida com a experiência da cruz do Senhor. Assim se chega a um efeito recíproco. A ideia cristã do matrimônio e da família pressupõe uma concepção geral do ser humano. O cristão eleva o humano a um nível divino, que é graça e capacidade. Como cristãos, somos instados em conjunto a procurar caminhos para voltar a tomar consciência da fundamentação social, filosófica e teológica do matrimônio e da família. Segundo o conceito católico, o matrimônio é uma comunidade de vida e de amor entre um homem e uma mulher, livre, assumida para toda a vida e sancionada sacramentalmente, ordenada para o bem-estar mútuo do casal e para a geração e educação da descendência. A família é, ao mesmo tempo, o lugar da experiência da dignidade das pessoas e da cultura humana. Aqui aprendem as pessoas – pais e filhos – a prática da compaixão e do amor ao próximo. O futuro da humanidade depende, de forma decisiva, da estabilidade e da trama de valores das famílias.

Disso deriva, como missão permanente da reflexão teológica e do anúncio pastoral, a necessidade de clarificar uma e outra vez que a visão cristã do matrimônio e da família responde ao anseio profundo do coração humano. À luz da fé cristã, isso permite que o amor entre homem e mulher, pais e filhos, brilhe com novo fulgor.

Mostra a experiência que a família tradicional e não contaminada oferece aos filhos o ambiente mais seguro e idôneo. Contribui para o seu desenvolvimento integral. Os filhos que crescem junto dos seus pais biológicos, casados entre si, têm as melhores possibilidades de um harmonioso desenvolvimento das suas personalidades. Correm o mínimo risco de ter experiências negativas no ambiente familiar. Isso é confirmado por investigações sociológicas em todas as culturas do mundo. A Igreja move-se neste âmbito de experiência e sente, por isso, o desejo de iluminar caminhos sobre o modo de as pessoas poderem dominar, com a força de Deus, os múltiplos desafios do matrimônio e da família. Faz seu o anseio genuinamente humano de segurança e estabilidade e acompanha as pessoas nas diversas fases da vida e nas suas distintas funções, para que possam ser bons cônjuges e progenitores responsáveis e amorosos. Para as crianças e os jovens também se entende a Igreja como importante interlocutora e companheira de viagem.

Tudo isso, juntamente com atitudes fundamentais e ideais, também requer respostas para questões muito concretas. Por isso, há que perguntar que repercussão terá, a longo prazo, para a sociedade, uma elevada taxa de divórcios. Como cristãos, devemos aceitá-lo como fatalidade inevitável? Que podemos fazer para evitar, segundo o Espírito de Jesus Cristo, os múltiplos motivos que conduzem ao divórcio e vencê-los mediante a prática da reconciliação e da misericórdia? Sob este aspecto, o problema tão debatido, sobre a admissão à comunhão dos divorciados pelo civil que voltaram a casar, já não ocupará o primeiro lugar. O mais importante é, na verdade, a preocupação fundamental: Que podemos fazer, no plano plenamente prático, segundo o espírito de Jesus Cristo, para que ainda hoje os matrimônios e as famílias sejam bem-sucedidos?

Os casados que se esforçam por viver um matrimônio cristão sabem que o caminho do matrimônio não é fácil. Mas se esse caminho for percorrido com a força de Deus, poderá conduzir, por si só, à plenitude e trazer inúmeras bênçãos para o matrimônio e para a família.

Assim, o maior desafio para a pastoral de hoje é: Como podemos nós próprios chegar à convicção de que a doutrina católica sobre o matrimônio e a família não é uma ideologia do passado, mas promessa da verdadeira felicidade dos seres humanos, desenvolvida a partir da plenitude da fé e, ao mesmo tempo, tornada possível pela graça?

O Sacramento do Matrimônio é a fonte permanente da graça que, no dia a dia matrimonial, dá força para configurar com êxito a comunidade de amor e de vida entre mulher e homem. A graça deste sacramento também dá força para perdoar e esquecer. O sacramento capacita as pessoas para vencerem os próprios interesses egoístas, para solucionarem os conflitos, segundo o Espírito de Cristo, e para contribuírem para um crescimento de ambas as partes. Ao mesmo tempo, há que desenvolver, com base na força do sacramento, uma espiritualidade atualizada de matrimônio e de família, que se alimente da plenitude e da amplitude da fé católica.

Os autores e autoras deste volume temático contribuem, cada um segundo a sua própria perspectiva, para um debate de atualidade, que apresenta os diversos desafios de uma pastoral matrimonial e familiar. A todos os une o desejo de procurar uma resposta conforme ao Evangelho e ao Espírito de Cristo para os diversos problemas. Agradecemos a todas as pessoas que colaboraram nesta obra, sobretudo aos autores e autoras, bem como aos tradutores, José Manuel Lozano-Gotor Perona e Melecio Agúndez, e ao Grupo de Comunicação Loyola, pela sua colaboração sempre cordial e eficaz.

A doutrina da Igreja sobre o matrimônio e a família não representa nenhuma moral peculiar, mas foi pensada para todos os homens e mulheres de boa vontade. Surge da reflexão sobre a vida divina e humana. Cresce com o aprofundamento e o desenvolvimento do sentido moral, já inscrito na criação, e que, com a revelação de Deus na história da salvação, experimenta o seu derramamento de graça. Constitui tarefa permanente reformular teoricamente, para as diversas situações da vida das pessoas, este fundamento da vida cristã na sua relevância para a realização da vida matrimonial e familiar, e colocá-lo ao alcance de todos como orientação, como motivo mobilizador e como fonte de saudável energia. Ali onde as pessoas o assumem como fundamento da sua vida, matrimônio e família são bem-sucedidos numa cultura do amor. Nesta, homem e mulher, pais e filhos, manifestam conjuntamente o cuidado de uns pelos outros e relacionam-se entre si com respeito e gratidão. Aqui se desenrola também uma cultura do amor que é bela e veraz, afirmadora e promotora de vida, simultaneamente divina e humana.

Vallendar, na Festa da Assunção de Maria
15 de agosto de 2014
George Augustin

I
Matrimônio e família
Uma realidade em processo de mudança

1
O futuro da família

Fundamentos antropológicos e desafios éticos*

Eberhard Schockenhoff

1 Sintomas da crise da família

Nas três últimas décadas, as formas de união e de vida em casal e as circunstâncias de vida familiar de numerosas pessoas transformaram-se visivelmente. Para entender a relevância de tal mudança basta assinalar de forma sucinta os desenvolvimentos mais importantes: a tendência para contrair matrimônio decresce; o número de uniões de vida não matrimoniais e de lares unipessoais aumenta; cada vez há mais casais que vivem separados (*living apart together*); a taxa de natalidade reduz-se até valores situados abaixo do nível de substituição de gerações; o número de casais sem filhos,

---

* "Die Zukunft der Familie: Anthropologische Grundlagen und etische Herausforderungen". In: AUGUSTIN, G. & KIRCHDÖRFER, R. (orgs.). *Familie* – Auslaufmodell oder Garant unserer Zukunft? Friburgo: Herder, 2014, p. 69-82.

de famílias reconstituídas e de famílias adotivas continua a crescer; o casal formado por duas pessoas com carreiras profissionais fez surgir o papel de dono de casa e o mito dos "novos pais"; as famílias monoparentais ou as chamadas famílias *patchwork* (compostas por retalhos) deixaram, há algum tempo, de ser uma raridade; as comunidades de vida alternativas e os casais homossexuais são socialmente tolerados e juridicamente reconhecidos. Se tivermos presente esse desenvolvimento, torna-se manifesto que de modo algum se trata de fenômenos marginais, mas de vastas tendências de mudança profunda que não se detêm nem sequer diante das estruturas sustentadoras do nosso mundo da vida, a saber, a realidade social do matrimônio, o casal e a família.

No entanto, seria um erro concluir, a partir desses fenômenos, que o matrimônio e a família são, para a consciência social, um modelo esgotado ao qual as pessoas já não reconhecem função alguma de orientação e guia na sua própria vida. Aliás, a par do aumento significativo de formas alternativas de vida, os dados estatísticos também mostram que a orientação para o ideal de família vinculada ao matrimônio continua a ser surpreendentemente estável entre a população (cf. KAUFMANN, 1995: 151s.). Todavia, dois terços das pessoas contraem matrimônio, o que, na esmagadora maioria dos casos, implica, como consequência, a criação posterior de uma família própria. No entanto, a antiga sequência natural temporal e objetiva de matrimônio e família já não é inquestionada; o matrimônio é eleito com uma frequência crescente apenas em vista do planejamento de uma família própria na medida em que o casal, perante o nascimento iminente de um filho, dá por terminada a fase de convivência informal e introduz a sua relação num contexto juridicamente ordenado.

No entanto, daí não se deve deduzir que o matrimônio e a família sejam menosprezados ou até por princípio postos em questão; pelo contrário, o desenvolvimento aponta antes para uma firme implantação desta instituição nos planos de vida das pessoas. O aumento do número de divórcios e a elevada taxa de lares monoparentais, nas grandes cidades, também não podem ser interpretados, sem mais, como indício de um apreço dramaticamente decrescente do matrimónio e da família, como o testifica o elevado número de segundos matrimónios, e a dupla circunstância de que numerosos solteiros não consideram a sua atual forma de vida uma situação duradoura e de que pessoas que em tempos foram casadas chegaram a essa situação como consequência da morte do seu cônjuge (cf. HETTLAGE, 1995: 66; NAVE-HERZ, 1994). No que diz respeito à geração dos atuais menores de idade, fatos contundentes e números claros falam, apesar de tudo, contra a tese do fim da família: mais de 85% deles crescem junto dos seus próprios pais, casados entre si; ou seja, vivem numa situação que corresponde aos critérios clássicos da família vinculada ao matrimónio. Os restantes 15% também não vivem em uniões de vida não matrimoniais permanentes ou em relações amorosas abertas dos seus pais biológicos, como sugere a imagem da pluralização e individualização das situações familiares de vida. Pelo contrário, tais circunstâncias de filiação costumam ser determinadas pelo fenómeno da paternidade ou maternidade múltipla, que surge na sequência do início de uma nova relação conjugal pelo progenitor com o qual a criança constitui provisoriamente um lar (cf. NAUCK, 1991: 399ss.).

Os cenários de mudança da sociedade moderna esboçados mostram que a situação da família na mesma está marcada por tendências de evolução contrapostas e, em parte, também contraditórias, para as quais se dão explicações diferentes no debate das ciências sociais e da política social. Uma primeira abordagem interpretativa (representada pelo grupo reunido em torno de Ulrich Beck, Elisabeth Beck-Gernsheim e Hans-Joachim Hoffmann-Novotny) (cf. BECK & BECK-GERNSHEIM, 2008; BECK-GERNSHEIM, 2008, 2010) afirma – perante a segmentação da sociedade (pós) moderna e a progressiva individualização das trajetórias vitais – o fim da concepção tradicional da família, que, a partir dessa perspectiva, surge como uma irreal e desmesurada exigência, apresentando uma instituição incapaz de se modernizar ou imperfeitamente modernizada. Pelo contrário, um segundo grupo (reunido em torno de Franz-Xaver Kaufmann, Robert Hettlage, Rosemarie Nave-Herz e Laszlo A. Vascovics) (cf. HETTLAGE, 2002, 2003: p. 517-519; NAVE-HERZ, 2010: 39-57; 2012a; 2012b, 2013) vislumbra, por detrás dos processos de mudança social, uma continuidade do ideal de família mais forte do que permitem suspeitar, à primeira vista, os sugestivos cenários de uma radical modernização da sociedade[1]. Segundo a primeira perspectiva, a família nuclear definida pela convivência de progenitores casados e dos seus próprios filhos surge como relíquia de uma constelação histórica passada que já não corresponde às possibilidades de decisão dos indivíduos libertados dos seus vínculos familiares nem à paradoxal pressão para encenar a própria biografia, e que, portanto, na sequência da transcendental mudança vivida na relação dos gêneros entre si, já não oferece uma forma de organização apropriada para enfrentar problemas existenciais (no modo cotidiano de viver, na articulação de profissão com tempos livres, na satisfação de necessidades privadas e no acompanhamento dos filhos). À pergunta sobre se – tendo em conta a necessidade permanente de tomada de decisões suscitada pela sociedade de risco, decisões essas que, após a *destradicionalização* dos valores e ideais recebidos, só podem ser tomadas atendendo às preferências subjetivas dos afetados – o matrimônio e a família pertencem a uma época que está acabando, só nos cabe responder, por conseguinte, com um "claro sim" (BECK, 1990: 27). De acordo com a perspectiva da segunda escola de interpretação, o "precipitado adeus" (R. Hettlage) ao modelo de família vinculada ao matrimônio baseia-se, pelo contrário, em equivocadas conclusões especulativas e na suposição da existência de "cadeias causais unidimensionais" (NAVE-HERZ, 2013: 123), que não encontram confirmação nas investigações empíricas sobre as verdadeiras atitudes existenciais das pessoas e na sua satisfação com a situação familiar

---

[1] Para estas "facções", na atual sociologia da família e teoria da sociedade, cf. MARSCHÜTZ, 2000: 145ss.

que vivem. Esta abordagem explicativa também parte da evidente ampliação de opções no que diz respeito à configuração da vida, tanto das mulheres como dos homens, tornando-se necessário prestar especial atenção à circunstância de que a normalidade biográfica do matrimônio e da maternidade (ou paternidade) diminuiu de forma drástica nos últimos anos (cf. KAUFMANN, 1995). No entanto, da teoria da individualização da sociedade não se deve inferir, de modo unilinear-causal, a pluralização das formas de vida *familiares*, nem tal teoria constitui tampouco um ponto de apoio suficiente para o prognóstico de que nos encaminhamos para uma sociedade de solteiros sem família. Pelo contrário, junto ao setor familiar estatisticamente ainda predominante, em que o conjunto de normas de vida familiar e de paternidade e maternidade continua a ter firmes fundamentos e até adquire maior peso (em relação às normas de matrimônio e de casal), consolida-se um segundo âmbito dominado por formas de vida não familiares. A tese de uma considerável dissolução do modelo de família vinculada ao matrimônio, como consequência de uma pluralização das formas de vida familiares, apoia-se, segundo esta visão, numa mistura ilícita destes dois âmbitos. Conduz a um errado diagnóstico da época, pois quase ignora o fosso cada vez mais profundo que se abre, na nossa sociedade, entre o setor familiar e não familiar (cf. NAVE-HERZ, 1997: 39s.).

Por trás destas abordagens explicativas contrapostas também se encontram, sem dúvida, diversos modos de proceder metodologicamente. Enquanto a interpretação mencionada, em primeiro lugar, parte de uma acumulação estatística de dados divergentes, o surgimento de uma nova finalidade normativa, em vista de modelos alternativos de vida familiar, aos quais depois se certifica uma capacidade de futuro superior ou até exclusiva, a segunda abordagem interpretativa atribui, a empiricamente demonstrável continuidade na concepção de família, ao fato de que as funções e contributos da família (bem como das instituições sociais em geral) remontam a necessidades antropológicas profundamente arraigadas, pelo que não podem perder, sem mais, a sua função, nem sequer em épocas de profundas mudanças sociais (cf. HETTLAGE, 1998: 245). Por conseguinte, a partir dessa perspectiva, o compromisso moral das pessoas que vivem numa família – em especial, como é óbvio, dos próprios cônjuges – e a mobilização dos seus recursos particulares, têm uma importância inegável para o êxito do projeto de família global. A tese da pluralização tende, pelo contrário, a ver as formas familiares de vida exclusivamente como objetos de mudança social, de tal modo que a capacidade de controle do acontecimento familiar pela ética pessoal dos membros da família tende a ser ignorada.

2 A importância da família vinculada ao matrimônio

Durante a última década, a transformação dos modelos familiares de vida não afetou apenas o matrimônio. Levou também a uma mudança da importância da família, cujo alcance ainda mal começou a ser entendido, até mesmo teologicamente (cf. LOHFINK, 1983: 227-229). A inquestionada equiparação entre matrimônio e família revelava-se adequada num ambiente histórico-social em que o ciclo das gerações conhecia ritmos mais breves e o horizonte temporal era consideravelmente mais reduzido. Antigamente a separação em relação à família de origem produzia-se mediante o próprio matrimônio, que, ao mesmo tempo, marcava o início de uma nova família. Para os pais que ficavam em casa e que, com a educação dos filhos, tinham concluído a missão mais importante da sua vida, com a partida dos filhos da comunidade de vida familiar tinha início, ao mesmo tempo, a retirada da vida profissional e a preparação para a velhice. Muitas vezes, o tempo de vida em comum que lhes restava via-se ainda mais limitado pela morte prematura de um dos cônjuges, de tal modo que o fim da fase familiar era, para o cônjuge sobrevivente, praticamente sinônimo do começo do estado de viuvez.

Na atualidade, pelo contrário, a importância da fase familiar no contexto do matrimônio diminuiu de forma evidente; em relação ao conjunto da duração da vida em comum constitui um período importante, mas não o único determinante. O simples fato de a duração global do tempo de vida em comum ter quase duplicado, em comparação com gerações anteriores, mostra que a relevância da fase familiar na sequência dos ciclos de vida diminuiu. A separação mais precoce da própria família de origem, o começo adiantado da fase pós-familiar, devido à partida dos filhos e à maior duração do chamado matrimônio senil (*Altersehe*) manifesta claramente que, hoje em dia, os cônjuges se veem novamente precipitados, em muito maior medida, na sua própria relação de casal. A teologia da Igreja sobre o matrimônio deveria ter em conta essa mudança das situações de vida familiares, complementando o seu ideal de matrimônio vinculado à família mediante o ideal de uma família vinculada à relação de casal (cf. GRUBER, 1994).

Apesar da abertura essencial do amor conjugal à reprodução e à educação dos filhos, a estreita inter-relação de matrimônio e família predominante na doutrina eclesial do matrimônio deveria ser acentuada de modo distinto no futuro. A relação conjugal do casal não constitui *apenas* o fundamento da família, embora seja, de fato, a sua necessária condição prévia. Entretanto, uma completa dissociação entre matrimônio e família, como reclamam os representantes das uniões de fato não matrimoniais, em larga medida habitual na terminologia da sociologia e do direito da família, ameaçaria ainda mais o espaço de proteção necessário em que crescem as crianças. Na vida devem existir lugares de segurança incondicional que não sejam relativizados de antemão por reservas temporais ou por outras cautelas em relação à vinculação. Sobretudo tendo em vista as experiências-limite da necessidade, da desgraça, da doença e da velhice, não se vislumbram formas de vida alternativas capazes de garantir tais funções em vez da família (cf. AUER, 1986).

Para que a família continue a ser uma unidade social básica da vida e as crianças possam crescer num lugar onde experimentem modelarmente a incondicional fiabilidade da vida, os próprios progenitores devem representar, na sua relação mútua, tal fiabilidade. Por isso, só a família vinculada ao matrimônio pode desempenhar a função de uma unidade básica no sentido pleno da palavra, que permanece insubstituível, inclusive em condições sociais transformadas. Pelo contrário, se o conceito de família se define apenas mediante a convivência de adultos e crianças, ou se reduz à díade mãe-criança, a sua relevância antropológica autônoma e a sua genuína posição singular, em relação a todas as restantes estruturas sociais, deixam de poder ser adequadamente compreendidas. Daí que, no seu estudo *Familie als soziales Subjekt* [A família como sujeito social], Savio António F. Vaz fale de um caráter específico de "nós" da família, que surge da fiabilidade inauguradora de futuro, fundada sobre a relação que os cônjuges mantêm entre si:

> Na concepção cristã, a família também é, pelo seu lado, uma comunidade aberta à vida, um "nós" aberto à vida. Enquanto tal, presta sem dúvida serviços imprescindíveis tanto à própria comunidade como à sociedade em geral: assim, também se trata, sem dúvida, de garantir aos filhos uma educação ordenada; a família reconhece, obviamente, como sua função, a preocupação – e o cuidado – pelos seus membros doentes e idosos; presta, em múltiplos sentidos, serviços sem os quais uma sociedade não poderia subsistir. Porém, não se esgota na prestação de serviços ou no desempenho de funções imprescindíveis. É, além disso, expressão visível de uma promessa de futuro; e como essa promessa é por ela mais simbolizada na sua identidade do que nas suas funções, cabe-lhe o caráter de um sujeito social que não é de índole secundária, mas de natureza original (VAZ, 2007: 332).

3 O futuro da família

As mudanças sociais do moderno mundo da vida não modificaram a estrutura fundamental da vida familiar nem a responsabilidade paterno-materna, ou seja, a convivência dos progenitores com os seus filhos na decisiva fase familiar. Sobretudo pelo que diz respeito às fundamentais experiências existenciais que tanto os filhos como os progenitores vivem nesta fase da convivência, não se vislumbram, na nossa sociedade, formas alternativas de vida capazes de substituir, a longo prazo, a família como lugar de aprendizagem social e de experiência existencial de sentido.

A convivência das crianças com os seus pais oferece uma oportunidade insubstituível de aprendizagem social, através da qual se exercitam de forma não deliberada, mas duradoura e eficaz, a confiança radical na vida – necessária para um desenvolvimento frutífero da personalidade – e a fiabilidade das relações humanas. Conforme o lema "aprender, fazendo", na família pode-se desenvolver uma original solidariedade da ajuda e a partilha numa medida que não se pode experimentar em nenhum outro âmbito vital da sociedade. Numa sociedade diferenciada em múltiplos subsistemas que repartem entre si as tarefas, tem grande importância o fato de que a família seja o único sistema social em que os membros da mesma encontram reconhecimento, não devido a determinadas destrezas, capacidades singulares ou aptidões objetivas, mas como pessoas, ou seja, de modo integral, sob todos os aspectos da vida. Em virtude da "inclusão da pessoa toda" (Niklas Luhmann) que nela se realiza e se acredita no lote cotidiano de alegria e sofrimento, incluindo situações existenciais-limite como a desgraça, a doença e a velhice, a família representa um lugar privilegiado para a aquisição de "múltiplas competências existenciais que afetam a maneira de viver no seu conjunto" (MARSCHÜTZ, 2000: 193). Não só as tarefas e prestações que ela (como instituição social, no plano médio ou nível intermédio), realiza para a sociedade, mas também as experiências existenciais básicas que ela medeia através da interação elementar (no sistema primário de relações no microplano), entre pais e filhos e entre os vários irmãos, tornam a família insubstituível, ao contrário de outras redes sociais. E isso também vale para o futuro.

Na segurança da família, a criança deve receber cuidados, adquirir confiança na vida e desenvolver assim a sua própria capacidade de vinculação. Deve compreender o mundo na sua língua materna, experimentar solicitude e amor no encontro com os seus progenitores e ensaiar a autonomia e a rivalidade na relação com os seus irmãos, a fim de avançar desse modo para uma personalidade segura de si. Mais tarde, o jovem terá de aprender, num círculo sempre crescente de pessoas da sua própria idade, mas também de adultos, a autoestima, o discernimento e a disciplina, preparando-se assim para as suas próprias tarefas vitais na universidade, para a formação profissional e para o exercício da sua profissão. O ciclo das gerações fecha-se quando os jovens criam a sua própria família e assumem a responsabilidade de pais. Paul Kirchhof, especialista em direito público e antigo membro do Tribunal Constitucional da Alemanha, resume a importância deste ciclo para a sociedade com as seguintes palavras: "O Estado liberal coloca, assim, o seu próprio futuro nas mãos da família" (KIRCHHOF, 1999: 507; cf. tb.: NOTHELLE-WILDFEUER, 2009: 279-286; LAUX, 2012: 107-137). O Estado fomenta o surgimento de virtudes democráticas, tais como a responsabilidade, a solidariedade, o orgulho dos cidadãos e o civismo, respeitando o matrimônio e a família como unidades sociais básicas da sociedade e possibilitando-lhes o cumprimento do seu encargo educativo mediante o estabelecimento das adequadas condições-tipo. Só tomando a sério tal encargo e atribuindo às políticas familiares a categoria que lhes compete, o Estado reconhece a família como lugar de vivência e experiência antropologicamente original e anterior a ele, cuja importância para o desenvolvimento da personalidade de todos os envolvidos, tanto dos pais como dos filhos, supera a de qualquer outro vínculo humano.

Mesmo quando a salubridade de determinadas formas de família para o desenvolvimento psicossocial das crianças que nelas vivem não se pode avaliar com base num único aspecto, existe uma base de experiência suficiente para suspeitar que determinados critérios são de capital importância, sob esse aspecto. No seu estudo recente sobre os fundamentos das políticas de família, Max Wingen, antigo presidente do Gabinete de Estatística do Estado federado de Baden-Württemberg, menciona a integridade da relação de casal (que assume a responsabilidade paterno-materna), a estabilidade da relação dos pais, a visibilidade do seu compromisso e o reconhecimento público da comunidade de vida (cf. WINGEN, 1997). Alguns desses critérios, como, por exemplo, a estabilidade da relação dos pais, podem cumprir-se perfeitamente em formas não matrimoniais de família, e vice-versa – o fato de os progenitores terem contraído formalmente o matrimônio não garante de forma automática a fiabilidade da sua relação. No entanto, no seu conjunto, constitui um sólido pressuposto que, regra geral, a combinação de tais critérios se alcança da forma mais segura ou, pelo menos, é facilitada pelo ideal de família vinculada ao matrimônio.

4 A proteção da família como função social

Uma sociedade que já não quisesse fomentar de modo especial o matrimônio e a família como unidades básicas da sua convivência social, frente a outras formas de vida, minaria as suas próprias forças de coesão, privando, ao mesmo tempo, os seus membros das necessárias diretrizes orientadoras. Daí que também, no futuro, o ordenamento jurídico se deva ater a que apenas a disposição vinculativa de apoio mútuo em todos os riscos da vida confere uma base adequada para assumir a responsabilidade paterno-materna. A convivência com os filhos é mais do que um mero assunto privado dos pais; a ordem dessa convivência deve ser fiável, estável e transparente em relação ao exterior – nem que seja apenas em vista das crianças, sempre necessitadas de proteção. Daí que o encargo dado ao Estado de promover de modo especial a família como comunidade de vida e de educação proíba que se equiparem à família vinculada ao matrimônio outras formas jurídicas de convivência entre adultos e crianças.

No entanto, para fortalecer a disposição natural do ser humano para a comunidade de vida e de família, também são necessárias, para lá da proteção jurídica, novas medidas de política social a longo prazo. A sua finalidade deve ser reforçar os direitos da família e das pessoas que vivem nela frente às tendências individualizantes do mundo moderno da vida e a sua "estrutural falta de consideração" (F.-X. Kaufmann) pelas famílias. O Estado e a sociedade de modo algum se encontram impotentes, à mercê de tais tendências, que debilitam a capacidade de vinculação das pessoas e a coesão social. Só há que utilizar, com determinação e sentido da oportunidade, o instrumental adequado. Entre esse instrumental contam-se, por exemplo, a criação de ajudas econômicas às famílias, o reconhecimento do trabalho doméstico em pé de igualdade com o trabalho profissional, medidas para melhorar a compatibilidade de ambos mediante o fomento do trabalho a tempo parcial, a introdução do chamado "fator filhos" para a determinação da aposentadoria e outros benefícios fiscais para as famílias. Para facilitar a aplicação de tais propostas, dever-se-ia examinar se não seria necessária a introdução de um sufrágio familiar com vista a garantir a igualdade de oportunidades de participação e influência de todos os cidadãos nas leis que lhes dizem respeito, tal como estabelece a constituição alemã.

O ponto de vista orientador sob o qual se podem sintetizar estes diversos princípios desejáveis, desatendidos desde há anos com grande menosprezo tanto por parte da política como da sociedade, é indicado pela reflexão de que deve ser função prioritária de uma política social responsável conservar o capital humano e fortalecer os pressupostos biológicos, materiais e morais para a existência do futuro. Por muito que a erradicação da discriminação social e a integração das minorias se inclua, num Estado liberal, entre os fins necessários da política social, o encargo que esta tem de configurar os fundamentos da convivência social não se pode limitar a uma política de minorias meramente aditiva e heterogênea. Condição prévia de uma reforma social profunda e perdurável seria antes que se reconhecesse como objetivo central da justiça social entre gerações a implementação de uma política familiar estruturalmente eficaz orientada para a melhoria das condições de vida das famílias, e que a política de família voltasse, de uma desatendida zona marginal, ao centro de todos os esforços de política social.

5 A contribuição da Igreja para o êxito do matrimônio e da família

A opção por um concreto companheiro de vida e a incerteza sobre o futuro comum sempre fizeram da decisão das pessoas sobre a sua vida uma decisão em que também estão presentes a incerteza e o risco. A aventura que supõe de forma natural o fato de contrair matrimônio agudiza-se na atualidade devido às mudanças do mundo social da vida, que incrementam o risco imprevisível da vida em comum no matrimônio e na família. Na medida em que esse maior risco que implica a vida de casal no matrimônio e família se deve a mudanças sociais duradouras, a Igreja não pode influenciar diretamente tal desenvolvimento. Contudo, está em condições de prestar ajuda indireta aos casais e às famílias da nossa sociedade. As comunidades cristãs podem converter-se, para as famílias jovens, em espaços de encontro onde seja possível ultrapassar o isolamento. De qualquer modo, podem acompanhar os jovens no seu caminho de vida iniciando-os nos fundamentos do sentido da fé, em que encontram uma resposta para as perguntas fundamentais decisivas da existência humana. O serviço mais importante que se pode oferecer no âmbito da Igreja aos jovens em caminho para uma relação de casal maduro, prestam-no, no entanto, os cônjuges e as próprias famílias. Mediante a naturalidade da sua existência, mostram que a instituição "matrimônio" e a instituição "família" continuam a representar, para numerosas pessoas, a resposta mais convincente para a interrogação sobre o seu lugar e missão pessoal no mundo. Mais importante do que todas as análises sociológicas e fundamentações teológicas, mais importante até do que as encíclicas papais, os domingos da família e um Ano Internacional da Infância, é o exemplo de um "casal normal" ou de uma "família média" fidedigna, que mostre aos jovens, com realismo, como se pode realizar a ideia de uma relação satisfatória entre uma mulher e um homem no matrimônio e na família.

Referências

AUER, A. (1986). "Ehe und Familie I – Theologisch". In: GESELLSCHAFT, G. *Staatslexikon*. Vol. 2. Friburgo, p. 86-96.

BECK, U. & BECK-GERNSHEIM, E. (2008). "Familie". In: GOSEPATH, W.H. & RESSLER, B. (orgs.). *Handbuch der Politischen Philosophie und Sozialphilosophie*. Vol. I. Berlim, p. 301-306.

BECK, U. (1990). "Freiheit oder Liebe – Vom Ohne –, Mit – und Gegeneinanonderder der Geschlechter innerhalb und ausserhalb der Familie". In: BECK, U. & BECK-GERNSHEIM, E. (orgs.). *Das ganz normale Chaos der Liebe*. Frankfurt, p. 20-64.

BECK-GERNSHEIM, E. (2010). *Was kommt nach der Familie?* Alte Leitbilder und neue Lebensformen. Munique.

_____ (2008). *Riskante Freiheiten* – Zur Individualisierung der Lebensformen in der Moderne. 8. ed. Frankfurt.

GRUBER, H.G. (1994). *Christliche Ehe in moderner Gesellschaft*. Friburgo.

HETTLAGE, R. (2003). Familie – Salut für einen alten Begriff. *Erwägen – Wissen – Ethik*, 14/3, p. 517-519.

_____ (2002). "Familienleben heute – Zur Soziologie des Ehe und Familien oratoriums". In: HENRY-HUTHMACHER, C. (org.). *Leise Revolutionen – Familien im Zeitalter der Modernisierung*. Friburgo, p. 23-62.

_____ (1998). *Familienreport* – Eine Lebensform im Umbruch. Munique.

_____ (1995). "Familie – ein vorschneller Abgesang?" In: VASCOVICS, L.A. (org.). *Soziologie familiarer Lebenswelten*. Munique.

KAUFMANN, F.-X. (1995). *Zukunft der Familie im vereinten Deutschland*: Gesellschaftliche und politische Bedingungen. Munique.

KIRCHHOF, P. (1999). Ehe und Familie als Grundlage einer freiheitlichen Gesellschaft. *Stimmen der Zeit*, 217, p. 507-516.

LAUX, B. (2012). Wandel von Generationenverhältnissen – Sozialpolitische Herausforderungen der Generation engerechtigkeit. *JCSW* (*Jahrbuch [des Instituts für] Christliche Sozialwissenschaft*), 53, p. 107-137 [Número dedicado ao tema: "Sozialethik für eine Gesellschaft des langen Lebens"].

LOHFINK, G. (1983). Die christliche Familie – eine Hauskirche? *Theologische Quartalschrift*, 163, p. 227-229.

MARSCHÜTZ, G. (2000). *Familie human kologisch* – Theologisch-ethische Perspektiven. Münster.

NAUCK, B. (1991). "Familien – und Betreuungssituationen im Lebenslauf von Kindern". In: BERTRAM, H. (org.). *Die Familie in Westdeutschland* – Stabilität und Wandel familialer Lebensformen. Opladen, p. 389-428.

NAVE-HERZ, R. (2013). *Ehe und Familiensoziologie*: Eine Einführung in Geschichte, theoretische Ansätze und empirische Befunde. 3. ed. rev. Weinheim.

_____ (2012a). *Familie heute*: Wandel der Familienstrukturen und Folgen für die Erziehung. 5. ed. rev. Darmstadt.

_____ (2012b). "Familie im Wandel? – Elternschaft im Wandel?" In: BÖLLERT, K. & PETER, C. (orgs.). *Mutter + Vater = Eltern?* Wiesbaden, p. 33-49.

_____ (2010). "Die Familie im Wandel". In: FAULBAUM, F. & WOLF, C. (orgs.). *Gesellschaftliche Entwicklungen im Spiegel der empirischen Sozialforschung*. Wiesbaden, p. 39-57.

_____ (1997). "Pluralisierung familialer Lebensformen – Ein Konstrukt der Wissenschaft?" In: VASCOVICS, L.A. (ed.). *Familienleitbilder und Familienrealitäten*. Opladen, p. 36-49.

_____ (1994). *Familie heute* – Wandel der Familienstrukturen und Folgen für di Erziehung. Darmstadt.

NOTHELLE-WILDFEUER, U. (2009). Familien gerecht werden – Sozialethische Perspektiven einer gerechten Familien politik. *RHS religionsunterricht an höheren Schulen*, 52, p. 279-286.

VAZ, S.A.F. (2007). *Familie als soziales Subjekt* – Eine theologisch-ethische Positionsbestimmung. St. Ottilien.

WINGEN, M. (1997). *Familienpolitik* – Grundlagen und aktuelle Probleme. Bona [Bundeszentrale für politische Bildung, Schriftenreihe, vol. 339].

2
Estará a medicina moderna mudando a nossa imagem de família?*

Michael Lauerer
Eckhard Nagel
Isabel Schmidt

Em maio de 2014, o futuro da medicina reprodutiva na Alemanha foi tema do simpósio anual do Conselho de Ética alemão. Peritos, parlamentares e mais de 350 convidados debateram com o Conselho de Ética questões relativas à influência da medicina reprodutiva em nosso modo de vida e em nossa imagem de família. Tendo por pano de fundo o progresso médico, essas interrogações

---

* "Verändert die moderne Medizin unser Familienbild?" In: AUGUSTIN, G. & KIRCHDÖRFER, R. (orgs.). *Familie* – Auslaufmodell oder Garant unserer Zukunft? Friburgo: Herder, 2014, p. 83-98.

parecem especialmente prementes. Assim, por exemplo, novos procedimentos prometem deter o "relógio biológico" para a reprodução, superando a imagem clássica de família segundo os pontos de vista temporais ou associados à idade.

À instituição "família" podem associar-se numerosas características. É uma rede social, transmite valores, constitui um âmbito onde se prestam cuidados e se exerce controle social. Nesse contexto, a reprodução representa uma das suas principais funções.

Fora as adoções, a capacidade de concepção e de dar à luz são, por conseguinte, fundamentos biológicos essenciais da família. O progresso médico exerce uma influência fundamental nesta base: assim, tanto para muitas mulheres como para muitos homens, a medicina reprodutiva é esperança de realização de um plano de vida essencial e instaurador de sentido.

Nesse contexto, mas também em termos completamente gerais, o progresso médico e os processos sociais conservam entre si uma relação de influência mútua. No âmbito da medicina reprodutiva, o vínculo parece estar referido de modo especial à pluralização da imagem de família. Tal pluralização torna-se patente na transformação da realidade social no que diz respeito ao matrimônio e ao casal. São cada vez mais as uniões de fato que nunca se convertem em casal unido pelo matrimônio nem têm filhos. As famílias adotivas, as famílias *patchwork* (reconstituídas ou, mais à letra, formadas por retalhos) e as famílias monoparentais incrementam também a sua importância, tal como as formas alternativas de vida em comum e dos casais homossexuais. A planificação da carreira profissional já não se circunscreve apenas a um dos cônjuges. A pergunta "Em que medida o ideal da família vinculada ao matrimônio continua a ocupar a dianteira na nossa pluralizada sociedade?" tem diversas respostas.

A imagem clássica de família está marcada pela relação de casal de um homem e de uma mulher, por crianças que têm uma mãe e um pai, pela relação com os avós e pela estabilidade das circunstâncias de vida associadas. Entendendo essa imagem como um quadro, o motivo poderia ser, por exemplo, um lar em que convivem várias gerações. Junto à esboçada pluralização da família, outros fatores parecem, pelo menos, pôr em questão a estabilidade da imagem clássica de família. Devemos pensar, por exemplo, nas elevadas exigências de mobilidade e flexibilidade na vida profissional, que na atualidade se estrutura amiúde em várias etapas. Tais exigências devem entender-se como interpelação às novas estruturas de convivência familiar.

Por outro lado, essas interpelações à instituição "família", imersa num processo de mudança, também se dirigem à medicina reprodutiva, que então não terá tanto de resolver problemas médicos quanto o de levar a cabo uma adaptação ao modo de vida real, porquanto os tratamentos, nesse contexto, já não correspondem exclusivamente a razões médicas, mas justificam-se porque permitem a configuração da vida ou a satisfação de desejos.

1 Que tem em comum a baixa da natalidade provocada pela pílula e a fecundação artificial?

No início do século XX intensificou-se a investigação sobre a concepção e o ciclo feminino. A finalidade de tais investigações era impedir gravidezes indesejadas, e só mais tarde surgiu a pergunta de como se poderia tratar a esterilidade (cf. BRUCHHAUSEN & SCHOTT, 2008: 202-203). Muito relevante para o primeiro objetivo foi, de modo especial, a pílula anticoncepcional, que foi autorizada como primeira fórmula hormonal para administração por via oral em 1960, nos Estados Unidos, e, no ano seguinte, na Alemanha. A partir de então os métodos hormonais constituem o meio contraceptivo mais utilizado. Embora a princípio a pílula só se pudesse prescrever a mulheres casadas, nos Estados Unidos também se tornou acessível a mulheres não casadas, doze anos depois do seu lançamento. As repercussões na conduta sexual costumam ser descritas em alemão com o termo *Pillenknick*, que designa uma acentuada baixa da taxa de natalidade em numerosos países industrializados e que afeta de modo considerável a estrutura populacional das diversas nações.

Com base no segundo objetivo, foi possível eliminar cada vez mais obstáculos à concepção com a ajuda de diversas técnicas, que, por exemplo, eliminam barreiras físicas ou recorrem à estimulação hormonal. Como "data de nascimento" da medicina reprodutiva moderna considera-se o ano de 1978, quando Louise Joy Brown – primeira pessoa gerada por reprodução assistida numa "proveta" (fecundação *in vitro* [FIV]) – foi dada à luz. Em 2006, ela própria converteu-se em mãe (cf. BRUCHHAUSEN & SCHOTT, 2008: 202-203).

A fecundação *in vitro*, que também constitui uma base essencial para algumas intervenções de medicina reprodutiva de que falaremos posteriormente, designa um método de fertilização artificial "em proveta" autorizado na Alemanha para casais que ao longo de um ano não conseguem que a mulher engravide, mas também naqueles casos em que é recomendável um diagnóstico de pré-implantação (cf. as considerações posteriores). Aqui podem utilizar dois procedimentos distintos. Na fecundação *in vitro* clássica introduzem-se óvulos e espermatozoides numa retorta; com base na seleção natural, tem então lugar uma fecundação espontânea. A par desse procedimento utiliza-se também a fecundação artificial com injeção intracitoplasmática de espermatozoides (ICSI, *Intracytoplasmic Sperm Injection*) como método de injeção de um espermatozoide no óvulo. Ao contrário da fecundação *in vitro* clássica, que não costuma ser considerada fecundação artificial, mas antes extracorporal (ou seja, realizada fora do corpo), neste segundo método é o especialista em reprodução assistida que seleciona o material reprodutor. Independentemente do procedimento utilizado, numa fase posterior à fecundação tem lugar a transferência do embrião ou dos embriões para o útero. Regra geral, transfere-se mais de um, para aumentar a probabilidade de nidação. O risco de gravidez múltipla justifica que se limite o número de embriões transferidos num ciclo. Quando se produzem mais embriões do que aqueles que depois se transferem, suscitam-se questões ético-normativas que em muitos países conduzem a respostas diferentes. Na Alemanha, a seleção deve ser levada a cabo num estágio em que o óvulo ainda se encontre no processo de fecundação. Segundo a lei de proteção de embriões, ainda não se trata de um embrião. Consoante uma série de fatores, em especial a idade da mulher, mas também o número de embriões fecundados ou a sensação psíquica de estresse, a taxa de êxito, isto é, de bebês nascidos vivos por tratamento iniciado, situa-se, na Alemanha, entre 18 e 20% (cf. GRIESINGER, 2009).

2 Poderá a imposição de limites estritos à medicina reprodutiva proteger valores sociais?

No contexto da fecundação artificial levanta-se – de forma paradigmática para outros métodos – a pergunta sobre a regulação do acesso à medicina reprodutiva. Existem indícios de que a satisfação do desejo da mulher de ser tratada depende do financiamento público: até 2003, o número de ciclos de tratamento de fecundação *in vitro* na Alemanha aumentou continuamente até rondar os cento e cinco mil por ano. Em 2004, entrou em vigor da Lei de Modernização da Saúde (*Gesundheits modernisierungs gesetz*, GMG), que limitou a subvenção outorgada pelo seguro público de doença para as três primeiras tentativas de tratamento em 50%[2]. Por essa razão, o número de tratamentos baixou para metade, em 2004, sendo os estados federados economicamente mais débeis os que mais afetados se sentiram. Nos anos seguintes também não se constatou uma recuperação do número de tratamentos (cf. GRIESINGER; DIEDRICH & ALTGASSE, 2007). Há que partir do princípio de que os obstáculos econômicos ao acesso às prestações de medicina reprodutiva ou, de modo equivalente, a elevada comparticipação por parte dos pacientes, levam a que os desejos de tratamento fiquem

---

[2] Além disso, o total das prestações só contempla a concessão de ajuda econômica se a mulher tiver entre 25 e 40 anos e o homem não ultrapassar os 50.

por satisfazer, de modo especial entre as pessoas economicamente desfavorecidas.

Embora a realização de uma fertilização artificial esteja, em princípio, aberta a todos os casais, a assunção proporcional dos custos depende de o casal que deseja o filho estar casado ou não. Recentemente, o Tribunal Regional dos Assuntos Sociais (*Landessozialgericht*) de Berlim-Brandemburgo ratificou a praxe dominante no que diz respeito ao financiamento da fertilização artificial, ao considerar juridicamente lícita a restrição do direito a receber uma ajuda econômica para tratamentos reprodutivos única e exclusivamente a casais casados[3]. Contudo, dado o caráter fundamental de semelhante decisão, admitiu-se a possibilidade de apelar desta sentença diante do Tribunal Federal dos Assuntos Sociais (*Bundessozialgericht*).

Como os custos por ciclo de tratamento, consoante o método utilizado, somam entre 1,8 e 5 mil euros, a interpretação jurídica dominante abre esse caminho de realização do desejo de maternidade e paternidade apenas a casais casados "estabelecidos" e em idade de procriar, ao passo que o acesso a essa prestação se mantém vedado a casais (jovens) não casados, a não ser que estejam dispostos a suportar eles próprios todos os custos. Que isso não satisfaz as necessidades reais nem a compreensão atual do casal demonstra-o a avalanche de mais ou menos 900 requerimentos apresentados antes de se emitir de fato a sentença mencionada no parágrafo anterior, por casais sem certidão de casamento, aos quais a companhia de seguros de doença demandante, *Verkehrsbau Union*, como gesto de boa vontade, tinha prometido, de qualquer modo, uma ajuda equivalente a 75% dos custos. A esperança de estes casais receberem apoio econômico foi eliminada em uma canetada por essa sentença. Não é de estranhar que essa companhia de seguros, precisamente, tenha tomado medidas legais contra a restrição da ajuda econômica apenas a casais casados desejosos de ter descendência. A maioria dos seus assegurados procede de estados federados da zona que an-

---

[3] Sentença de 13 de junho de 2014, n. de registo L1 KR 435/12 KL.

tes era a Alemanha Oriental. Enquanto na antiga Alemanha Ocidental 7% dos progenitores vivem "em união estável", essa percentagem eleva-se, na antiga Alemanha Oriental, a 20%.

Tendo em conta as regulamentações vigentes, os casais jovens, e, se for o caso, não casados, podem renunciar temporariamente à possível realização do seu desejo de terem um filho mediante fecundação artificial ou, o que vem a ser o mesmo, esperar que depois de se casarem tenham direito a que as companhias de seguros lhes cubram uma parte dos gastos e que eles próprios cheguem a uma fase da vida economicamente mais estável. Podemos argumentar que isso reforçaria, então, a tendência para protelar a maternidade e a paternidade até idades mais avançadas.

Porém, a pergunta sobre a regulamentação ou liberalização não se limita ao reembolso de parte dos gastos associados às medidas adotadas: assim, por exemplo, as diretrizes (modelo) do Colégio Oficial de Médicos alemães (*Bundesärztekammer*) exigem condições gerais de estado civil para a reprodução assistida: para bem da criança, os métodos de reprodução assistida devem "ser utilizados, em princípio, só no caso de matrimônios. [...] Os métodos de reprodução assistida também podem ser aplicados a uma mulher não casada. No entanto, isso aplica-se unicamente se o médico encarregado do tratamento considera que [...] a mulher coabita com um homem não casado no âmbito de uma relação estável e [...] esse homem reconhecerá a paternidade da criança assim gerada" (BUNDESÄRZTEKAMMER, 2014: 1.395). Contudo, a licitude e o caráter vinculativo de tal exclusão, tanto de mulheres solteiras como de mulheres homossexuais com companheiras, são controversos (cf. WEHRSTEDT, 2011: 401; SIEGFRIED, 2005: 120-122). Ao mesmo tempo, a determinação da paternidade e da maternidade, nestes casos, está associada a uma insegurança jurídica (cf. WEHRSTEDT, 2011: 401).

Como consequência da liberalização social que se expressa, por exemplo, na necessidade de equiparação dos casais homossexuais e na aceitação sem restrições de formas diferentes de convivência familiar, parece inevitável um inequívoco esclarecimento do ponto de vista do direito de *status* (*statusrechtlich*) ou do direito de descendência (*abstammungsrechtlich*) (cf. WEHRSTEDT, 2011: 400).

De um modo geral, há que partir da tendência para a liberalização no âmbito da medicina reprodutiva. Como já foi mencionado, embora nos Estados Unidos, a pílula, a princípio, fosse prescrita apenas a mulheres casadas, mais tarde também as mulheres não casadas tiveram acesso a esse meio contraceptivo. Atualmente, tal tendência torna-se patente, por exemplo, no debate aberto na Suíça sobre a legalização da doação de óvulos, assunto do qual nos ocuparemos em seguida.

No centro desse debate e dos seus desenvolvimentos jurídicos devemos colocar, no entanto, o bem da criança. Quanto mais flexíveis forem os nossos limites e exigências, maior atenção devemos prestar a que se salvaguarde o bem da criança.

3 Quem é o meu pai? Quem é a minha mãe?

A imagem clássica de família responde de forma inequívoca, como já referimos, à pergunta pela mãe e pelo pai. A medicina reprodutiva possibilita, pelo contrário, situações em que a resposta se torna mais difícil: em relação à doação de esperma e de óvulos, fala-se de segmentação ou excisão da paternidade e da maternidade.

Se no âmbito da reprodução assistida não se pode recorrer ao esperma do marido ou do companheiro numa relação de casal estável, é possível utilizar esperma de um doador. Desse modo, o casal que deseja descendência renuncia ao parentesco genético do pai com o filho ou a filha resultante. A paternidade social e a paternidade genética não estão unidas a uma e à mesma pessoa.

Tal segmentação suscita para as crianças nascidas, graças a uma doação de esperma, perguntas relativas, por exemplo, à identidade e à ascendência. Nesse contexto, recomenda-se que se dê às crianças uma explicação precoce do modo como foram geradas.

Desse modo, respeita-se também o direito a conhecer a própria ascendência derivado da constituição alemã: esse direito proíbe (entretanto) destruir os dados pertinentes depois de um período limitado de conservação. Com base nisso, as diretrizes (modelo) do Colégio Oficial de Médicos alemães para a realização da reprodução assistida exigem não só que fique documentada a identidade do doador e o uso dado à sua doação; os médicos devem assegurar-se, além disso, de que conste a aceitação do doador em "que se documentem a origem e a utilização do esperma doado e – no caso de a criança solicitar informações no futuro – em que sejam notificados a esta os seus dados pessoais" (BUNDESÄRZTEKAMMER, 2014: A 1.398).

Neste contexto, levanta-se a seguinte interrogação: Um doador que, por exemplo, tenha sido identificado posteriormente pela criança ou pelo jovem gerado com o seu esperma também é pai dessa criança ou jovem, no sentido da nossa imagem de família? Para responder a essa pergunta deveremos ter em conta, sem dúvida, qual é a relação real que existe entre o pai genético e o filho. Todavia, a influência da medicina reprodutiva, na nossa imagem de família, já se torna manifesta no fato de que não temos outro remédio senão abordar de uma forma matizada a interrogação sobre uma dupla paternidade.

As mesmas interrogações se levantam quanto a uma maternidade paralela, no caso da doação de óvulos. Tal como no caso da doação de esperma, produz-se uma segmentação do papel de um dos progenitores, que neste caso afeta a mãe. Na doação de óvulos, são extraídos óvulos a uma doadora, que depois são fecundados artificialmente e transferidos para a receptora. Se a doação de óvulos for levada a cabo no âmbito da maternidade sub-rogada ou "barriga de aluguel" (algo não autorizado na Alemanha), pode-se falar, inclusivamente, de três mães: uma social, outra biológica e uma terceira genética. A "mãe de aluguel" dá à luz, como mãe biológica, uma criança que procede do óvulo de outra mulher, que é a mãe genética, e entrega-a a uma terceira mulher, a que desejava ser mãe, que a acolhe como mãe social.

A doação de óvulos é uma opção que, juntamente com a adoção e o acolhimento de crianças, entraria em consideração para numerosas mulheres que desejam ter filhos, mas que, por razões genéticas ou por outras razões médicas, não têm a possibilidade de engravidar com os seus próprios óvulos, embora estejam em condições psíquicas e físicas para dar à luz um filho (c. 3-4% das mulheres até os 40 anos) (cf. KENTENICH & GRIESINGER, 2013: 273-274). Ao contrário da doação de esperma, a doação de óvulos é proibida na Alemanha pela lei de proteção de embriões. Tal assimetria não pode deixar de ser vista como discriminante.

O principal argumento para a proibição da doação de óvulos é a proteção de grupos vulneráveis. Subjacente a isto está o pressuposto de que, no âmbito de uma doação de índole comercial, as doadoras se expõem a um risco médico para obter uma retribuição econômica. Tal risco está relacionado, por um lado, com a síndrome de hiperestimulação ovárica, que pode ser ocasionada pela utilização necessária de hormonas. O risco situa-se ora em 0,25% (IVF-REGISTER, 2013: 35), ora entre 1,5 e 3% (cf. KENTENICH & GRIESINGER, 2013: 274). Todavia, os modernos procedimentos de estimulação poderiam "neutralizar, em grande medida", o risco (KENTENICH & GRIESINGER, 2013: 274). Por outro lado, durante a extração de óvulos, podem surgir complicações, tais como hemorragias intra-abdominais, lesões intestinais ou peritonite. Isso ocorre em aproximadamente 0,8% das extrações de óvulos (cf. DEUTSCHES IVF-REGISTER, 2013: 34). A taxa de complicações graves situa-se em 0,3% (cf. KENTENICH & GRIESINGER, 2013: 274). Outras estimativas aludem a um risco de 0,1% para infecções na região ovárica, "que podem ter como consequência uma redução da fertilidade da própria doadora" (KENTENICH & GRIESINGER, 2013: 274).

Há outros âmbitos da medicina em que os benefícios de uma intervenção invasiva também não são desfrutados pela pessoa que se expõe ao risco da intervenção. Pensemos, por exemplo, na doação de um rim em vida ou na doação de medula óssea. No entanto, nesses contextos há que partir do princípio de que a vida de uma pessoa corre riscos e a doação produz-se por motivos altruístas, não com base em incentivos econômicos.

No entanto, é questionável que esses argumentos sejam suficientes para estabelecer, entre a doação de esperma e a doação de óvulos, uma diferença tão fundamental que a primeira leve à satisfação do desejo de um casal de ter descendência, enquanto a segunda representa uma infração penal (por parte do especialista em medicina reprodutiva). É possível que aqui também ressoem motivos que atribuem à maternidade um significado diferente do da paternidade.

4 Será possível deter o relógio biológico?

A congelação de óvulos por razões sociais, a *social egg freezing* [congelação de óvulos social], promete um prolongamento da capacidade individual de conceber e dar à luz. Este procedimento baseia-se no fato de que a idade ideal para uma mulher engravidar está entre os 18 e os 25 anos. Nessa faixa etária, os óvulos femininos apresentam a máxima qualidade (cf. BAIRD et al., 2005).

Por conseguinte, quando uma mulher – segundo a planificação que fez da sua vida – não prevê ter filhos antes de completar os 25 anos, existe a possibilidade da *social egg freezing*. Esta expressão designa a extração preventiva a essa mulher de óvulos não fecundados e a sua subsequente conservação em nitrogênio líquido. Implantando depois à mulher os seus próprios óvulos jovens em idade já avançada, mas ainda fértil, reduz-se a probabilidade de que essa mulher fique sem filhos, se deseja tê-los. Originalmente, este método de conservação de óvulos era utilizado com pacientes jovens, com câncer, que tinham de se submeter a quimioterapia (cf. SOCIETY FOR ASSISTED REPRODUCTIVE TECHNOLOGY (Sart) / AMERICAN SOCIETY FOR REPRODUCTIVE MEDICINE (ASRM), 2007: 1.495-1.496). Entretanto, a *social freezing* sem indicação médica foi estabelecida como prática para deter o relógio biológico nas mulheres, mas também nos homens [neste caso, fala-se em *social sperm freezing* – congelação social de esperma]. Assim, pois, a *social egg freezing* pode contribuir, pelo menos potencialmente, para que o número de partos de mulheres acima de 40 anos – ao contrário do de mulheres de até 30, que tem descido – continue a aumentar na Alemanha. Em 2012, situava-se em pouco mais de 29 mil partos. Isso representa mais de 4% de todos os recém-nascidos (cf. STATISTISCHES BUNDESAMT, 2015). Raciocinando ao contrário, perante estes números impõe-se, no entanto, o temor de que a possibilidade da *social freezing* faça com que grupos inteiros da população "congelem" a sua capacidade reprodutora. Sobretudo nesse contexto, há que ter presente que ainda não se dispõe de resultados nem de experiências a longo prazo da aplicação desse método.

O fenômeno dos "pais tardios" – mulheres acima dos 35 anos e os seus companheiros, na maioria dos casos também mais velhos – ganha importância. Tal desenvolvimento deve ser atribuído, em primeiro lugar, ao desejo das mulheres de alcançarem êxito profissional mediante uma emancipação ainda mais acentuada. Além disso, em nossa sociedade atual, cada vez se associam exigências mais elevadas ao papel de progenitores. Nesse sentido, mencionam-se com frequência como condições básicas necessárias uma relação de casal estável, bem como, pelo menos, um emprego seguro. Os estudos demonstram que uma paternidade e uma maternidade tardias se repercutem de modo completamente positivo em termos do bem dos filhos, visto que estes podem beneficiar da melhor situação econômica, da maior estabilidade do casal e da melhor interação entre pais e filhos (cf. WUNDER, 2013: 143, w13746). Todavia, para poder garantir a educação e o cuidado de um filho, a Rede de Assessoria sobre o Desejo de ser Pais (*Beratungsnetzwerk für Kininderwunsch Deutschland*, BKiD) defende que se estabeleçam os cinquenta anos como limite para o uso de óvulos congelados. Também há que tomar em consideração os riscos médicos que uma gravidez tardia poderá apresentar. Como alternativa a um limite superior de idade definido por lei, há que apostar num adequado esclarecimento público e médico.

5 Crianças à la carte?

Nas investigações que se podem revelar necessárias no âmbito da medicina reprodutiva, o diagnóstico genético pré-implantação (DGP) desempenha um papel especial. Utiliza-se, por exemplo, durante a fecundação artificial, para analisar o embrião produzido extracorporalmente antes da sua implantação no útero da mulher. Assim se tenta determinar, basicamente, se o embrião apresenta determinados defeitos ou mutações genéticas, bem como se carece de algum cromossomo ou se os tem em excesso. Aproveitando esse exame, leva-se a cabo uma seleção daqueles embriões que não apresentam nada fora do comum na herança genética. Em 1990, nasceu a primeira criança cujo gênero se pôde determinar com êxito em estado embrionário, mediante o diagnóstico genético pré-implantação, a fim de impedir uma doença genética associada ao cromossomo X, que aparece sempre nos descendentes varões (cf. HANDYSIDE et al, 1990: 768-770). Nos seus primórdios, este tipo de diagnóstico só se podia aplicar em casos concretos para demonstrar a presença de menos doenças hereditárias. Entretanto, o número de crianças nascidas no mundo inteiro depois de lhes ter sido realizado um diagnóstico genético pré-implantação em estado embrionário ultrapassa os dez mil (cf. SIMPSON, 2010). Tal fato deve atribuir-se à considerável ampliação do espectro de indicações a umas duzentas doenças genéticas (cf. PREIMPLANTATION GENETIC DIAGNOSIS INTERNATIONAL SOCIETY, 2008).

Como consequência, a aplicação do diagnóstico genético pré-implantação abre a deliberada seleção do material procriativo, podendo por isso influenciar a estrutura familiar. Na Alemanha é permitido desde dezembro de 2011. No entanto, a sua aplicabilidade limita-se a problemas puramente médicos de diagnóstico de doenças hereditárias, bem como à detecção (*screening*) de anomalias cromossomáticas numéricas (aneuploidia). Em outros países (como, p. ex., na Bélgica, França, Israel ou Estados Unidos) também se utiliza com outros fins seletivos. Nesse contexto há que mencionar a seleção de embriões imunocompatíveis: por isso se entende a concepção de um "irmão salvador", também chamado "bebê projeto" ou "bebê medicamento", que se pretende que sirva de doador imunocompatível para um irmão doente. Essa forma de proceder toma-se em consideração sobretudo no caso de doenças hereditárias. Mediante o procedimento DGI pode eliminar-se ainda a hipótese de o "bebê medicamento" ser portador da doença hereditária. Além disso, este tipo de seleção é possível para doenças não hereditárias, como, por exemplo, a leucemia.

Outra possibilidade de seleção com repercussão na concepção de família é a seleção do sexo do bebê sem relação com qualquer doença. Nos Estados Unidos, mais ou menos 10% dos diagnósticos genéticos pré-implantação que se realizam correspondem a essa caracterização (cf. BARUCH et al., 2008). Este fenômeno denomina-se *social sexing* [seleção do sexo por razões sociais] ou *family balancing* [busca de equilíbrio familiar]. Enquanto nos Estados Unidos e na Europa não se observa qualquer tendência preferencial para um ou outro sexo, em outros países, o desejo de descendência masculina é o catalisador para a aplicação de tal procedimento. A esse respeito devemos pensar como exemplo na política do filho único, na China, que já ocasionou um perceptível desequilíbrio da proporção entre os sexos. Por último, hoje em dia, os Estados Unidos são o único país em que se torna possível a seleção positiva de uma anomalia geneticamente condicionada: aos progenitores que padecem de uma anomalia geneticamente condicionada, como, por exemplo, surdez hereditária, satisfaz-se-lhes o desejo de gerar filhos com essa mesma anomalia.

Considerações finais

Como já se delineou, a nossa imagem clássica de família caracteriza-se, em especial, pela relação de casal, entre homem e mulher, por filhos com uma mãe e um pai e, eventualmente, pela relação com os avós e com um lugar como centro da vida. Os fundamentos biológicos desta forma de família estão ligados à capacidade de conceber e de dar à luz dos (potenciais) progenitores. Essa imagem clássica de família detém uma importante função orientadora. No entanto, outras constelações de convivência têm vindo a ganhar relevância na realidade social.

Nesse contexto, a medicina reprodutiva é um fator que influencia a criação de uma família própria, bem como a própria imagem de família. Permite às mulheres, por exemplo, o prolongamento da fase fértil e, por fim, opções adicionais para o planejamento profissional e familiar. Repercute-se, assim, na estrutura etária das famílias. O emprego de recursos reprodutivos de terceiros no âmbito de uma doação de esperma ou de óvulos dá origem à existência de uma paternidade genética e de uma paternidade social desgarradas (e o mesmo acontece no caso da maternidade). Como consequência, a nossa compreensão da família deve abrir-se, em especial quando o doador ou a doadora, do ponto de vista da criança, fazem parte da família. A medicina reprodutiva possibilita a criação de uma família própria aos casais homossexuais.

As medidas de medicina reprodutiva contribuem sobretudo para a realização de desejos de paternidade ou de maternidade insatisfeitos, ajudando assim as pessoas afetadas em situações esmagadoras que se podem traduzir em modificação das interações sociais, em mudanças na relação do casal, em abalos da autoestima, em influência negativa na vida sexual ou em reações emocionais, como, por exemplo, depressões. Possibilitam, por conseguinte, tanto a ansiada realização dos projetos de vida traçados por alguém, como o nascimento de uma nova vida.

Com base nas mudanças sociais e na pluralização das relações de casal, essas opções vão ganhando uma importância crescente. A medicina reprodutiva influencia a nossa imagem de família tanto quanto o progresso médico e as condições sociais aqui expostas se influenciam mutuamente.

Referências

BAIRD, D.T. et al. (2005). Fertility and Ageing. *Human Reproduction*, 11/3, p. 261-276.

BARUCH, S.; KAUFMAN, D.J. & HUDSON, K. (2008). Genetic Testing of Embryos: Practices and Perspectives of U.S. IVF Clinics. *Fertil Steril*, 89(5), p. 1.053-1.058.

BRUCHHAUSEN, W. & SCHOTT, H. (2008). *Geschichte, Theorie und Ethik der Medizin*. Göttingen: Vandenhoeck & Ruprecht.

BUNDESÄRZTEKAMMER (2014). (Muster-) Richtlinie zur Durchführung der assistierten Reproduktion. *Deutsches Ärzteblatt*, 111/13, 28/mar.

DEUTSCHES IVF-REGISTER (2013). Jahrbuch 2012. *Journal für Reproduktionsmedizin und Endokrinologie*, 10/Sonderheft 2.

GRIESINGER, E. (2009). Reproduktionsmedizin in Europa und Deutschland – Aktuelle Situation. *Gynäkologie*, 42/7, p. 487-494.

GRIESINGER, E.; DIEDRICH, K. & ALTGASSE, C. (2007). Stronger Reduction of Assisted Reproduction Technique Treatment Cycle Numbers in Economically Weak Geographical Regions Following the German Healthcare Modernization Law in 2004. *Human Reproduction*, 22/11, p. 3.027-3.030.

HANDYSIDE, A.H.; KONTOGIANNI, E.H.; HARDY, K. & WINSTON, R.M. (1990). Pregnancies from Biopsied Human Preimplantation Embryos Sexed by Y-specific DNA Amplification. *Nature*, 344, n. 6.268, 19/04, p. 768-770.

KENTENICH, H. & GRIESINGER, G. (2013). Zum Verbot der Eizellspende in Deutschland: Medizinische, psychologische, juristische und ethische Aspekte. *Journal für Reproduktionsmedizin und Endokrinologie*, 10/5-6, p. 273-278.

PREIMPLANTATION GENETIC DIAGNOSIS INTERNATIONAL SOCIETY (PGDIS) (2008). Guidelines for Good Practice in PGD: Programme Requirements and Laboratory Quality Assurance. *Reproductive BioMedicine Online*, 16/1, p. 134-147.

SIEGFRIED, D. (2005). Kinder vom anderen Ufer. *Familie Partnerschaft Recht*, 4, p. 120-122.

SIMPSON, J.L. (2010). Preimplantation Genetic Diagnosis at 20 Years. *Prenatal Diagnosis*, 30/7, p. 682-695.

SOCIETY FOR ASSISTED REPRODUCTIVE TECHNOLOGY (SART) / AMERICAN SOCIETY FOR REPRODUCTIVE MEDICINE (ASRM) (2007). Essential Elements of Informed Consent for Elective Oocyte Cryopreservation: A Practice Committee Opinion. *Fertility and Sterility*, 88/6, p. 1.495-1.496.

STATISTISCHES BUNDESAMT (2015). "Lebendgeborene nach dem Alter der Mutter". In: *DE Statis* [disponível em: https://www.destatis.de/DE/ZahlenFakten/GesellschaftStaat/Bevoelkerung/Geburten/Tabellen/LebendgeboreneAlter.html].

WEHRSTEDT, W. (2011). Die heterologe Samenspenden-Behandlung bei einer nicht verheirateten Frau. *Familie Partnerschaft Recht*, 8/9, p. 400-404.

WUNDER, D. (2013). Social Freezing in Switzerland and Worldwide – a Blessing for Women? *Swiss Medical Weekly*, 143, w13746.

3
Fazer justiça às famílias no século XXI

Perspectivas de ética social cristã*

Ursula Nothelle Wildfeuer

Introdução: Família – Sociedade – Igreja

>...mas igualmente necessária é uma política da família e para a família que apele à ação as responsabilidades próprias [dos políticos]. Trata-se de intensificar aquelas iniciativas mediante as quais a fundação de uma família, e a posterior procriação e educação dos filhos, seja menos difícil e gravosa, promovendo a ocupação dos jovens, reduzindo o mais possível o custo das casas de habitação e incrementando o número de creches e de pré-escolas.

Esta não é uma citação extraída de uma declaração de princípios do Ministério Federal da Família nem de um extrato de acordos

---

* "Familien gerecht werden im 21. Jahrhundert – Christlich-sozialetischen Perspektiven". In: AUGUSTIN, G. & KIRCHDÖRFER, R. (orgs.). *Familie* – Auslaufmodell oder Garant unserer Zukunft? Friburgo: Herder, 2014, p. 114-129.

da coligação, mas de um discurso pronunciado pelo papa emérito Bento XVI, a 7 de janeiro de 2007, diante de políticos e funcionários de Roma e do Lácio, em que se fala de casais e de famílias. Também se declara, de passagem, a construção de pré-escolas como uma das tarefas importantes e evidentes, e com isso se expressa a importância da família no Estado e para o Estado.

Com isso vamos já a meio do debate que a opinião pública e a sociedade da Alemanha têm sustentado acaloradamente na atualidade. A política familiar já há tempos que deixou de ser "puro teatro" (Gerhard Schröder): converteu-se no centro de debates e de atividades políticas. Com toda a problemática associada a detalhes de política familiar, tem-se atribuído à família o lugar que lhe cabe relativamente à existência de cada pessoa e da sociedade no seu conjunto.

Ora, sobre numerosas questões singulares do debate, acende-se, com razão, uma intensa discussão social, porque a instituição matrimonial e familiar está marcada na sociedade atual por uma mudança de longo alcance. De momento, caracteriza-se por tendências de evolução contrapostas.

Por um lado, há o processo, inegavelmente dominante, no presente, de individualização e ruptura com a tradição: autoencenação da biografia pessoal e perda de função dos valores tradicionais, escolha individual da forma de vida sujeita, exclusivamente, ao livre-desenvolvimento da pessoa, são as opções predominantes, como consequência do que – tanto o matrimônio como a família clássica (convivência de pais casados com os seus filhos), se revelam, ao que parece, incapazes de fazer frente às mudanças atuais como instituições a que presumivelmente se fazem exigências superiores às suas capacidades, e cujo fim parece inevitável. O fato de que, segundo essa perspectiva, a instituição do matrimônio já não encontra na nossa sociedade nenhum espaço essencial, sendo antes considerada uma inadmissível intromissão da sociedade na configuração puramente pessoal e privada da relação de convivência, entra na lógica desta maneira de pensar.

Por outro lado, a família, no momento presente, ocupa um alto lugar, socialmente indiscutível, na escala de valores: discussões atuais sobre capital humano, sobre a determinação relativa entre trabalho familiar e trabalho remunerado, sobre pré-escolas e escolas de tempo integral, entre outras, testificam-no. No entanto, precisamente à vista de tais tendências de evolução, levanta-se a questão, com base em pontos de vista de ética social: no contexto de tais discussões, procura-se realmente o bem da criança, o bem da família? Ou considera-se, antes, a família (quase exclusivamente) como grandeza econômica cujos rendimentos se devem calcular, cujas prestações têm de ser socialmente computadas? Com base nisso, abordamos a seguir o problema do papel e do significado da família na política e na sociedade de hoje (Parte I); em seguida, do valor da família numa perspectiva especificamente ético-social (Parte II), bem como, por fim, da interrogação sobre os elementos da justiça associados às famílias (Parte III).

Antes disso, em relação à disciplina específica da ética social cristã, há que deixar bem assente que, pela sua peculiaridade, não lhe compete apresentar soluções econômicas e político-familiares autônomas nem propor conceitos: isso compete à política. Pelo contrário, vê-se a si própria a caminhar com as pessoas neste mundo e neste tempo e a partilhar com elas as preocupações e as privações, bem como as suas alegrias e as suas esperanças (cf. *GS* 1). A ética social cristã é uma disciplina, dentro da teologia, que, mediante métodos filosóficos e teológicos, se interroga sobre a justiça das estruturas, das conquistas e das instituições – neste caso, em relação à família. Se os processos ou estruturas sociais, econômicos ou políticos satisfazem as necessidades de justiça, decide-o, nesta disciplina, a referência à dignidade das pessoas e ao bem comum da sociedade. Precisamente nisso reside o ponto de ligação especificamente teológico: à Igreja e à sua doutrina social importa-lhe sempre o ser humano como pessoa, cuja dignidade e liberdade se fundam no seu caráter de imagem de Deus e na sua peculiaridade de criatura; a Igreja entende que é sua tarefa primordial aduzir tais características como critério decisivo e determinante em questões de política, economia e sociedade. A pessoa, como reza o princípio supremo da doutrina social da Igreja, deve ser sujeito, criador e meta de todas as instituições sociais (cf. MM 218).

1 A família no discurso social e político – Questões ético-sociais

Na tradição do Ocidente existia uma relação inseparável entre matrimônio e família; a família fundada com base no matrimônio era o normal. Isso foi mudando progressivamente nas últimas décadas (cf. a este respeito, em conjunto, KERSTEN, 2012): quase já não se fala de família no singular, mas de formas de vida familiar – portanto, há família onde haja filhos (cf. STERZINSKY & LEHMANN, 2007). A convivência do casal já não está necessariamente vinculada ao matrimônio; o matrimônio já não encontra no filho a sua realização conatural própria: pelo contrário, também se tem exigido progressivamente um direito a não ter filhos (cf., p. ex., FINGER, 2005). Todas estas tendências de mudança incidem sobre a essência e a identidade da família. Esta mudança social está intimamente ligada à mudança da maneira especificamente cristã de entender a família, porque os cristãos fazem parte da sociedade. Por isso, há que afirmar: "Entre a doutrina da Igreja sobre o matrimônio e a família e as convicções vividas por muitos cristãos abriu-se um abismo" (KASPER, 2014: 11).

a) A família no futuro – Sobre a problemática demográfica

A mudança demográfica é imensa: a Alemanha, neste tempo, tornou-se um país extremamente pobre em crianças, com tendência evidente para o retrocesso da população. Com 1,35 crianças por mulher na atualidade (algumas estatísticas já falam de 1,29), a taxa de nascimentos é uma das mais baixas da União Europeia. Um terço das mulheres que hoje rondam os 40 anos não tem filho nenhum; entre as universitárias, essa taxa chega a ultrapassar os 40%. Existe claramente, na Alemanha, uma tendência para a polarização, entre um grupo de mulheres que – sejam quais forem os seus motivos – permanecem sem filhos, e outro grupo de mulheres que optam por tê-los. E este último grupo não se parece comportar de forma muito diferente do grupo comparável de mães de faixas etárias anteriores: "Uma mulher que neste país espera um filho, muito provavelmente também terá um segundo" (GRUESCU & RÜRUP, 2005: 4). No seu conjunto, devemos afirmar que a população da Alemanha está caindo, e os dados mais recentes também indicam "efeitos positivos, certamente débeis, tanto no comportamento das mulheres com uma média de idade de trinta anos em relação à natalidade como também, por exemplo, no das universitárias" (PÖTZSCH et al., 2013: 6); no fim das contas, porém, daqui por diante devemos esperar, de fato, uma estagnação num nível baixo (cf. PÖTZSCH et al., 2013).

Tais fatos interpretam-se, por vezes, muito precipitadamente, como "confirmação das hipóteses da mudança de valores", predizendo-se assim, também com uma argumentação monocausal, "o fim da família, como consequência do individualismo e da pluralidade de formas de vida" (KLEINHENZ, 1995: 114). Nesta análise e avaliação da evolução social, porém, ficam completamente fora de consideração os resultados de investigações empíricas mais diferenciadas: pesquisas, como, por exemplo, o 16º Estudo-*Shell*, de 2010, sobre a juventude, mostram nas respostas dos jovens que estes, no seu projeto de vida individual, concedem, tanto no passado como atualmente, uma alta – ou até muito alta – prioridade à família. Em pleno contraste com a tese da dissolução do matrimônio e da família, podemos constatar entre os jovens de hoje uma forte orientação para a família. Nas perguntas sobre a orientação para valores, o valor "levar uma boa vida familiar" ocupa o segundo lugar para 92% dos rapazes e para 85% das moças; acima disso só se situa o "ter bons amigos". A família é vista como um refúgio onde se procura segurança, apoio social e proteção emocional. Cerca de 76% da juventude opina que é necessário ter uma família para se poder viver realmente feliz. Em 2010, 65% dos rapazes e 73% das moças são os que desejam ter filhos mais tarde (cf. ALBERT, 2010: 43-45).

Todavia, entre o desejo e a realidade abre-se um fosso profundo: os números reais de nascimentos ficam claramente abaixo dos desejos formulados pela juventude. Além de que atrás desses problemas também se escondem fracassos do projeto de vida, fatalidades trágicas e sofrimento individual; um motivo peremptório para isso é constituído pelas "condições-marco sociais e econômicas, que objetivamente se tornaram mais difíceis" (BIRG, 2005: 87). Nas atuais condições econômicas e de competitividade da nossa sociedade, sucede com muita frequência que o êxito profissional e a consciência da responsabilidade dos pais se excluem mutuamente: "O tipo da nossa sociedade faz do curso da vida uma corrida de obstáculos" (BIRG, 2005: 87). Por conseguinte, às condições-marco jurídicas e econômicas e às expectativas sociais devemos perguntar até que ponto são conjuntamente responsáveis por essa evolução.

b) Famílias perdedoras? Sobre a problemática estrutural

No nosso sistema de segurança social, sobretudo no que diz respeito às pensões de reforma, financiadas através do sistema de repartição, comprova-se uma "desconsideração estrutural em relação às famílias" (KAUFMANN, 2008: 93): a evolução das últimas décadas mostra claramente que ter filhos já não é algo por si só normal: é uma opção de vida, entre outras. Na atualidade, falando com toda a crueza, aquele que tem filhos está em desvantagem em relação àquele que não os tem.

Enquanto, em termos sociais, a família com vários filhos era "o caso normal" e, por conseguinte, as prestações para essa sociedade eram dadas naturalmente por quase todos (sem contraprestação), isso também constituía uma parte integrante indiscutível da justiça familiar, porque (quase) todos participavam na contribuição *para* a sociedade, bem como no benefício que a sociedade obtinha através disso. Essas "'prestações familiares' já não [fazem] parte integrante evidente dos planos de vida pessoais e da própria aspiração à felicidade e ao bem-estar das pessoas... mas [são] 'dadas' por uma parte dos cidadãos que se vai reduzindo progressivamente" (KLEINHENZ, 1995: 125). As famílias, portanto, participam sobretudo com as suas prestações, mas pouco, ou em medida insuficiente, nos efeitos, sobretudo em termos de segurança social, que essas prestações têm para a sociedade.

Em relação às prestações de aposentadoria, significa o seguinte: quem não tem filhos, em caso de dupla atividade remunerada, também adquire, mediante os seus contributos monetários para o seguro de aposentadoria, um duplo direito às prestações por aposentadoria, embora não dê (não possa ou não queira dar, o que não é importante aqui) a sua contribuição generativa, essencial para o funcionamento do sistema de repartição. Com isso estão em jogo, em última análise, o nosso Estado de direito e a nossa cultura social, devido a estruturas patentemente injustas em relação às famílias. Como é evidente, já não é preponderante um dos grandes problemas sociais do presente: o problema da justiça intergeracional, ou seja, da justiça entre gerações, mas antes o problema da justiça intrageracional, quer dizer, entre quem não tem filhos e quem é pai/mãe de igual geração em cada caso (cf. KAUFMANN, 2005: 60).

c) As famílias como fator econômico? Sobre a problemática da política familiar

A política familiar, convertida, por um lado, no início do século XXI, no centro de todo o programa político, parece, por outro lado, estar claramente em risco de ser instrumentalizada por motivos de oportunidade.

Tem-se reconhecido, sem dúvida corretamente, que a consideração favorável da família poderá prestar uma contribuição essencial para a configuração do mercado de trabalho, em conformidade com as exigências de hoje; contudo, não é por isso que pode ser objetivo primordial incumbir outras instâncias, o mais cedo possível e de maneira total, do cuidado dos filhos como fatores de perturbação da carreira profissional individual e também da empresa correspondente.

Tem-se reconhecido, além disso, que a política familiar é necessária para ajudar as famílias a desempenharem o seu papel essencial de criar "capital humano" ou "patrimônio humano", respectivamente. Mas isso não nos autoriza, de modo algum – como atualmente sucede com tanta frequência – a colocar as famílias sob a suspeita geral de que não podem – ou não querem – cumprir (por princípio) essa sua incumbência, levando a deduzir-se, por isso, que a atenção e o cuidado dos filhos fora do lar desde a primeira infância é preferível, em toda a parte, ao cuidado por parte dos pais.

Finalmente, tem-se visto claramente que uma política orientada para a família, a partir da perspectiva da política demográfica, pode dar uma contribuição útil, quando não inclusivamente necessária, para melhorar a situação do sistema de segurança social ou, se for caso disso, da manutenção do mesmo. Mas isso não pode levar, em caso algum, a que medidas de política familiar se desvirtuem com fins *pró-natalistas* e de política estatal.

Todos estes aspectos político-pragmáticos e econômicos *também* têm, sem dúvida nenhuma, a sua justificação; todavia, partindo de uma perspectiva de ética social cristã, de modo algum se podem converter em critério predominante: a peculiaridade e a estrutura do sentido da família devem ser respeitadas; as dimensões referidas do mundo econômico e político-pragmático não podem irromper no núcleo da família; a família não pode ser "instrumentalizada em termos econômicos ou políticos". De fato, contra a perversão do fim e a instrumentalização econômica da política familiar, devemos alegar que "todas as prestações que no interesse social e estatal se esperam da família [...] não são politicamente fabricáveis" (BAUMGARTNER, 1995: 59), porque os processos e as prestações na família procedem da totalidade da situação vital e da totalidade do sentimento vital da família, e não de situações decisivas isoladas e calculadas.

2 A família no discurso de valores – Fundamentos ético-sociais

A família tem uma estrutura de sentido e um significado que apresentaremos agora segundo uma perspectiva ética. Aqui, neste discurso sobre valores, não se trata de fazer uma descrição da realidade, muitas vezes extraordinariamente difícil, da vida familiar no século XXI; trata-se, antes, de fazer uma proposta regulamentadora que reja e pela qual se deva orientar o pensamento e a ação: proposta que, como é evidente, também inclui o conhecimento da possibilidade de fracasso.

a) "Substância" da família

Na verdade – é esse o resumo do Estudo-*Shell* de 2010 – a família, apesar de todos os dados contra, ainda continua a ser a "forma normal" da vida, mas parece ameaçada na sua "substância" por tendências que se podem observar de múltiplas formas. Nesse contexto "substância" indica o seu valor único para a sociedade: um valor que não se pode calcular em termos econômicos, mas que deve ser descrito mediante palavras tais como "amor", "confiança", "consideração", "magnanimidade", "generosidade", "cordialidade" e "espírito de serviço". Para abarcar todos estes aspectos, o Papa João Paulo II fala sinteticamente de uma "cultura da vida" que caracteriza a família: todos eles são dimensões e elementos que escapam a uma funcionalização econômica e política. Tanto um sistema econômico liberal como o Estado liberal e também a sociedade têm uma imperiosa necessidade da família e, concretamente, da sua cultura de vida pró-social e das prestações que traz consigo. A família toma a seu cargo a fundamental e irrenunciável função de "humanização da sociedade"; e fá-lo "contrapondo a uma lógica, regida pelas exigências e pelos imperativos da racionalidade meio/fim, outra lógica: a lógica do permitido, do ser acolhido, da finalidade pura em si mesma, e também a lógica da doação e do amor. Nesse sentido, a família representa um âmbito humanitário dentro da nossa sociedade: algo como um antítipo da lógica, indubitavelmente mais eficiente, da exploração" (KISSLING, 1998: 41).

b) *Importância e funções da família para a sociedade*

Com base nisso podemos situar adequadamente o significado e as funções que a família tem e exerce, como é evidente, em relação à sociedade produtiva, baseada na divisão do trabalho e diferenciada. Precisamente na sua estrutura específica e mediante a mesma, presta – a maior parte das vezes sem ser socialmente apreciada – uma contribuição essencial para a manutenção e o desenvolvimento justos dessa sociedade (para o que se segue, cf. LAMPERT, 1993, p. 125):

• a reprodução física e a segurança da subsistência da sociedade, ou seja, o nascimento e o cuidado dos filhos;

• a primeira socialização e educação dos filhos, entendidas como a formação de uma personalidade estável; portanto, a contribuição para imprimir a dimensão espiritual, cultural, social e profissional do "patrimônio humano" (cf. LAMPERT, 1993, p. 125, as reservas ético-socialmente fundamentadas em relação ao conceito);

• uma contribuição "para a regeneração e conservação do potencial da força de trabalho": isto é, "assistência aos membros do lar familiar [...], ordenação de um espaço de proteção, desenvolvimento e descanso, bem como [...] o cuidado da saúde e [...] a atenção aos membros doentes do lar, capazes de atividade produtiva" (LAMPERT, 1993, p. 125);

• atenção e cuidado dos membros doentes e inválidos de casa, já não aptos para o trabalho produtivo.

Segundo a linguagem e na perspectiva da ciência econômica diz-se que a família dá uma contribuição decisiva para a formação e a manutenção do capital humano. O V Relatório sobre a Família (1995) introduziu este conceito para expressar a ligação entre contributos familiares, desenvolvimento social e capital cultural de uma sociedade. Contudo, para uma reflexão ético-social, essa terminologia só com grandes reservas se revela adequada; no entanto, sob uma aparência antropológica abrangente, manifesta, na verdade, um enorme défice.

Seja como for, devemos afirmar que sobre as famílias recai muita responsabilidade para os seus diversos membros, mas também para com a sociedade e o seu bem comum.

3 Família e discurso operacional – Opções ético-sociais

a) Tornar a liberdade possível – Fortalecer a família na sua identidade

Segundo o princípio da subsidiariedade, central na ética social cristã, também denominado "princípio de reconhecimento de competências" ou "princípio facilitador da liberdade", o importante é, sobretudo, que a sociedade e o estado social reforcem a capacidade operativa da família, como "embrião" da sociedade, para assumir a sua responsabilidade. Por conseguinte, o Estado e a sociedade não devem, por princípio, assumir funções próprias da família (cf. KASPER, 2014: 28). O direito primário à educação compete aos pais! Quando a "soberania aérea sobre os leitos das crianças" (Olaf Scholz) ou sobre as suas escrivaninhas é reivindicada de forma progressiva pelo Estado, isso não deixa de se revelar, partindo desta perspectiva, como uma agressão direta contra a "lei de construção da sociedade" (cf. NELL-BREUNING, 1990). Uma adoção de deveres familiares por parte de instâncias superiores só é necessária, no sentido da assistência subsidiária, quando as famílias, nas complexas condições da sociedade moderna, se veem ultrapassadas em princípio por determinadas funções (segurança em casos de risco para a vida, cuidado das crianças quando os dois pais trabalham...) ou quando as famílias, temporariamente, já não podem, ainda não são capazes, ou não querem assumir plenamente determinados deveres (cuidado, educação...). Sociedade e Estado, mediante condições-marco adequadas e prestações diretas solidárias de ajuda ou, se for o caso, de compensação, devem reforçar as competências das famílias de tal modo que estas, se possível por si mesmas, fiquem (de novo) em situação de organizar de modo autônomo, segundo as suas opções pessoais, a vida familiar na pluralidade das suas facetas. Neste sentido subsidiário as prestações de política familiar podem, sem dúvida, ser delineadas anteriormente à própria ação da família; mas, em última análise, só com a intenção de tornar possível que ela se encarregue de organizar os seus próprios espaços de liberdade.

b) Realizar a justiça – Participação para as famílias

A política familiar, originalmente situada no contexto da política social em sentido estrito, baseava-se, primordialmente, na ideia fundamental da solidariedade e da justiça distributiva. Isso conduziu a formas diferenciadas de compensação das cargas familiares. No entanto, o fato de que isto não satisfaz, de modo algum, de forma suficiente, a problemática atual, tornou-se manifesto nos últimos anos. Uma e outra vez as investigações mostram que hoje em dia ter vários filhos constitui um risco de pobreza, devido aos custos de manutenção e aos gastos para outras oportunidades.

Perante tal panorama, a força argumentativa da categoria ético-social da solidariedade e da justiça distributiva não basta para fundamentar a política familiar; desempenham, antes, um papel importante as categorias de justiça de rendimento e de justiça participativa. A carta pastoral americana de 1986 sobre a economia, que sob este aspecto estabelece o padrão, define o conceito de "justiça social" – categoria decisiva sobre todas as outras, para a ética social cristã – mediante a fórmula de "justiça contributiva", que, neste sentido, significa que "as pessoas têm o dever de participar ativa e produtivamente na vida da sociedade, e que a sociedade tem a obrigação de possibilitar essa participação do indivíduo" (USCCB, 1986: 71). Esta justiça de participação aspira, portanto, a um mínimo fixo para qualquer pessoa de participação – ativa e passiva – em processos, instituições e resultados no âmbito da sociedade humana. As famílias prestam, indubitavelmente, o seu contributo para o desenvolvimento da sociedade, mas existe um défice de justiça, cada vez mais notório, em relação à segunda face da participação. As famílias são cada vez menos capazes de participar nos processos sociais; basta citar, a título de exemplo, a assistência aos pais idosos, sobretudo às mães; a participação na vida de trabalho remunerado; o padrão cultural das famílias com vários filhos, sobretudo em comparação horizontal. Neste ponto, torna-se patente que valor têm, para a sociedade e para o Estado, a ajuda à família. Que se pode fazer para conservar este bem, de momento socialmente raquítico? E para garantir a justiça das famílias em relação às que não têm filhos: para tornar possíveis as prestações à família, reconhecendo-as e fomentando-as?

c) *Mudar de mentalidade – Possibilidades de escolha para as famílias*

Na sociedade liberal verifica-se a necessidade imperiosa de uma mudança fundamental de mentalidade: longe da determinação de exatamente *um* modelo de solução socialmente aceito e privilegiado, longe da determinação de uma distribuição de papéis socialmente regulamentada, para uma mentalidade de liberdade e responsabilidade, a partir da qual pessoas e famílias jovens possam empreender o seu planejamento e organização individual de vida. Instituições do Estado e estruturas da sociedade ficam vazias e inúteis se não houver um hábito social que as encha de conteúdo e as sustenha.

Os jovens, hoje como ontem, têm o desejo de fundar a sua própria família. O Estado liberal coloca o seu próprio futuro nas mãos das famílias (cf. KIRCHHOF, 2003: 9): "O futuro da humanidade passa pela família. Sem família não há futuro, mas um envelhecimento da sociedade – perigo que as sociedades ocidentais correm atualmente" (KASPER, 2014: 26). Para estar à altura desta importância da família, não bastam medidas sociotécnicas, estruturais. Pelo contrário, também é preciso criar um ambiente social que anime os jovens a realizar o seu desejo de ter filhos. Isto tem a ver com a atitude geral com que a nossa sociedade trata os filhos e as famílias. Como é evidente, ter uma família significa algo mais e algo diferente daquilo que é socialmente calculável; contudo, também é preciso tomar consciência de que a educação dos filhos não é nenhum passatempo privado, mas também – e muito profundamente – uma missão que serve o bem comum. Um ambiente social assim não se pode fabricar politicamente: depende da sociedade civil e da sua atitude. Precisamente neste ponto, muitas pessoas colocam a sua esperança na Igreja e na sua autoridade frente à sociedade.

Conclusão: Justiça para as famílias em termos de responsabilidade social e eclesial

A justiça para a família não tem a ver, antes de mais, com medidas singulares que o Estado, a sociedade e a economia possam adotar, mas antes com o modo pelo qual é vista e tratada, visto que ela constitui a célula fundamental do Estado e da sociedade, em conformidade com o seu valor singular e com a dignidade de cada um dos membros, para lá da economia e de qualquer tipo de cálculo. Há que tomar (de novo) consciência deste valor para poder enfrentar os desafios específicos vinculados ao tempo e à cultura, sem qualquer perda de substância humana. Na formação ou, consoante os casos, na renovação de uma convicção social fundamental correspondente, bem como na implantação de estruturas adequadas e de condições-marco, a Igreja pode prestar um contributo imprescindível com a sua doutrina e a sua tradição sobre a família, e com exemplos vivos de orientação e de avaliação familiar nos seus próprios contextos. Condição imprescindível nesse sentido é que recupere a sua capacidade de comunicação e que se aplique a pôr em andamento o processo de tradução no tempo e na sociedade atual.

Referências

ALBERT, M. et al. (2010). *Jugend 2010. 16.* Shell Jugendstudie – Eine pragmatische Generation behauptet sich. Frankfurt.

BAUMGARTNER, A. (1995). "Familie als personale Lebensgemeinschaft". In: RAUSCHER, A. (org.). *Welche Zukunft hat die Familie?* Colônia, p. 37-62.

BENTO XVI. *Audienz für die politischen Vertreter und Mitarbeiter der Verwaltungseinrichtungen der Region Latium sowie der Provinz und der Stadt Rom*, 11/01/2007 [disponível em: http://w2.vatican.va/contente/benedict-xvi/de/speeches/2007/january/documents/hf_ben-XVI_spe_20070111_admin-roma-lazio.html – Acesso: 04/03/2015].

BIRG, H. (2005). *Die ausgefallene Generation.* Munique.

FINGER, E. (2005). Reine Privatsache. *Die Zeit*, 11/08.

GRUESCU, S. & RÜRUP, B. (2005). Nachhatige Familienpolitik. *Aus Politik und Zeitgeschichte*, 23-24, p. 3-6.

KASPER, W. (2014). *Das Evangelium von der Familie* – Die Rede vor dem Konsistorium. Friburgo [trad. port.: *O evangelho da família*. Prior Velho: Paulinas, 2014].

KAUFMANN, F.-X. (2008). "Eltern und Kinder in den Spannungsfeldern gefährdeter Sozialstaatlichkeit". In: RAUSCHER, A. (org.). *Verspielen wir unsere Zukunft?* Die Familienpolitik am Wendepunkt. Colônia, p. 87-108.

_____ (2005). "Eine folgenreiche Verletzung der Generationengerechtigkeit: Zu wenig Kinder". In: BERNHARD, N. & JÜNEMANN, E. (orgs.). *Der Familie und uns zuliebe* – Für einen Perspektivenwechsel in der Familienpolitik. Mainz, p. 48-63.

KERSTEN, M. (2012). *Ehe und Familie im Wandel der Geschichte* – Wie sich die Institutionen Ehe und Familie in den Jahrhunderten verändert haben. Mainz.

KIRCHHOF, P. (2003). *Ehe und Familie als Voraussetzungen für die berlebensfähigkeit unserer Gesellschaf*. Colônia.

KISSLING, C. (1998). *Familie am Ende?* Ethik und Wirklichkeit einer Lebensform. Zurique.

KLEINHENZ, G. (1995). "Notwendige Weichenstellungen in der Familienpolitik". In: RAUSCHER, A. (org.). *Verspielen wir unsere Zukunft?* Die Familienpolitik am Wendepunkt. Colônia, p. 113-133.

LAMPERT, H. (1993). "Wer 'produziert' das Humanvermögen einer Gesellschaft?" In: GLATZEL, N. & KLEINDIENST, E. (orgs.). *Die personale Struktur des gesellschaftlichen Lebens* – Festschrift für Anton Rauscher. Berlim, p. 121-134.

NELL-BREUNING, O. (1990). *Baugesetze der Gesellschaft* – Solidarität und Subsidiarität. Friburgo.

PÖTZSCH, O. et al. (2013). *Geburtenentwicklung und Familiensituation in Deutschland*: 2012. Wiesbaden: Statistisches Bundesamt [disponível em: https://www.destatis.de/DE/Publikationen/Thematisch/Bevoelkerung/HaushalteMikrozensus/Geburtentrends5122203129004.pdf?__blob=publicationFile].

STERZINSKY, G. & LEHMANN, K. (2007). "Geleitwort". In: CONSELHO PONTIFÍCIO PARA A FAMÍLIA (org.). *Lexikon Familie*. Paderborn/Munique/Viena/Zurique, 2007.

USCCB (1986). *Wirtschaftliche Gerechtigkeit für alle*: Die Katholische Soziallehre und die amerikanische Wirtschaft. Bona [Stimmen der Weltkirche, 26].

II
Matrimônio e família
A partir do olhar da fé

4
Pensamentos sobre realidade e sacramentos*

Thomas Krafft

> A realidade está presente
> no espaço da confiança
> Klaus Ritter

A propósito das dificuldades da Igreja Católica com os chamados divorciados recasados, gostaria de pôr em destaque a concepção da realidade subjacente a um sacramento enquanto tal. Como filósofo, não considero minha missão criticar determinados enunciados de fé, mas mostrar as conotações e implicações de tais enunciados. Parto do princípio de que realmente existe a verdade. A realidade da verdade demonstra-se desde já no fato de sobressair do nosso saber

---

* "Gedanken zur Wirklichkeit und Sakrament". In: AUGUSTIN, G. & PROFT, I. (orgs.). *Ehe und Familie* – Wege zum Gelingen aus katholischer Perspektive. Friburgo: Herder, 2014, p. 199-215.

e de marcar os limites da nossa capacidade de conhecer. Contudo, o saber nunca existe por si mesmo; pelo contrário, é sempre saber apenas na sua relação com a verdade. Tal relação com a verdade costuma ser denominada "fé". A intenção de fundar o saber como práxis coletiva, independentemente de qualquer tipo de fé, deve ser considerada fracassada, pelo menos no sentido de um forte conceito de saber. Ao fracasso dessa intenção corresponde também a transformação do conceito de transcendência, com o qual mantém relação, por sua vez, a nossa ideia de realidade. Enquanto, para o crente, transcendente é aquilo que ultrapassa os nossos conceitos, hoje já se considera transcendente a saída da consciência individual para lá de si mesma. Com isso não me refiro apenas à possibilidade de conhecer. As possibilidades pragmáticas de aplicação também devem pressupor, a par da fé, a verdade do seu uso. Aprendemos a admirar-nos, hoje, de que possamos entender-nos e entrar em comunhão uns com os outros. Ao mesmo tempo, precatamo-nos de quão frágil é e de quão exposta está, precisamente, essa comunidade. Na verdade, o conceito contraposto a "fé" não é, por isso, "saber", mas "duvidar".

Parece problemático que um filósofo se ocupe de um tema teológico. Contra isso pesa o progressivo processo de especialização e diferenciação no qual nos vemos e interpretamos. Quanto ao resto, por trás do dito processo encontra-se a fé – ou pelo menos a confiança – de que tudo sairá bem. Com isso não pretendo negar a ninguém a liberdade de não crer, o que também é possível. Segundo essa forma de ver as coisas, aquilo que gostamos de denominar "progresso", simplesmente imparável, não passa de uma fuga para a frente ou talvez do anseio por algo novo, completamente diferente. Como é óbvio, estas imagens também partem de pressupostos; mas, como se trata de pressupostos inteiramente negativos, gostaria de traçar precisamente por aí o limite entre fé e incredulidade: a fé aceita a realidade e pressupõe, portanto, a sua bondade, ao passo que a incredulidade rejeita a realidade tal qual é. Devemos resistir à tentação dialético-estrutural de também interpretar isso como fé. Por quê? Devemos resistir a essa tentação, a fim de que a linguagem possa continuar a transportar significado para todos, mantendo assim em aberto a possibilidade de comunhão. O exemplo da linguagem permite-nos deixar bem claro que o progresso traz consigo um perigo que devemos caracterizar como fragmentação e parcelamento da realidade. A unidade do todo perde-se deste modo. Com isso não pretendo afirmar, obviamente, que o todo como tal se desmorona, mas apenas que já não representa para nós o contexto ou o horizonte unitário de que precisamos para experimentar a nossa vida como uma realidade cheia de sentido. Decisivo em tudo isso é o fato de que tal processo é, antes de mais, uma ilusão que só num segundo momento se torna publicamente eficaz. Assim, entretanto, pressupõe-se em larga medida que Deus e homem, espírito e matéria, sujeito e objeto – para nomear apenas os mais importantes desses pares de termos – estão clara e inequivocamente separados entre si. A esse pressuposto está subjacente uma determinada ideia de realidade, que denominarei *mundo*. Enquanto a realidade é um acontecer, o mundo é um constructo. A realidade pressupõe a existência de alguém que leva a cabo a sua obra; o mundo, pelo contrário, segundo Immanuel Kant, contém em si mesmo o fundamento de um entrelaçamento universal. Na medida em que neste postulado só se deve ver uma tese contrária ao Deus criador, não se trata, na realidade, de uma posição, mas de uma dúvida de forma metódica. Daí que "mundo" também seja sempre uma supressão daquilo que não queremos perceber.

1 O sacramento como signo mundano

Desta concepção de realidade parte também a habitual teoria dos signos. Segundo esta, vemos todo o signo sob dois pontos de vista. Primeiro, remete para algo que não é ele próprio. Assim, existe um sinal de trânsito com uma cruz sobre fundo azul-escuro, envolvida por uma circunferência vermelha. Qualquer condutor conhece este sinal e sabe, por conseguinte, que ele o proíbe de estacionar o automóvel no lugar onde se encontra o sinal. O sinal é o aspecto *significante* do signo. Além disso, porém, existe um aspecto *significado*, que no nosso exemplo é o lugar que, com a ajuda do sinal, se deve manter ou se mantém livre de automóveis. Daí que possamos entender um signo como uma exortação que deve ser atendida, a fim de que o signo, como um todo, se cumpra. Por vezes, um condutor decide fazer caso omisso de um signo, quer porque julga poder situar-se fora do seu âmbito de vigência, quer porque desse modo obedece a um segundo signo, que considera mais premente. Gostaria de ilustrar as duas possibilidades. Para o primeiro caso, podemos imaginar um condutor que estaciona alegremente o seu automóvel onde quer que seja, e, portanto, confia que não será castigado pela sua conduta contrária às normas ou a quem é indiferente ser castigado ou não. O segundo caso seria o de um condutor que, tendo sido testemunha de um acidente, deseja parar o seu veículo sem demora, sair do mesmo e prestar ajuda. Se em tais circunstâncias o lugar que se mantém livre, graças à proibição de estacionamento, se oferece como possível lugar para estacionar, não há dúvida de que o condutor atua corretamente, dando maior importância à ajuda que deve ser prestada do que ao sinal de trânsito. De um modo geral, devemos afirmar que os signos, mundanamente interpretados, não são eficazes por si sós, por sua própria virtude, mas primeiro devem ser sempre percebidos, traduzidos e reconhecidos. O efeito depende, secundariamente, de sanções que podem ser impostas caso não se respeitem determinados sinais. Tais sanções estabelecem a diferença entre o signo como oferta (*An-Gebot*) e o signo como proibição (*Verbot*). De certo modo, as sanções só são necessárias quando se ponderam os signos, mesmo que não sejam entendidos nem universalmente reconhecidos como dotados de sentido.

Muitas pessoas também entendem o matrimônio sacramental como uma ação com caráter de signo. A mulher e o homem selam de maneira simbólica uma aliança por toda a vida, ou seja, manifestam a sua intenção de se apoiarem mutuamente, de suportarem juntos os conflitos e de se manterem unidos, aconteça o que aconteder. Seguindo o exemplo anterior, essa vontade de duas pessoas pode ser considerada o aspecto significado do matrimônio, que, por sua vez, é significado por outros signos. Nesse sentido, usar uma aliança matrimonial significa ter um companheiro junto ao qual se quer estar. A qualquer preço? A comunidade de vida até que um dos cônjuges faleça, significada pelo matrimônio, só pode ser pressuposta como intenção; que tal intenção também se chegue a realizar ou não é outra questão. "Intenção" significa sempre querer abstrair de certos fatores. Na atualidade, interpretamos rapidamente isso dizendo que, com efeito, até que a morte nos separe, a não ser que...; sempre que não... nunca se sabe o que pode acontecer. As pessoas separam-se, afastam-se e pedem o divórcio, como permite o direito civil. Além disso, a modo de justificação, costuma dizer-se que já não havia nada em comum, que um dos cônjuges estava enganado em relação ao outro ou inclusive que a convivência era um inferno e que fica feliz por ter sobrevivido a isso. Note-se bem: aqui não se trata de moral. Não se trata de querer julgar as pessoas ou de classificar exteriormente destinos pessoais.

É nossa intenção chegar a uma compreensão secular ou mundana do Sacramento do Matrimônio. É valorizado, procurado e celebrado, porque a sua possibilidade é entendida como uma oferta romântica: festa, música solene de órgão, vestido de noiva, adornos, flores, alianças... Tudo isso expressa para muitos um anseio de felicidade e satisfação, mais ainda, de eterna felicidade e satisfação duradoura. Além do que em inúmeros casos esse aspecto romântico também é interpretado de forma muito mais pragmática, a felicidade imaginada revela-se, em certas ocasiões, volátil e a satisfação relativa. Talvez cresça o abismo entre aquilo que uma pessoa imaginou e continua a imaginar e a realidade de cada dia. Podemos pensar em situações críticas adicionais, mas não precisam de ser expostas aqui. O fator decisivo é que com demasiada frequência se chega à conclusão de que é melhor, para um dos cônjuges, ou para ambos, que cada um siga de novo o seu próprio caminho. É preferível um fim horroroso a um horror sem fim, afirma a sabedoria popular, supondo assim, de forma tácita, o caráter desesperado da situação. Os cônjuges separam-se, o que não é fácil para nenhum deles, e também implica dificuldades segundo a perspectiva do direito civil. Não considerando, neste lugar, exceções extremamente críticas, no fim, os cônjuges costumam chegar à conclusão de que não encaixavam bem. Pressupõe-se que uma pessoa, por si só, é estupenda, mas que só com muita sorte poderá encontrar outra pessoa que também seja estupenda e que, além disso, ambas formem um bom casal. Chamamos a isso "individualismo". No entanto, como indivíduos, também nos dissociamos em nível do corpo e do espírito, havendo zonas problemáticas e pontos de ruptura controlada, técnicas do eu e possibilidades de otimização. À vista da imaginada, figurada e em certas ocasiões também experimentada decomposição do todo, dobramo-nos sobre nós mesmos, no próprio eu, como a última unidade fiável, que, no entanto, a maior parte das vezes, não se basta nem se pode bastar a si mesma.

2 A imagem cristã do homem

Alguns podem ficar surpreendidos por este ponto-final de numerosos projetos de vida seculares corresponder, precisa e exatamente, ao ponto de partida da interpretação eclesial da existência. Que o ser humano vire as costas à realidade como um todo e se feche em si mesmo e na sua imaginação, fechando-se assim ao outro, é, enquanto *incurvatio in se ipsum* [encurvadura sobre si próprio, encerramento em si próprio], aquilo que a Igreja considera pecaminosidade. Por nós mesmos, não podemos escapar – nem nos esquivar – a essa encurvatura do nosso eu. Por desgraça, muitas pessoas confundem pecado e culpa, de tal modo que se julgam obrigadas a defender-se da interpretação da Igreja. Justamente, dizem algumas vozes críticas que a uma pessoa que se encontra sozinha e abandonada, no fim da sua vida, não se pode insinuar que a culpa é dela.

Semelhante acusação contra a Igreja representa um mal-entendido crasso daquilo que se pretende dizer. "Pecaminosidade" significa que isso ocorre a todas as pessoas e que, portanto, não podemos nos esconder. O fato de Adão ter tentado esconder-se de Deus por causa da sua falta seria cômico se não fosse expressão do pecado de não querer viver na presença de Deus.

Falar de pecaminosidade do ser humano significa, em segundo lugar, que este é exortado a pôr ele próprio fim a essa intrincada e insuportável situação. Nisso se deve ver a sua culpa (*Schuld*). Mas "culpa" não se deve entender aqui em sentido jurídico, mas no sentido de uma obrigação, como sugere a proximidade do termo alemão *Schuld* com o inglês *should*: deves! O nosso pecado é, por conseguinte, a nossa solidão; e a nossa culpa consiste no dever de procurar o caminho para sair da solidão. A nossa missão radica em nos tornarmos reais na realidade. Isto soa um pouco críptico ou até esotérico: no entanto, significa algo por si só evidente. A obra fragmentária, a partir da qual compomos a nossa realidade, deve ser aberta ao todo, de tal modo que, a partir deste, deixe de ser mera opinião e figuração e possamos começar a conviver. Gostaria de ilustrar isso em referências às três contraposições mencionadas anteriormente: Deus e homem, espírito e matéria, sujeito e objeto.

Se, como sujeitos, nos encontramos perante um ou vários objetos, ou se saímos ao encontro de tudo de maneira meramente objetiva, isso significa, por um lado, que nos colocamos a nós próprios no centro do mundo – em torno do qual gira todo o resto – e, por outro, que ao mesmo tempo nos submetemos aos objetos segundo a classe, o modo e a medida da sua disponibilidade. Seria melhor deixarmos de ser sujeitos (subjugadores e subjugados), aprendendo a abrir-nos àquilo que nos acontece. O outro é uma pergunta dirigida a nós; podemos ser resposta para ele. Em vez de nos julgarmos algo e de observarmos e medirmos o outro, começaremos, assim, a encontrar-nos uns com os outros.

O espírito e a matéria também conservam uma relação entre si. Ou se faz preceder o espírito à matéria ou se afirma que o espírito surge da matéria, ou se considera ambos como coordenados sem que, no entanto, se possam interpenetrar. Não se considera possível uma unidade de ambos. Assim, essa unidade é condição para que possamos confiar nas nossas percepções, sair de nós mesmos, aproximarmo-nos uns dos outros e entendermo-nos mutuamente. Na vida diária ajudamo-nos com a ideia de que, na realidade, só existe matéria, mas dentro da massa material também há corpos especiais, que contêm dentro de si um espírito. E como nós, os seres humanos, somos relativamente parecidos do ponto de vista genético, supõe-se que também se deve partir de que, de certo modo, os espíritos que há em nós funcionam de modo análogo. Assim entendida, a vinculação entre pessoas seria meramente material. Nisso podemos ver a descrição de uma possibilidade real, mas não a realidade, pois a percepção do corpo acontece no espírito, não sendo possível estabelecer uma distinção razoável entre ambos. Quando penso em mim mesmo como matéria, quem está pensando aí? O espírito ou a matéria? E se é o espírito que pensa, como se pode pensar a si mesmo, a não ser com a ajuda do corpo? Se conseguimos, pelo contrário, entender o espírito e a matéria como unidade, não só evitamos menosprezar o corpo ou olhar o espírito com reservas, mas isso também é a única coisa que nos capacita eficazmente para confiar nas nossas percepções e sensações.

É diferente, porém, a relação entre Deus e o ser humano. Como é óbvio, nem tudo o que o homem pensa corresponde ao pensamento de Deus. No entanto, o pecado não consiste em querer ser como Deus, mas em querermos ser como imaginamos que seja um deus. Deus não está infinitamente longe de nós, muito pelo contrário. Todavia, precisamos de uma chave para abrir o nosso pensamento à realidade de Deus. Essa chave é a cruz. Para compreendermos esse acontecimento em todo o seu alcance, recordemos o que definimos como a situação do homem, como a existência humana. O homem gostaria de se bastar a si próprio, pelo que se entende a si mesmo como seu próprio senhor e legislador. Desse modo, perde de vista a realidade, pois esta não existe em partes, mas apenas como um todo; do contrário, decompõe-se em vários fragmentos e aspectos da percepção. Então, tudo parece aleatório e relativo. Se tem ou não sentido só se pode determinar a partir desta perspectiva *a posteriori*, ou seja, quando já é demasiado tarde para intervir. O que em certo momento se considerou bom, pode ser qualificado mais tarde como mau. O corpo e o espírito dissociam-se e sublevam-se um contra o outro. A finalidade do pecado é o caos de indivíduos isolados que lutam entre si para sobreviver.

Cristo entra neste mundo conceitual para contrariar tal dissociação. A realidade de Cristo torna-se, assim, possibilidade de reconciliação e de unidade. Além disso, a Igreja parte do princípio de que, mediante a entrada de Cristo, já se ultrapassou a dissociação, a desintegração. A possibilidade ter-se-ia convertido, então, em realidade. Assim, pois, através de Cristo, tem lugar a incorporação na realidade de Deus, cujo Espírito atua em tudo e sustenta tudo. Mas, como é evidente, Cristo não leva a cabo essa cura ignorando o ser humano ou à margem da vontade deste. Pelo contrário, liberta-nos para o seguirmos pelo caminho que sempre esteve presente, mas que só através dele passou a estar sob uma luz inequívoca e correta. Esse caminho também é denominado por Ele como *a* verdade e *a* vida. Contudo, por que deveríamos crer nele? Por que deveríamos crer no que nos disse? Por outro lado, porventura será mais razoável crer que Cristo não é o Filho de Deus? (cf. PIEPER, 1995: 109ss.). Não; pelo menos enquanto não se oferecer, ao mesmo tempo, algo ou alguém distinto como alternativa. Cristo é, para nós, a chave da realidade, e qualquer outra fé deve medir-se pelo critério de se saber se ajuda ou não – e em caso de resposta afirmativa, em que medida – a entender a realidade. A realidade também implica sempre a relação entre Deus e o ser humano, a recíproca referencialidade de espírito e matéria, a unidade de sujeito e objeto. Na medida em que carregou a cruz e se deixou cravar nela, Cristo mostrou-nos, precisamente nessa mesma cruz, como podemos entrar na realidade. A trave horizontal da cruz corresponde ao ser para os outros. Cristo mostrou-nos que só podemos estar em harmonia conosco mesmos, ser um conosco mesmos, se nos entregamos aos outros. Mas entregarmo-nos aos outros significa abandonarmo-nos à realidade em vez de nos querermos autoafirmar e impor, autorrealizar. Perpendicularmente a este madeiro, levanta-se outra trave, a vertical, como sinal da nossa orientação para Deus, que se fez homem. Benditos os pequenos e os que se preocupam com os pequenos.

Enquanto todas as ideias de vida adequada privilegiam um grupo de pessoas, delimitado de forma mais ou menos clara, penalizando assim a maioria das pessoas, a justiça de Cristo beneficia todos e aplica-se a todos. De fato, se os pequenos, os débeis ou os pobres são reconhecidos como benditos, invertem-se de repente as classificações, e os grandes, poderosos e ricos são reconhecidos como pequenos, débeis e realmente pobres. O limite da misericórdia divina não é a justiça de Deus, mas a liberdade de os seres humanos se fecharem ao amor.

3 Os sacramentos

Para compreender a posição da Igreja – e as dificuldades que esta encontra – na questão dos divorciados recasados pelo civil, devemos interrogar-nos, antes de mais, sobre o que se deve entender por sacramento. Queremos que a resposta a esta pergunta se baseie no *Catecismo da Igreja Católica*, de 1992, em que o "sacramento" é interpretado a partir de cinco pontos de vista diferentes. Em primeiro lugar, aos sacramentos correspondem atos de Jesus Cristo, por um lado, como precursores das ações sacramentais; por outro, como "'forças que saem' do corpo de Cristo (cf. Lc 5,17; 6,19; 8,46), sempre vivo e vivificante" (CIC 1116). A Igreja conhece sete desses atos de Cristo. As suas repetições chamam-se *sacramentos da Igreja* porque são administrados por esta e, ao mesmo tempo, a fortalecem.

Em segundo lugar, os sacramentos existem por mediação da Igreja e para a Igreja, mas a Igreja não existe por mediação dos sacramentos e para os sacramentos, visto que a Igreja deve ser entendida como instituição direta de Cristo e, por conseguinte, como irrepetível. A Igreja é o espaço em que os sacramentos têm eficácia.

Em terceiro lugar, estes estão ao serviço da fé das pessoas, que não só pressupõem, mas que também "alimentam, fortalecem e expressam mediante palavras e coisas" (SC 59).

Em quarto lugar, os sacramentos realizam a salvação dos fiéis na medida em que os incorporam ao acontecimento salvífico de Cristo. Esta salvação deve ser vista no fato de que "o Espírito de adoção deifica (cf. 2Pd 1,4) os fiéis, unindo-os vitalmente ao Filho único, o Salvador" (CIC 1129).

Desse modo, em quinto lugar, nos sacramentos irrompe a vida eterna da glória de Deus no espaço e no tempo terrenos, santificando-os: "Dignamente celebrados na fé, os sacramentos conferem a graça que significam (cf. Concílio de Trento: DH 1605 e 1606). São *eficazes* porque neles atua o próprio Cristo" (DH 1127).

Estes cinco pontos estão intimamente ligados entre si. Enquanto os três últimos caracterizam o *efeito* dos sacramentos, os dois primeiros determinam os pressupostos indispensáveis para que esse efeito se possa produzir. A condição exterior é a Igreja, que por sua vez pressupõe Cristo, condição interna dos sacramentos. "Realizam eficazmente a graça que significam em virtude da ação de Cristo e pelo poder do Espírito Santo" (DH 1084ss.). Os sacramentos só surtem efeito porque Cristo ressuscitou realmente. Segundo, têm lugar no espaço da Igreja, que é o Corpo de Cristo. Atuam, portanto, incorporando o receptor do sacramento à ação de Cristo e assemelhando-o, assim, a Cristo. Pela fé tornamo-nos irmãs e irmãos de Cristo. Ao mesmo tempo, porém, a nossa fé estende-se à obra viva de Cristo em nós e através de nós, de tal modo que nele também cremos na salvação que nos é comunicada através dele. Essa salvação está presente nos sacramentos, mas ainda não é total em tudo. Por isso, poderíamos resumir os cinco pontos de vista na afirmação de que sacramento significa, essencialmente, presença de Cristo. Tal presença é experimentada como graça que imerecidamente recai sobre uma pessoa.

4 O Sacramento do Matrimônio

"O próprio Deus é o autor do matrimônio" (GS 48). É a sua realidade, a realidade de Deus, que faz com que a mulher e o homem se encontrem e se unam, que os determina um para o outro e que os mantém unidos. Esse encontro é santificado no Sacramento do Matrimônio. "Depois da queda, o matrimônio ajuda a superar o autoisolamento, o egoísmo, a busca do próprio prazer, e a abrir-se ao outro, à ajuda mútua, ao dom de si" (CIC 1609). Por isso, não é bom que o ser humano esteja só (cf. Gn 2,18). Ora, a razão de ser disso é, simultaneamente, a razão pela qual a união da mulher e do homem viva ameaçada pela discórdia, pelo espírito de domínio, pela infidelidade, pelo ciúme e por conflitos capazes de ir até ao ódio e à ruptura" (CIC 1606). A mulher e o homem foram feitos um para o outro; mas, em ambos, o eu mundano revela-se como poder autônomo contra o seu destino. Nem sempre se procura a liberdade e o bem-estar do outro; mas, amiúde, a assimilação, por parte deste, das próprias ideias. Daí que devamos considerar débil e ameaçada em si a comunidade da mulher e do homem. Só terá consistência graças ao esforço de ambas as partes e à ajuda externa. Essa ajuda é sempre graça de Deus, visto ser Ele que, na realidade, nos guia. Confiando na sua ajuda é possível para os cônjuges permanecer fiéis um ao outro, inclusive em períodos de abissal distanciamento.

"Seguindo Cristo, renunciando a si próprios, tomando sobre si as suas cruzes (cf. Mt 8,34), os esposos poderão 'compreender' (cf. Mt 19,11) o sentido original do matrimônio e vivê-lo com a ajuda de Cristo" (CIC 1615). A mulher e o homem testemunham essa intenção, quando se aproximam juntos do altar e, diante da comunidade, administram reciprocamente o Sacramento do Matrimônio. Põem de lado tanto a sua pusilanimidade como a sua obstinação e pedem ajuda a Deus para cumprir a promessa que fazem mutuamente, promessa desmedida do ponto de vista meramente humano, de permanecer juntos até que a morte os separe. Visto que, "portanto, o vínculo matrimonial é estabelecido pelo próprio Deus", constitui "uma realidade irrevogável e dá origem a uma aliança garantida pela fidelidade de Deus" (CIC 1640).

5 Faltar à palavra

A intenção da noiva e do noivo de partilhar a vida e de configurá-la conjuntamente implica, inclusive do ponto de vista da Igreja, a abstenção de tudo aquilo que possa pôr em causa tal intenção. Aqui, volta a manifestar-se com toda a clareza a diferença entre a visão eclesial e a visão secular. Do ponto de vista secular, toda a intenção está sujeita a reserva; segundo a perspectiva eclesial, pelo contrário, confiando na realidade de Deus, a intenção é santificada e declarada indissolúvel. Retratar-se de tal intenção equivale, por conseguinte, a deixar de confiar em Deus. Enquanto juridicamente o "sim" dos contraentes é interpretado como contrato, para a Igreja é, enquanto palavra mutuamente dada, uma realidade não suprimível – por não ter a mínima arbitrariedade – e acima da qual é impossível colocar seja o que for. Nesse sentido, ao matrimônio está subjacente uma decisão (*Ent-Scheidung*, em que *ent-* é um prefixo que, neste caso, indica que algo é invertido) pela qual se revoga a separação (*Scheidung*) do ser humano em mulher e homem. A mulher e o homem tornam-se *um* e continuarão a sê-lo até à morte de um dos dois. Não se trata apenas da forma de desempenho de um ato de linguagem, mas da realização de um destino. Pode acontecer que os cônjuges não se deem bem, mas então devem considerar sua missão suportar *isso*, e não agir como se nada tivesse ocorrido. No *Catecismo da Igreja Católica* diz-se que, existindo um matrimônio válido segundo a Igreja, um segundo matrimônio de qualquer um dos cônjuges, permitido pelo direito civil, *contradiz objetivamente a Lei de Deus* (cf. CIC 1650). Segundo as palavras do próprio Jesus (cf. Mc 10,11-12), tal infração constitui adultério. Porém, o segundo matrimônio distingue-se de outras faltas pelo fato de que nele a ruptura do primeiro matrimônio, que é sagrado, se prolonga e confirma perduravelmente. Daí que aos divorciados que voltam a casar também seja negado o Sacramento da Penitência, a não ser que se comprometam a "viver em continência total". Considera-se absurdo arrepender-se de um fato para depois voltar a incorrer precisamente no mesmo. Mas o que se deve entender por continência *total*?

Interpreto este atributo como alusão a Mt 5,28, onde Cristo diz: "Eu, porém, digo-vos: todo aquele que olha para uma mulher e deseja possuí-la, já cometeu adultério com ela no coração". Comparando-a com este ditame, a tradicional imputação de que a Igreja considera impura a sexualidade humana revela-se completamente equivocada. Com tal imputação não só se formula uma crítica muito simplista, mas, ao mesmo tempo, desconhece-se a situação do ser humano. As palavras contundentes de Cristo remetem-nos, pelo contrário, para o coração da pessoa como centro desta. O coração é o lugar de tudo o que realmente acontece. Nesse sentido, a castidade não é uma categoria extrínseca, mas um meio de proteger o coração humano de distrações. À defesa da castidade corresponde, como contraponto, a ameaça através da avidez sexual, da luxúria[4]. A avidez não é primordialmente má por ultrapassar toda a medida e criar discórdia, mas porque devora o coração de quem, longe de procurar e de encontrar a paz em si mesmo a partir de Deus, a procura fora da sua própria existência e através da transformação das circunstâncias. O resto depreende-se a partir daí. A avidez ofusca o olhar sobre a realidade mediante o próprio mundo conceitual. O todo é interpretado como uma acumulação de partes, que são percebidas como desordenadas e que, por conseguinte, devem ser colocadas na ordem que se considera adequada; só então será possível a paz, a satisfação e a felicidade. Se, ao princípio, uma pessoa ainda se propõe ser realmente feliz, caso se deem estas ou aquelas circunstâncias, à medida que a luxúria aumenta, também aumenta

---

[4] Do mesmo modo, dever-se-ia tratar também os pares de termos pobreza-ambição e obediência-egoísmo.

a insatisfação pessoal. Contudo, a luxúria aumenta se não for coartada pela castidade.

Neste sentido, o matrimônio também constitui uma ajuda para a pessoa. Trata-se, além do mais, de uma realidade instituída e querida por Deus. Porém, será necessário partir do princípio, com toda a seriedade, de que o ser humano pode perturbar ou ameaçar essa realidade? Porventura não significa também o sacramento que tudo é bom? Em Cristo, sacramento primigênio (*Ur-Sakrament*), Deus deu o seu sim à criação inteira (cf. PIEPER, 2000: 376ss.). Sempre que nós queiramos, aceita-nos tal como somos e vem ao nosso encontro nos sacramentos. Aqui não é necessário dizer que também não lhe fazemos justiça, nem a Ele nem ao seu amor. Aproximamo-nos antes do ponto decisivo, ou seja, da impossibilidade do divórcio. Por que é que, do ponto de vista eclesial, não se pode dar o divórcio de um matrimônio sacramentalmente válido? Na sua práxis, a Igreja baseia-se cm Mt 19,6: "O que Deus uniu, não o separe o homem". Este "não o separe o homem" é uma tradução do grego *mḗ chōrizétō*, ou seja, um imperativo que se deve entender no sentido de algo que o ser humano deve evitar fazer.

O homem não *se deve* esquivar àquilo que Deus lhe destina. Por conseguinte, não *deve* revogar uma aliança selada por Deus. Que o possa fazer ou não, porém, é uma questão completamente diferente, uma questão a que não se deve dar uma resposta geral, a não ser que o ser humano se queira colocar no lugar de Deus em vez de segui-lo.

É aqui que eu vejo a pergunta decisiva: Podemos interpretar um mandato do Senhor como proibição? Não implicaria isso ter em pouca consideração Deus e a sua realidade? Cabe-nos a nós impor sanções? A renúncia a impor sanções não seria, precisamente, expressão de confiança na realidade de Deus e na realidade dos sacramentos? O nosso "princípio hermenêutico de interpretação da verdade" poderá ser, porventura, diferente da misericórdia divina (cf. KASPER, 2014: 88), como escreve o Cardeal Walter Kasper? Aqui tocamos a diferença entre os sacramentos e os signos mundanos, seculares. Enquanto estes oferecem algo que pode, mas não tem de ser observado, o sacramento acontece de fato. Enquanto, do ponto de vista mundano, o livre-arbítrio tem lugar de forma reativa, ou seja, como reação ao signo, relativamente ao sacramento, a liberdade consiste em abrir-se e poder abrir-se a este. Porém, abrindo-me aos sacramentos, também me abro ao outro na sua alteridade, ou seja, precisamente ali onde ele me contradiz. Conseguindo manter esta abertura, o matrimônio será bem-sucedido; contudo, precisamente na abertura ao outro radica a dificuldade da existência humana. No entender de Kasper, "para a eficácia do sacramento [...] é imprescindível crer no Deus vivo, como meta e felicidade do homem, e na sua providência, que nos deseja guiar no nosso caminho de vida até à meta e à felicidade definitiva" (KASPER, 2014: 78).

Significa isso que os sacramentos só são reais se se acredita neles e na medida em que se acredita neles? Certamente que não. Precisamente enquanto posição oferecida, devemos entender os sacramentos como realidades irrevogáveis. Um divórcio significa sempre uma pesada hipoteca, que pesa sobre uma segunda tentativa. Nesse sentido, o ser humano de modo algum *pode* separar aquilo que Deus uniu.

De qualquer modo, Gilbert Keith Chesterton exagera quando absolutiza a componente ontológica, caracterizando por isso, como superstição, a possibilidade de divórcio (cf. CHESTERTON, 2009). A esse respeito, escreve Kasper: "A boa notícia de Jesus é que a estreita aliança entre os cônjuges é abraçada e apoiada pela aliança de Deus, continua a existir graças à fidelidade de Deus, mesmo quando o frágil vínculo humano do amor se torne mais débil ou chegue mesmo a extinguir-se" (KASPER, 2014: 39). A fidelidade de Deus garante a aliança, mas não coincide com esta. Deus mantém-se fiel a nós, mesmo que lhe sejamos infiéis e sejamos infiéis uns aos outros e até a nós mesmos. Essa fidelidade sustém-nos mesmo quando cometemos erros, sempre que confiamos apenas em Deus e, portanto, queiramos evitar espontaneamente erros. Isso também se aplica quando nos vemos forçados a quebrar a palavra dada ao outro, ou melhor, a desdizê-la. Para Kant, a possibilidade de fazer promessas é o que nos distingue dos animais, e também para Kasper "é próprio da dignidade do homem poder tomar decisões definitivas" (KASPER, 2014: 40). Daí não se segue, porém, que quem não cumpre as suas promessas degenere em animal ou perca a sua dignidade e, daí por diante, possa ser tratado de maneira distinta de outras pessoas. Pelo contrário: precisamente por correr o risco de duvidar de si mesmo e de cair no desespero, quem não pode cumprir o prometido precisa de apoio. Se pede perdão, há que perdoá-lo. Segundo o filósofo Robert Spaemann, perdoar constitui, inclusive, a verdadeira dignidade do ser humano: "O perdão é um ato criador em sentido eminente". Perdoar capacita a pessoa para voltar a prometer. Para se atrever a fazer uma nova promessa (SPAEMANN, 1998: 248ss.). Com isso também impede que, como temia Chesterton, a nova palavra seja, ao mesmo tempo, uma ruptura da antiga.

6 A Parábola dos Talentos

Na questão suscitada sobre os divorciados recasados pelo civil devemos pressupor que para eles se trata de algo sério. Podemos partir do princípio de que a pessoa, para a qual a exclusão da Sagrada Comunhão é um problema, sofre pela sua situação. Porventura não devemos inclusivamente presumir hoje, em geral, que todo aquele que solicita um sacramento (excetuando o Sacramento do Matrimônio, socialmente na moda), só por isso está preparado para receber o sacramento? Não será isso também realidade? A pressão social que durante muito tempo pode ter induzido muita gente a desejar sacramentos, sem a disposição necessária, inverteu-se, precisamente, em sentido contrário. Na atualidade, certamente ninguém corre o risco de *oferecer* o sacramento, convida-se a participar nele (cf. RATZINGER, 2010: 1.148). Isso, como é óbvio, não exime a Igreja da sua obrigação de recordar a quem quer participar da

Sagrada Comunhão que aquilo que solicitam e recebem "é o Corpo do Senhor" (cf. 1Cor 11,27-29). Porém, mais não pode fazer. Não compete à Igreja decidir sobre a dignidade de um indivíduo concreto. Em certo sentido, devemos afirmar, inclusive, que ninguém é digno de receber o Corpo do Senhor, visto que Ele se nos entregou por pura graça. Daí que, ao receber a Sagrada Comunhão, pronunciemos as palavras do centurião pagão.

A questão que continua em aberto é, portanto, a questão sobre a consciência do sacramento – ou a abertura para o mesmo. Porém, também aqui é certo que a Igreja existe para repartir, não para impedir. A pessoa fraudulenta, mais do que enganar a Igreja, engana-se a si mesma. Possivelmente, a Parábola dos Talentos contada por Jesus (cf. Mt 25,14-30) refere-se não só a cada indivíduo, mas também à Igreja. Dentre todos os talentos, não são os sacramentos os maiores? Porventura, não são estes a condição para que o talento dê fruto? Não são eles próprios talento e fruto ao mesmo tempo? Neles, Cristo confiou a sua fortuna à Igreja. Assim, pois, quando uma pessoa se aproxima da Igreja e lhe pede que lhe conceda o perdão e a graça do Senhor, poderá ela pensar em negar-lhos? Não se assemelharia, então, ao terceiro servo da parábola, que, por medo de Deus, interpreta erradamente a sua palavra? Deus colhe onde não semeou e junta onde não espalhou. Os sacramentos, porém, não são apenas semente e palha, como outros signos, mas já são fruto em si mesmos. Neles encontra resposta o nosso sim em busca. É o que me parece a mim, como filósofo. É possível que tenha passado algo por cima daquilo a que a teologia se pretende e deve ater.

Consideração conclusiva

Com isso encontramo-nos também, desde já, perante a dificuldade fundamental para entender a concepção eclesial de sacramento. Num sacramento, só Deus é que atua. Daí que o sacramento realize, precisamente, aquilo que significa. Por conseguinte, não podemos compreender o que é um sacramento sem participar com fé na sua realização. Também não sabemos o que acontece quando alguém "recebe" um sacramento sem o acolher a partir da fé. Não sabemos se acontece alguma coisa ou se o problema deve ser visto no fato de o receptor se limitar a fazer como se o recebesse, isto é, recebe-o irrealmente. Com efeito, por um lado, pode julgar que sabe o que *é* um sacramento, ou seja, que não é *nada*; mas, por outro, entre a realidade, que é o sentido de tudo, e ele próprio introduziu a sua própria ideia, que lhe obstrui o olhar. A verdade defende-se a si mesma. Quem se põe contra ela já tem castigo suficiente vivendo na ausência de verdade, crendo que conhece a realidade não a conhecendo, pensando que não existe nada que mereça ser procurado.

A presença de Cristo, a quem a experimenta na realidade, dá--se-lhe por completo como sacramento. Mas só se dá a quem se abre a ela, escapando a quem, movido pela dúvida, se fecha. Se nos abrimos, abstraímos de nós mesmos, ao passo que, se imaginamos um mundo, abstraímos tanto dos outros como do outro. Daí que as dificuldades da Igreja Católica com os divorciados recasados não sejam uma questão de signos ou de interpretação; além disso, seria errôneo interpretar a não admissão aos sacramentos como castigo por uma infração precedente. Isso é evidente para todo aquele que toma a sério o triunfo da potência de Cristo sobre o poder mundano da morte. Por conseguinte, é possível atribuir as dificuldades da Igreja no trato com os divorciados recasados ao fato de que cabe à Igreja a missão de mostrar o grande no pequeno.

Quando a Igreja adverte para o risco de alguém não reconhecer a seriedade dos sacramentos, por trás disso não se oculta um vingador implacável, que não poderia deixar de parecer uma ameaça até ao orante mais devoto, antes pelo contrário. Deus aceita-nos tal como somos. Tendo os sacramentos por sagrados, a Igreja acentua a sua eficácia. Mantendo-os a distância, indica a *única* condição para que o acontecimento sacramental se torne real: deve ser impetrado em oração. Os sacramentos são expressão da já alcançada vitória de Cristo. Tal como uma porta, estão abertos a todos para passar das trevas do mundo sofredor e do sofrimento mundano ao resplendor da glória de Cristo. Essa misericórdia quer ser percebida. É um acontecimento mediante o qual e no qual somos capacitados para sacudir as nossas dependências e apegos finitos, a fim de nos tornarmos livres para a realidade de Cristo, que sustenta e penetra tudo.

Referências

CHESTERTON, G.K. (2009). *The Superstition of divorce*. Nova York.

KASPER, W. (2014). *El evangelio de la familia*. Santander: Sal Terrae [trad. port.: *O evangelho da família*. Prior Velho: Paulinas, 2014].

PIEPER, J. (2000). "Schöpfung und Sakrament". In: *Werke*. Vol. 7. Hamburgo.

_____ (1995). "Gibt es eine nicht-christliche Philosophie?". In: *Werke*. Vol. 8.1. Hamburgo.

RATZINGER, J. (2010). "Die neuen Heiden und die Kirche". In: *Gesammelte Schriften*, 8/2. Friburgo.

SPAEMANN, R. (1998). *Personen*. Stuttgart.

O matrimônio

5
O matrimônio

Verdadeiro sacramento da nova aliança*

Gerhard Ludwig Müller

1 A ontologia do símbolo e a crise da sacramentalidade

O princípio sacramental atravessa, em nossos dias, uma crise de longo alcance, que afeta de modo especial a sacramentalidade do matrimônio (cf. DH 1799). Tal crise é expressão da profunda incapacidade do homem moderno de compreender simbolicamente a realidade global da vida, que remete para a transcendência e dá acesso a ela. Além disso, é provocada por uma visão mecanicista do mundo, que considera a matéria exclusivamente segundo o critério da quantidade e que aborda as coisas concretas e particulares pen-

---

* "Die Ehe – 'ein wahres und eigentliches Sakrament des neuen Bundes'". In: AUGUSTIN, G. & PROFT, I. (orgs.). *Ehe und Familie* – Wege zum Gelingen aus katholischer Perspektive. Friburgo: Herder, 2014, p. 89-107.

sando apenas na sua função. Por conseguinte, o ser humano já não consegue ver o mundo material e as coisas concretas como meios que o ajudam a reconhecer a sua relação com o horizonte global e com o fundamento de todo o ser. Quando já não é possível entender um símbolo materialmente estruturado como meio e expressão da realidade transcendente, os sacramentos também se tornam impensáveis. A teologia dos sacramentos depende igualmente de uma clarificação filosófico-ontológica do símbolo como fundamento sobre o qual depois se constroem todos os outros caminhos de acesso ao símbolo, todos os aspectos deste.

Um símbolo não é um sistema arbitrariamente construído e desligado do resto da realidade. Pelo contrário, a realidade deve ser entendida simbolicamente na sua estrutura universal: o ser, como atualidade geral do ente particular, exprime-se neste último; o ente é autoexpressão do ser, que não existe independentemente daquele. O ente limita-se a expressar a totalidade do ser como fragmento conforme à sua essência limitadora da atualidade geral do ser. Daí que o mundo, na sua existência, seja capaz de ser o símbolo em que se manifestam "o poder e a divindade eternos de Deus", ou seja, o símbolo em que estes "se tornam exequíveis à razão, através das criaturas" (cf. Rm 1,20; At 17,24; Sb 13,1-9; Eclo 17,8ss.). O "simbolismo do ser" (*Seinssymbolik*) considera, pois, o ente "para si": o ente tem um caráter simbólico na medida em que se apresenta e expressa em determinados atributos e traços, em algo diferente de si: por exemplo, o espiritual no material, a alma no corpo, ou melhor, a alma como corpo.

2 O corpo humano, o símbolo original

Tal como todos os outros seres, o homem é chamado à existência por Deus, o que não exclui que ele, em virtude da sua natureza espiritual, possua uma causalidade própria real, que lhe é dada como propriedade (*causa formalis*) e que lhe permite se autorrealizar pessoalmente, expressando-se, por conseguinte, com uma dinâmica escatológica nas condições naturais da sua essência corpóreo-espiritual, na história e na sociedade. A sua natureza corpóreo-espiritual torna-se fundamento dinâmico da possibilidade de se comunicar de fato a si mesmo e de estar em seu ser pessoalmente em outras pessoas. Este ato é o ser humano, que não é, em primeiro lugar, um espírito puro em si que, depois, num segundo momento, se comunica a si mesmo e sai ao encontro de outros. A autoexpressão, em matéria e a comunicação interpessoal, na sua corporalidade material, representam o fator constitutivo essencial do espírito pessoal e a liberdade do homem. A constituição corpóreo-espiritual do ser humano e a sua sexualidade binária são condições naturais do "chegar a ser *una caro* [uma carne] e da sacramentalização do vínculo conjugal natural entre o homem e a mulher.

Outro conceito relacionado com esta autoexpressão é o de "corpo". O corpo é o símbolo real (*Realsymbol*) da alma. O corpo é apenas a atualidade da própria alma na sua expressão na *matéria-prima*, ou seja, na pura possibilidade através da qual ela se manifesta e realiza. Assim, pois, a corporalidade não se levanta como obstáculo entre duas almas que se querem aproximar uma da outra; pelo contrário, ela possibilita, apoia e condiciona o encontro interpessoal.

Nem sequer a relação pessoal e direta com Deus tem lugar fora das condições dadas da existência humana, mas dentro delas. Para o ser humano torna-se impossível uma relação pessoal e direta, num ambiente meramente espiritual que transcenda a natureza criada. Só Deus se encontra em relação pura e direta com Deus. Como a Palavra de Deus se fez homem, para o ser humano é possível estabelecer uma relação pessoal e direta com Deus, através do encontro pessoal com o homem Jesus e da comunhão com a comunidade dos discípulos deste; além disso, tal relação com Deus tem como fator inseparável (fundado sobre a teologia da criação e confirmado pela da encarnação) essa mediação estruturada.

Parte da definição do ser humano é a sua relação com o tempo e o espaço. Esta referência pertence, como acabei de expor, de forma completamente específica, à sua autoexpressão corpóreo-espiritual. Para sermos mais exatos, caracteriza a sua autorrealização simbólica sobre o fundo da história e da sociedade. Daí que o ser humano possa ser alcançado e determinado por uma ação passada ou futura de Deus, mediada historicamente e tendo em vista a sociedade; com efeito, pode ser tornado participante de semelhante acontecimento, de modo especial através de símbolos pertinentes. Contudo, isso supõe, ao mesmo tempo, que tal atuação de Deus deve acontecer num mediador humano. Do contrário, a comunicação e a mediação universal da única e irrepetível ação (ou acontecimento) de Deus não teria forma simbólica.

Por isso o homem Jesus Cristo (cf. 1Tm 2,4s.), o mediador do Reino de Deus, pode tornar os seres humanos participantes da sua atuação salvífica na história através de símbolos, em palavras, gestos e ações: mais exatamente, através da memória real dessa ação consumada no passado e através do ato simbólico, que atualiza e antecipa a promessa futura, ou seja, a plena realização escatológica da redenção realizada mediante o fato histórico passado.

3 A diversidade de símbolos na vida do ser humano

Ao ser humano nunca parece estranha a sua própria biografia. É uma autoexpressão temporalmente estruturada, através da qual alcança a atualidade global da sua pessoa. Em toda a biografia há acontecimentos especiais que se convertem em símbolos-chave e em ponto de inflexão da existência humana.

Além dos aspectos positivos do acontecimento, a concepção e o nascimento também são símbolo do início de um espírito finito no mundo, possuindo, por conseguinte, uma dimensão simbólica natural, que remete para a origem absoluta do ser humano em Deus (cf. o Batismo). O crescimento pessoal é símbolo natural da estrutura temporal, da historicidade e do caminho do homem rumo à sua consumação. Daí que a representação simbólica do nascimento e da maturação se possa converter em expressão simbólica do fato de que o cristão percorre o seu caminho vital apoiado na força do Espírito Santo, que o fortalece (cf. a Confirmação). A ingestão de alimentos pelo ser humano é o símbolo fundamental da manutenção permanente da força vital e faz deles o símbolo dessa força, da relação constitutiva do homem com a matéria. Assim, todos os alimentos possuem já um simbolismo natural que remete para que toda a pessoa receba, em sentido absoluto, a própria vida de Deus, autor da vida (cf. a Eucaristia).

Em virtude da sua constituição histórica e social, o símbolo primigênio do corpo desdobra-se em determinadas concretizações, que, pelo seu lado, se podem converter em pontos nodais simbólicos da comunicação do ser humano com Deus e de Deus com o ser humano. Só graças ao fato de a concretização da existência humana ser simbólica é que Deus a pode converter em centro da comunicação interpessoal. A liturgia cristã e os sacramentos não são expressão de uma iniciativa assumida pelo ser humano para obter algo de Deus ou para granjear o seu favor. O culto cristão a Deus pressupõe a reconciliação do ser humano com Deus, que o próprio Deus já realizou (cf. 2Cor 5,20), sendo a celebração simbólica da comunhão com Deus que é concedida ao homem na nova aliança. Na liturgia, realiza-se a participação mediante a autoentrega pessoal ao Pai através de Jesus e em comunhão com Ele, no Espírito Santo (cf. Gl 4,4-6; 1Cor 10,16ss.; 11,24ss.).

4 O Sacramento do Matrimônio

De igual modo, o matrimônio cristão é expressão da sacramentalidade da graça na Igreja e, por conseguinte, um dos "sete sacramentos da nova aliança" (DH 1800; 1891). Por "matrimônio cristão" entende-se a comunidade por toda a vida, íntegra, exclusiva e pessoalmente eleita entre dois batizados, um único homem e uma única mulher, que reflete a aliança de Cristo com a sua Igreja, em virtude da qual o matrimônio se torna sinal eficaz da transmissão da graça santificante.

A dogmática considera o matrimônio cristão sob o aspecto formal da sacramentalidade e das características essenciais que dela derivam, como a indissolubilidade, a monogamia e a fecundidade, esta última associada à disposição de acolher e educar os filhos e de ser as primeiras testemunhas da fé para elas. A teologia moral ocupa-se do matrimônio segundo o ponto de vista da antropologia da sexualidade e da paternidade responsável. O direito canônico estuda o matrimônio sob a ótica da sua realização legítima, dos impedimentos matrimoniais etc. A teologia pastoral aborda-o, levada pelo desejo de promovê-lo e de favorecer o seu êxito, tendo em mente o desafio de levar a cabo uma pastoral para os fiéis divorciados, tanto para quem se voltou a casar como para quem não voltou, em consonância com isso. Contudo, o matrimônio também é tema do direito civil e das ciências humanas e sociais.

Na bula de união para os armênios do Concílio de Ferrara--Florença (1439), o matrimônio é descrito nas categorias da sacramentologia patrística e escolástica, seguindo Ef 5,32 como "sinal da união de Cristo e da Igreja" (DH 1327). Como, ao contrário do que acontece com os restantes sacramentos, a categoria do ministro humano do sacramento – ou seja, os próprios contraentes ou o sacerdote celebrante – dificilmente pode ser aplicada ao matrimônio, o concílio florentino limita-se a falar da causa eficiente do sacramento, que radica no "sim", no consentimento dos contraentes. Na sua realidade sobrenatural intrínseca, o matrimônio inclui três bens:

1) O *bonum prolis*, o bem da prole, da descendência, ou seja, a aceitação dos filhos e a disposição para educá-los de tal forma que reconheçam a Deus e o sirvam;

2) o *bonum fidei*, ou seja, o bem da fidelidade recíproca, exclusiva e por toda a vida;

3) o *bonum sacramenti*, isto é, o bem da indissolubilidade e indestrutibilidade do vínculo sacramental, que tem um fundamento permanente na unidade indivisível entre Cristo e a Igreja, visibilizada pelo matrimônio.

Mesmo quando uma interrupção temporalmente limitada ou também ilimitada da comunidade física de vida, ou seja, a separação de "mesa e de leito", se torna possível, "não é lícito contrair outro matrimônio, visto que o vínculo do matrimônio legitimamente contraído é perpétuo" (DH 1327). O vínculo matrimonial entre os dois cônjuges, indissolúvel em vida, corresponde, em certo sentido, ao selo (*res et sacramentum*) impresso no Batismo, na Confirmação e no Sacramento da Ordem.

A teologia atual vê o matrimônio especialmente num contexto eclesiológico. À luz de uma antropologia pessoal e comunicativa de maior amplitude, o Concílio Vaticano II descreve-o como um dos atos sacramentais fundamentais da Igreja:

> Finalmente, os cônjuges cristãos, em virtude do Sacramento do Matrimônio, pelo qual significam e participam o mistério de unidade e amor fecundo entre Cristo e a Igreja (cf. Ef 5,32), ajudam-se mutuamente a santificar-se na vida conjugal e na procriação e educação da prole, e por isso possuem o seu próprio dom, dentro do povo de Deus, no seu estado e forma de vida (cf. 1Cor 7,7). De tal consórcio procede a família, em que nascem novos cidadãos da sociedade humana, que, por graça do Espírito Santo, ficam constituídos, pelo batismo, em filhos de Deus, que perpetuarão o povo de Deus através dos tempos. Nesta espécie de Igreja doméstica, os pais devem ser para os seus filhos os primeiros pregadores da fé, mediante a palavra e o exemplo, e devem fomentar a vocação própria de cada um, mas com um cuidado especial a vocação sagrada (LG 11).

5 O testemunho bíblico sobre o matrimônio

Devemos aprofundar agora as considerações bíblicas sobre o matrimônio. Nos relatos veterotestamentários da criação, os autores ultrapassam a concreta práxis matrimonial da época e tomam como referência a vontade original do Criador e a ordem da criação ainda não obscurecida pelo pecado: põem em questão ou relativizam, por princípio, a relação patriarcalmente entendida do homem e da mulher, bem como a poligamia consuetudinária, a possibilidade básica de divórcio e a possibilidade de repudiar o cônjuge.

O relato javista da criação acentua a relação paritária e pessoal entre o homem e a mulher. Só a mulher procedente de Adão, dele tomada, pode ser sua igual e, por conseguinte, uma companheira pessoal de vida no âmbito da "ajuda" recíproca. Gn 2,24 não fala, com efeito, de uma escrava, mas da relação intersubjetiva da pessoa como princípio de aperfeiçoamento desta. O homem, que reconhece na mulher a mesma natureza humana e a igualdade pessoal ("carne da minha carne"), abandona a sua família de origem e une-se assim à sua mulher, a fim de ser com ela "uma [só] carne, *una caro*", ou seja, para fundar uma comunidade de vida no amor (Gn 2,24).

O relato sacerdotal da criação afirma que a natureza humana, tanto masculina como feminina, é criada à imagem e semelhança de Deus. A relação intracriatural entre o homem e a mulher é, por isso, sinal da relação de toda a criatura com Deus. Ao homem e à mulher – e à comunidade pessoal que estes formam – são confiados os dons e as funções da fecundidade, bem como a utilização da terra e a responsabilidade sobre o mundo. Esta comunidade do homem e da mulher encontra-se sob a bênção e a palavra da promessa divina (cf. Gn 1,27ss.).

Dos escritos tardios do Antigo Testamento depreende-se que a bênção de Deus (*eulogía*) sobre o amor pessoal entre o homem e a mulher reflete-se na ação de graças (*eucharistía*) do ser humano a Deus pelo dom do matrimônio e da vida conjugal, cuja finalidade é glorificar a Deus (cf. Tb 8,4-9). O matrimônio não foi estabelecido na sua origem como uma ordem meramente natural. Como já foi sugerido, enquanto realidade criada, era uma alusão simbólica à origem do ser humano em Deus, ao mesmo tempo que um meio através do qual Deus comunicou a sua bênção à criação. Enquanto comunidade de vida humana, o matrimônio simboliza a comunhão da vida divina e da vida humana, mais concretamente, a unidade original entre natureza e graça, entre criação e aliança. Após a perda da comunhão original com Deus, também o matrimônio caiu sob a influência e a carga da perda da graça, como sublinha a "maldição" pronunciada sobre o homem e a mulher (cf. Gn 2,25–3,24).

No Novo Testamento, o matrimônio também está enquadrado no processo histórico-salvífico da redenção do ser humano, bem como no restabelecimento da unidade original entre aliança e criação, graça e natureza. À luz do acontecimento salvífico de Cristo é novamente sublinhada a determinação original do matrimônio. Este caracteriza-se, no mais íntimo de si próprio, pela nova aliança de Deus com o seu povo: não por acaso a aliança de Deus com Israel foi simbolicamente apresentada como uma relação de amor entre esposa e esposo (ou noiva e noivo; cf. Ml 2,14; Pr 2,17). A falta de fé e a ruptura da aliança por parte do povo foram estigmatizadas como adultério (cf. Ex 20,14; Os 1,2). A Igreja como povo da nova aliança tem a sua origem na entrega amorosa de Cristo na cruz: Cristo é o seu noivo, como justamente o terceiro capítulo do Evangelho de João afirma com ênfase: "É o noivo que recebe a noiva" (Jo 3,29). Daí que o amor entre o homem e a mulher, em virtude do qual existe o matrimônio, tenha a sua origem nesta auto-oblação de Jesus pela sua Igreja, a qual representa e com a qual se sente profundamente realizado (cf. Ef 5,21.33; 2Cor 11,2; Ap 19,7): A Igreja é a noiva que se prepara para a boda do Cordeiro, com Cristo, autor e mediador da nova aliança. Por último, o autor da Carta aos Efésios também considera que a comunidade de vida do homem e da mulher se funda na relação mútua do "amor" (*agápē*) do esposo pela esposa e da "obediência" da esposa ao esposo. No cristianismo, a "obediência" deve ser sempre concebida cristologicamente, ao contrário da submissão sociologicamente entendida. Assim, Paulo pode qualificar essa comunidade de vida como profundo mistério (*mystérion / sacramentum magnum*), que coloca em relação com Cristo e com a sua Igreja (cf. Ef 5,32).

O Jesus pré-pascal situa o matrimônio no contexto da sua proclamação do Reino de Deus. Desse modo transcende a casuística matrimonial das regulamentações pragmáticas de divórcio, na medida em que remete para a ordem original da criação, em que se torna manifesto o desígnio salvífico de Deus. Tais regulamentações, segundo as quais o homem podia abandonar e repudiar a mulher, eram meras concessões realizadas por causa da "dureza de coração" dos israelitas, que Moisés e os escribas da antiga aliança se tinham limitado a tolerar, embora nunca tivessem aprovado, pois "não foi assim desde o início". O homem e a mulher tornam-se definitivamente um, já não são dois: "Portanto, o que Deus uniu, o homem não o deve separar" (Mc 10,6-9; cf. Mt 19,1-9). Por isso, Jesus não concebe, de fato, o matrimônio como uma instituição neutra na perspectiva da salvação nem como um campo secundário de moral cristã vivida. O matrimônio é a forma original do encontro com Deus e do seu desígnio salvífico, pelo que Jesus pode fazer do matrimônio, indissolúvel como comunidade pessoal de vida, um sinal do futuro Reino de Deus, do Reino de Deus que se tornou realidade eficaz. Nisso reside o fundamento da ética do matrimônio.

O homem que abandona e repudia a sua esposa ou a mulher que abandona e repudia o esposo cometem adultério, infringindo assim a nova aliança (cf. Mc 10,11; Lc 16,18; 1Cor 7,10). Esta intenção fundamental de Jesus não é deixada sem efeito pelas "cláusulas secundárias de luxúria" (cf. Mt 5,32; 19,9), segundo as quais é possível a separação em caso de adultério. Também não é anulada pelo *privilegium paulinum* de 1Cor 7,15ss., segundo o qual um converso ao cristianismo pode abandonar o seu cônjuge ainda pagão se este não deseja viver em paz com ele. Paulo não dá nenhuma resposta precisa à pergunta sobre em que medida é lícito para o cônjuge convertido ao cristianismo contrair um segundo matrimônio. O ser humano não está em condições de fazer frente às exigências da indissolubilidade do matrimônio como sinal da aliança nova e eterna meramente com as suas próprias forças morais e partindo apenas da sua disposição pessoal. Só acolhendo a chamada à conversão, à fé e ao seguimento de Cristo (cf. Mc 1,15), e à "vida na força do Espírito Santo" (Gl 5,25), pode realizar pessoalmente a realidade interior do matrimônio como sinal da comunhão e da aliança de Cristo com a Igreja. A comunhão espiritual e corporal entre o homem e a mulher é chamada a ser sagrada e está orientada para a santificação mediante o Espírito Santo (cf. 1Ts 4,3-8).

No entanto, como o matrimônio também está situado no contexto do Reino de Deus, é necessário afirmar que, enquanto forma de vida humana, pertence de igual modo ao tempo provisório deste mundo; e, da forma como agora o conhecemos, já não existirá no mundo futuro (cf. Mc 12,25). Por isso, é lícito contrair matrimônio após a morte do cônjuge. A vocação pessoal de se colocar ao serviço da vinda do Reino de Deus, por um lado, e o chamamento de Jesus (cf. 1Cor 7,7), por outro, podem fazer com que, tal como no caso de Jesus, o matrimônio já não seja meta da própria vida, mas que uma pessoa siga antes a chamada de Deus (cf. 1Cor 7,17; Lc 14,20) e, com a ajuda do dom sobrenatural (*chárisma*) da vida célibe, se consagre inteiramente à causa do Senhor (cf. 1Cor 7,32).

Segundo São Paulo, qualquer pessoa e qualquer cristão é livre de optar, de modo completamente pessoal, tendo em conta o contexto salvífico do matrimônio, pela forma de vida naturalmente mais adequada para si (cf. 1Cor 7,7.28.38.40; Mt 19,12). Uma vez, porém, que o homem e a mulher estão casados, exorta-os: "Aos que já estão casados, ordeno, não eu, mas o Senhor, que a mulher não se separe do marido; se, porém, está separada, não se case de novo, ou, então, reconcilie-se com o marido; e o marido não se divorcie da sua mulher" (1Cor 7,10-11). O matrimônio entre cristãos, entre consagrados em Jesus Cristo (cf. 1Cor 7,39), é contraído e vivido no Senhor (1Cor 1,2). Paulo também testifica deste modo a existência de uma dimensão teológica sobrenatural do matrimônio cristologicamente fundada. Contra todo o menosprezo por parte dos hereges gnósticos, que pretendem proibir o matrimônio (cf. 1Tm 4,4), sublinha-se a participação do matrimônio na bondade de toda a criação. Um matrimônio vivido em fidelidade mútua está em consonância com a vontade de Deus e "o matrimônio [deve ser] respeitado por todos" (Hb 13,4).

Embora os "códigos de deveres domésticos" (*Haustafeln*) sugiram uma certa subordinação da esposa ao esposo (cf. Cl 3,18; Ef 5,22-33; 1Pd 3,1-7), isso não permite que se chegue a conclusão alguma no sentido de uma sanção religiosa de determinadas condições sociais. Tais textos falam antes de uma subordinação recíproca "no respeito que tendes a Cristo" (Ef 5,21), que, na obediência do seu amor, é modelo da comunhão de vida de Deus com o seu povo. Uma atitude altruísta pode conquistar para a palavra do Evangelho esposos não crentes; com a sua "conduta casta e cheia de respeito", as mulheres podem atrair os seus esposos para a fé, inclusive sem palavras (1Pd 3,2; cf. 1Cor 7,14).

6 A teologia da aliança e o Sacramento do Matrimônio

Recorrendo à antropologia moderna, o Vaticano II propõe uma concepção mais personalista do matrimônio. Isso leva-o a reformular a doutrina da "hierarquia dos fins do matrimônio" da forma existente até então. O Concílio tenta clarificar a relação integral entre o amor pessoal, a abertura ao dom da fecundidade e a responsabilidade pelos filhos. O Concílio está muito consciente do agravamento das condições para uma vida matrimonial e familiar bem-sucedida na sociedade moderna, caracterizada pela dissolução – e pelo temor – dos vínculos duradouros, pela noção da sexualidade como meio para a autossatisfação à margem de uma relação duradoura etc. (cf. GS 47). À vista do assustador incremento do número de divórcios, assume uma intensidade crescente a exigência de uma pastoral necessária para fiéis divorciados, tanto para quem se voltou a casar pelo civil como para quem não voltou.

Segundo a perspectiva da teologia dogmática, é importante o ponto de partida sistemático: o Concílio situa o Sacramento do Matrimônio no contexto de uma teologia da aliança e confirma, antes de mais, a doutrina clássica do matrimônio. O matrimônio nasce, concretamente, de um ato livre e pessoal, em que os contraentes se entregam e aceitam um ao outro. Entram assim na forma de vida da comunidade matrimonial, que, conforme a estipulação divina, existe como instituição permanente. Daí que o matrimônio já não esteja exclusivamente sujeito à vontade humana: "O próprio Deus é o autor do matrimônio, que dotou de bens e fins variados" (GS 48). O matrimônio tem uma importância capital para a sobrevivência da humanidade, para o desenvolvimento pessoal dos diversos membros da família e para a sua salvação. O matrimônio e a família contribuem para a humanização da pessoa e de toda a sociedade humana. O amor conjugal ordena-se para a aceitação da vida e para a educação dos filhos. Ao mesmo tempo, o matrimônio é uma aliança entre o homem e a mulher, que inclui comunhão pessoal de vida e fidelidade incondicional.

Vale a pena reproduzir por extenso o parágrafo central do número 48 da *Gaudium et Spes*:

> Cristo nosso Senhor abençoou abundantemente este amor multiforme, nascido da fonte divina da caridade e formado à semelhança da sua união com a Igreja. Porque assim como Deus antigamente se antecipou, unindo-se ao seu povo por uma aliança de amor e de fidelidade (cf. Os 2; Jr 3,6-13; Ez 16; 23; Is 54), também agora o Salvador dos homens e Esposo da Igreja (cf. Mt 9,15; Mc 2,19-20; Lc 5,34-35; Jo 3,29; 2Cor 11,2; Ef 5,27; Ap 19,7-8; 21,2.9) sai ao encontro dos esposos cristãos por meio do Sacramento do Matrimônio. Além disso, permanece com eles para que os esposos, com a sua entrega mútua, se amem com perpétua fidelidade, como Ele próprio amou a Igreja e se entregou por ela (cf. Ef 5,25). O genuíno amor conjugal é assumido no amor divino e rege-se e enriquece-se pela virtude redentora de Cristo e ação salvífica da Igreja, para conduzir eficazmente os cônjuges a Deus e para ajudá-los e fortalecê-los na sublime missão da pater-

nidade e da maternidade (cf. LG 15-16,40-41.47). Por isso, os esposos cristãos, para cumprirem dignamente os seus deveres de estado, são fortalecidos e como que consagrados por um sacramento especial (cf. Pio XI, Enc. *Casti connubii*, AAS 22 [1930], 583), por cuja virtude, cumprindo a sua missão conjugal e familiar, imbuídos do Espírito de Cristo, que impregna toda a sua vida de fé, de esperança e caridade, chegam cada vez mais à sua própria perfeição e à sua mútua santificação e, portanto, conjuntamente, à glorificação de Deus.

7 Reflexões antropológicas e sacramentológicas

A doutrina da indissolubilidade do matrimônio encontra amiúde incompreensão em ambientes secularizados. Ali onde se perderam os fundamentos da fé cristã, a pertença meramente convencional à Igreja já não está em condições de orientar as principais decisões vitais e mal pode oferecer o apoio necessário nas crises do estado matrimonial, e isso aplica-se de igual modo ao sacerdócio e à vida consagrada. Muitos interrogam-se: como me posso vincular por toda a vida a uma única mulher ou a um único homem? Quem me poderá dizer como serão as coisas ao fim de dez, vinte ou trinta anos de matrimônio? Será possível alguém vincular-se de uma vez para sempre a uma única pessoa? As múltiplas experiências atuais de comunidades matrimoniais desfeitas reforçam ainda mais o ceticismo dos jovens perante as decisões vitais definitivas.

Por outro lado, o ideal de fidelidade entre o homem e a mulher, fundado sobre a ordem da criação, não perdeu nada da sua atração, como o demonstram pesquisas recentes realizadas entre os jovens. A maioria dos inquiridos procura uma relação vital estável e duradoura, já que isso corresponde à essência espiritual e moral do ser humano. Seja-nos permitido recordar, além disso, o valor antropológico do matrimônio indissolúvel: subtrai os cônjuges à maldade e à tirania dos sentimentos e dos estados de espírito; ajuda-os a abordar dificuldades pessoais e a superar experiências dolorosas;

protege sobretudo os filhos, que têm de suportar a maior parte das experiências dolorosas provocadas por matrimônios desfeitos.

O amor é mais do que sentimento ou instinto pré-pessoal; na sua essência, é entrega. No amor conjugal, duas pessoas dizem uma à outra, de forma completamente deliberada e com total liberdade: só tu, e tu para sempre. As palavras do Senhor, "o que Deus uniu...", correspondem à promessa dos contraentes: "Recebo-te por meu esposo [...]. Recebo-te por minha esposa [...]. Prometo amar-te e respeitar-te todos os dias da minha vida, até que a morte nos separe". O sacerdote abençoa e confirma, "no Senhor", a aliança que os esposos selaram diante de Deus. As dúvidas sobre o fato de o vínculo conjugal possuir ou não índole ontológica dissipam-se à luz da Palavra de Deus: "Não lestes que o Criador, desde o princípio, *os fez homem e mulher*, e disse: Por isso, o homem deixará o pai e a mãe e se unirá à sua mulher, e serão os dois um só? Portanto, já não são dois, mas um só. Pois bem, o que Deus uniu, não o separe o homem" (Mt 19,4-6).

Para os cristãos, prevalece o fato de que o matrimônio entre batizados, que assim foram incorporados no Corpo de Cristo, tem caráter sacramental e constitui, por conseguinte, uma realidade sobrenatural, da qual o ser humano não pode dispor. Um dos maiores problemas pastorais radica no fato de, na atualidade, muitos dos nossos contemporâneos julgarem o matrimônio exclusivamente a partir de pontos de vista mundanos e pragmáticos. Contudo, quem pensa segundo o "espírito do mundo" (1Cor 2,12) não é capaz de compreender a sacramentalidade do matrimônio. A Igreja não pode responder à crescente falta de percepção da sacralidade do matrimônio simplesmente por meio de uma adaptação pragmática ao aparentemente inevitável, devendo fazê-lo, antes, a partir da confiança "no Espírito que vem de Deus, para podermos conhecer os dons da graça de Deus" (1Cor 2,12). O matrimônio sacramental é um testemunho do poder da graça, que transforma a pessoa e prepara a Igreja inteira para a *Cidade Santa*, para a nova Jerusalém, a própria Igreja, engalanada "como noiva adornada para o seu esposo" (Ap 21,2). A mensagem da sacralidade do matrimônio deve ser proclamada hoje com franqueza profética. Um profeta tíbio procura na adaptação ao espírito da época a sua própria redenção, não a redenção do mundo em Jesus Cristo. A fidelidade à promessa matrimonial é um sinal salvífico profético que Deus concede ao mundo: "Quem puder compreender, compreenda" (Mt 19,12). Mediante a graça sacramental, o amor conjugal purifica-se, fortalece-se e multiplica-se: "Esse amor, ratificado pela fidelidade mútua e, sobretudo, pelo sacramento de Cristo, é indissoluvelmente fiel, no corpo e na mente, na prosperidade e na adversidade, e, portanto, dele fica excluído todo o adultério e divórcio" (GS 49). Os cônjuges que, em virtude do Sacramento do Matrimônio, participam no amor definitivo e irrevogável de Deus, podem ser assim testemunhas do fiel amor de Deus, alimentando constantemente o seu próprio amor com uma vida de fé e de amor ao próximo.

Existem certamente situações, como bem o sabe todo o agente de pastoral, em que a convivência se torna simplesmente impossível por razões de peso, como casos em que há violência física e psicológica. Nessas dolorosas situações, a Igreja sempre permitiu a separação dos cônjuges e o fim da convivência. Devemos afirmar, porém, que o vínculo conjugal de um matrimônio celebrado diante de Deus continua a existir e que nenhum dos cônjuges é livre para contrair um novo matrimônio em vida do outro (cf. 1Cor 7,10.39). Por isso, as comunidades cristãs e os seus pastores são animados a abrir, de todas as formas possíveis, caminhos para a reconciliação; porém, se isso for impossível, será necessário enfrentar a difícil situação pessoal a partir da fé. Também não é lícito dizer que os preceitos de Deus não podem ser observados devido à debilidade humana (cf. DH 1568).

8 Observações de teologia moral

Com grande repercussão mediática, alguns afirmam que a decisão sobre uma possível recepção da comunhão eucarística deve ser deixada à consciência pessoal dos fiéis divorciados recasados. Este argumento, que se baseia num problemático conceito de consciência, já foi rejeitado na carta da Congregação para a Doutrina da Fé de 14 de setembro de 1994, *Carta aos bispos da Igreja Católica sobre a recepção da comunhão eucarística por parte dos fiéis divorciados recasados* (AAS 86 [1994] 974-979). É certo que se recomenda aos fiéis que examinem a sua consciência em cada missa para avaliar se estão em condições de receber a Sagrada Comunhão, para o que é sempre impedimento a existência de uma culpa grave ainda não perdoada. Têm, contudo, o dever de edificar a sua consciência e de orientá-la para a verdade. Todos os fiéis são convidados a escutar a autoridade da Igreja, como sublinhado pelo Papa João Paulo II:

> A autoridade da Igreja, que se pronuncia sobre as questões morais, não comprometa de modo algum a liberdade de consciência dos cristãos; não só porque a liberdade de consciência nunca é liberdade em relação à verdade, mas sempre e apenas na verdade, mas também porque o magistério não apresenta verdades alheias à consciência cristã, manifestando antes as verdades que esta já deveria possuir, desenvolvendo-as a partir do ato original da fé. A Igreja coloca-se sempre e só ao serviço da consciência, ajudando-a a não ser empurrada de um lado para o outro, por qualquer vento de doutrina, segundo o engano dos homens (cf. Ef 4,14), a não se desviar da verdade sobre o bem do homem, mas a alcançar com segurança a verdade e a manter-se nela, de modo especial nas questões mais difíceis (VS 64).

Se os fiéis divorciados recasados estão subjetivamente convencidos, em consciência, de que o seu casamento anterior é nulo, isso deve ser estabelecido de forma objetiva pelo tribunal eclesiástico competente, porque a consciência do indivíduo remete para a ordem salvífica sacramental, tal como esta para aquela. O matrimônio diz respeito à relação entre duas pessoas e Deus, mas também a uma realidade da Igreja, a um sacramento, sobre cuja validade deve decidir não só o indivíduo em si, mas a Igreja, da qual se tornou membro pelo Batismo e pela Confirmação. "Se o matrimônio anterior dos fiéis divorciados recasados foi válido, a sua nova união em caso algum pode ser considerada lícita, pelo fato de, por razões intrínsecas, não ser caso de restringir a recepção dos sacramentos. A consciência do indivíduo está sujeita, sem exceção, a esta norma" (RATZINGER, 1998: 24-25). A doutrina da epiqueia – segundo a qual uma lei, ainda que tenha validade geral, nem sempre corresponde completamente à ação humana – também não é aplicável neste caso: a indissolubilidade do matrimônio sacramental é uma norma de direito divino, não sujeita, por conseguinte, à autoridade da Igreja. Em conformidade com isso, não é possível um segundo matrimônio, enquanto viver o primeiro cônjuge (cf. DH 1802; 1807). No entanto, a Igreja possui plenos poderes no que diz respeito ao *privilegium paulinum*, ou seja, no momento de estabelecer que condições se devem cumprir para que um matrimônio se possa definir como indissolúvel, segundo o significado que o próprio Jesus deu a este termo. Sobre esse fundamento, a Igreja definiu os impedimentos matrimoniais que impossibilitam a validade do matrimônio e desenvolveu o pertinente procedimento canônico.

Em última análise, uma e outra vez se invoca a misericórdia em favor da admissão aos sacramentos dos fiéis divorciados recasados, visto que Jesus se solidarizou com as pessoas sofredoras e lhes manifestou o seu amor misericordioso; daí que a misericórdia seja um sinal especial do autêntico seguimento de Cristo. Isto é verdade; mas não é sustentável como argumento em questões relativas à teologia dos sacramentos, inclusive – e sobretudo – porque toda a ordem sacramental é obra da misericórdia divina e não pode ser revogada invocando o próprio princípio da misericórdia que a sustenta. Como resultado de um objetivamente problemático apelo à misericórdia corre-se o risco de banalizar a imagem de Deus, segundo a qual só Deus pode perdoar. Além da misericórdia, do mistério de Deus também fazem parte a santidade e a justiça. Se esquecermos ou ignorarmos estes dois atributos divinos e não tomarmos a sério a realidade do pecado, nem sequer é possível transmitir aos seres humanos a misericórdia de Deus. Jesus aproximou-se da adúltera com grande empatia; mas, ao mesmo tempo, disse-lhe: "Vai e não tornes a pecar" (Jo 8,11). A misericórdia de Deus não dispensa dos mandamentos divinos nem da doutrina da Igreja; pelo contrário, concede a força da graça para observá-los, a fim de serem sanados depois da queda, e para se poder levar uma vida plena à imagem do Pai celeste.

9 A fé e o Sacramento do Matrimônio

Na já citada introdução ao volume de comentários à carta da Congregação para a Doutrina da Fé sobre a recepção da comunhão eucarística por parte dos fiéis divorciados recasados, o então prefeito da dita congregação, Cardeal Joseph Ratzinger, manifesta a necessidade claramente entendida de realizar profundos estudos clarificadores sobre a relação entre a atitude real de fé e o matrimônio, e as suas consequências para a validade deste; tais estudos não podem ser adiados por mais tempo:

> A pergunta sobre se os cristãos batizados não crentes, quer por nunca terem crido, quer por terem perdido a fé, podem contrair de verdade matrimônio sacramentalmente válido, requer novas e mais profundas investigações. Por outras palavras, há que esclarecer se todo o matrimônio entre dois batizados é realmente *ipso facto* um matrimônio sacramental. O Código de Direito Canônico estabelece que só um contrato matrimonial "válido" é, ao mesmo tempo, sacramento (cf. cân. 1.055 § 2). A fé pertence à essência do matrimônio; assim, pois, é necessário clarificar a pergunta jurídica sobre que grau de evidência de "não fé" tem como consequência que não se chegue a realizar um sacramento (RATZINGER, 1998: 27-28).

Tomando emprestadas as palavras de um conhecido canonista da década de 1980, podemos afirmar que o problema radica em

> determinar o grau de fé necessário para a realização do sacramento. A doutrina clássica assumiu até agora uma posição minimalista, que se dava por satisfeita simplesmente com a intenção implícita de fazer *quod facit*

ecclesia [o que faz a Igreja]. No contexto atual de um cristianismo em que já não se pode supor, sem mais, a fé do crente individual, parece necessário requerer uma fé explícita, a fim de preservar o matrimônio cristão da secularização (CORECCO, 1997: 604).

Tanto maior atualidade tem, portanto, voltar a analisar a doutrina sobre os sacramentos nos documentos do Vaticano II. A Constituição sobre a Igreja, *Lumen gentium*, no seu segundo capítulo, dedicado ao povo de Deus, recorda a importância capital dos sacramentos como elementos constitutivos para a Igreja, no momento de encadear intrinsecamente o sacerdócio universal dos fiéis e o sacerdócio ordenado, frente à sua missão no mundo como sacramento de salvação e sinal real da salvação eterna para os próprios fiéis.

Nessa missão de santificação, o Sacramento do Matrimônio detém um papel-chave para a Igreja e para a sociedade:

> Finalmente, os cônjuges cristãos, em virtude do Sacramento do Matrimônio, pelo qual significam e participam o mistério de unidade e amor fecundo entre Cristo e a Igreja e participam nele (cf. Ef 5,32), ajudam-se mutuamente a santificar-se na vida conjugal e na procriação e educação da prole, e por isso possuem o seu próprio dom, dentro do povo de Deus, no seu estado e forma de vida (cf. 1Cor 7,7). De tal consórcio procede a família, em que nascem novos cidadãos da sociedade humana, que, por graça do Espírito Santo, ficam constituídos, pelo Batismo, em filhos de Deus, que perpetuarão o povo de Deus através dos tempos. Nesta espécie de Igreja doméstica, os pais devem ser para os seus filhos os primeiros pregadores da fé, mediante a palavra e o exemplo, e devem fomentar a vocação própria de cada um, mas com um cuidado especial a vocação sagrada (LG 11).

As nossas considerações pretendem servir à redescoberta deste dom próprio do Sacramento do Matrimônio, no povo de Deus em especial, mas também como vocação do indivíduo no caminho para a santidade. Assim, a *Lumen gentium* conclui a reflexão sobre os sacramentos como chamamento, inclusive para os dias de hoje, com as seguintes palavras: "Todos os fiéis cristãos, de qualquer condição e estado, fortalecidos com tantos e tão poderosos meios de salvação, são chamados pelo Senhor, cada um pelo seu caminho, à perfeição daquela santidade com que o próprio Pai é perfeito" (LG 11).

Referências

RATZINGER, J. (1998). "Introduzione". In: CONGREGAÇÃO PARA A DOUTRINA DA FÉ (org.). *Sulla pastorale dei divorziati risposati*. 1998 [Documenti e Studi, 17] [reimp.: *L'Osservatore Romano*, 09/12/2011].

CORECCO, E. (1997). "Il matrimonio nel nuovo CIC: osservazioni critiche". In: CORECCO, E. (org.). *Ius et Communio*. vol. II, Casale Monferrato [orig. em: GHERRO, S. (org.). *Studi sulle fonti del diritto*. Pádua, 1988, p. 105-130].

6

Integrar a sexualidade humana na vida familiar

Pensamentos para ter êxito no matrimônio*

George Augustin

Não cometerás adultério
(Dt 5,18).

1 Um tema antiquíssimo da humanidade

Sobre a maioria dos Dez Mandamentos poderia chegar-se mais ou menos a um consenso social, inclusive com aqueles para quem, desde há muito tempo, Igreja e religião já não têm qualquer transcendência significativa na vida cotidiana. Contudo, quanto ao significado existencial do sexto mandamento, da proibição do adultério, os espíritos dividem-se de forma apaixonada.

---

* "Zum Verständnis des sechsten Gebotes heute. Gedanken zum Gelingen der Ehe". In: AUGUSTIN, G. & PROFT, I. (orgs.). *Ehe und Familie* – Wege zum Gelingen aus katholischer Perspektive. Friburgo: Herder, 2014, p. 109-119.

Na época atual, a doutrina da Igreja sobre matrimônio e família, que tem essencialmente como referência esse mandamento, é considerada algo alheio à realidade e antiquado. Para muitos contemporâneos, tornou-se praticamente irrelevante. Separar a sexualidade da realização integral da vida, tal como em parte se propagandeia hoje, levanta diversos obstáculos, impedindo a formação de comunidades conjugais estáveis e consistentes. A busca da libertação sexual trouxe consigo novas formas de falta de liberdade. A sexualidade emancipada fomenta uma mentalidade de consumo sem a disposição necessária para assumir a correspondente responsabilidade. Além disso, o fracasso do matrimônio e o divórcio são considerados e assumidos como uma fatalidade, triste, mas inevitável. Nessa situação não é fácil fazer compreender às pessoas o sentido profundo do sexto mandamento.

A rejeição atual desse mandamento é ilustrada por uma conhecida anedota: conta-se que, quando Moisés desceu do Sinai depois de ter recebido os Dez Mandamentos, disse ao seu povo: "Trago uma notícia boa e outra má. A boa: pude regatear com Deus a redução dos mandamentos para dez. A má: o adultério também deixa de ser permitido no futuro".

O fato de esse mandamento fazer parte das exigências mínimas do Decálogo significa que matrimônio e sexualidade não são apenas um tema difícil da sociedade atual, mas um tema antiquíssimo que interessa à humanidade. Com efeito, apesar das diferenças de culturas, as pessoas têm sido unânimes em considerar necessária uma ordenação sensata e uns preceitos universalmente vinculativos para todos em assuntos relativos à sexualidade, que permitam a convivência na sociedade.

Atualmente, em muitas culturas, em contraposição com épocas anteriores, o matrimônio adotou um caráter privado, íntimo e individualista. Desse modo, também a atitude frente à proibição do adultério se modificou. A posição pública passou a pôr geralmente em questão as normas tradicionais de conduta sexual. Mesmo quando, por um lado, em relação à sexualidade, se espalhou um certo relativismo, por outro, podemos observar um aumento de sensibilidade, frente a violações do sentimento e do amor, frente à infidelidade e à culpabilidade.

Em relação ao matrimônio como instituição duradoura, devemos constatar que a configuração satisfatória da vida do indivíduo é muito mais valorizada do que a manutenção de um casamento com dificuldades. Ao mesmo tempo, muita gente manifesta a sua compreensão pela instituição e a ordem social do matrimônio e da família, que, como orientação pessoal, protege do egoísmo que põe em risco a convivência.

Se quisermos enfrentar o desafio da época atual, do ponto de vista cristão, devemos considerar as pessoas na sua sexualidade e na sua conduta sexual, com as suas luzes e as suas sombras, e transmitir-lhes o sentimento de que aquilo que importa à Igreja não são proibições, mas orientações que sirvam a vida e promovam o amor. O sentido profundo deste mandamento e a intenção da Igreja não se entendem se considerarmos a sua doutrina sob a perspectiva de um rigorismo decrépito e *sexófobo* ou de um laxismo relativista da época da chamada "revolução sexual".

O ponto de partida para nos entendermos com a pessoa de hoje poderia ser a realidade experiencial que tantas vezes se oculta na intimidade e que se cala por vergonha, e que assim se torna decisiva na vida e na ação: o móbil de uma ânsia insaciável de fidelidade perpétua e incondicional, a par do móbil que dá asas ao amor puro. Sobre esse pano de fundo, a intenção e a razão de ser do sexto mandamento cobram vida como promessa de Deus. De fato, no centro da mensagem cristã está a incondicional vontade salvífica de Deus e a sua benevolência salvadora, que precedem toda a ação e a fé da pessoa, e só com elas começa a tornar-se possível esse fazer e esse crer. A existência cristã é, por esse motivo, a resposta que confia na alentadora promessa de Deus. O significado profundo do sexto mandamento só se compreende no contexto de uma relação sustentada e vivida com Deus, e apenas dentro dessa relação se pode expor a sua validade permanente. Com efeito, os mandamentos de

Deus foram-nos dados originalmente a nós, seres humanos, num contexto de libertação e salvação do povo eleito, para lhe garantir e tornar possível uma vida livre.

2 Ideia bíblica do adultério

Se quisermos entender a função de serviço à vida do sexto mandamento, devemos lê-lo no âmbito e no contexto de todo o Decálogo. O preâmbulo dos Dez Mandamentos diz: "Eu sou o Senhor, teu Deus, que te fiz sair da terra do Egito, da casa da servidão" (Ex 20,2). O papel decisivo é desempenhado aqui pelo nome de Deus, YHWH, pelo seu *ser-para* o seu povo e pela sua vontade salvífica de tornar possível a esse povo uma vida em liberdade. A promulgação dos Mandamentos faz-se recordando a revelação do nome de Deus, YHWH: "Eu sou aquele que sou" (Ex 3,14). Nesse contexto, os Mandamentos estão marcados por uma experiência de liberdade. São preceitos do Deus que dispensa salvação e benevolência aos seres humanos, que está interessado em que a vida humana se realize pela sua vontade gratuita de a tornar possível. Antes de qualquer mérito do povo está a iniciativa de Deus. Nesse contexto original, o objetivo do sexto mandamento é, em primeiro lugar, assegurar a vida do próximo e da sua família na sociedade de então. Este mandamento alcança a sua transcendência de modo especial em ligação com o nono mandamento, com a proibição da cobiça.

O adultério, no Antigo Testamento, não era considerado um assunto privado. O sexto mandamento proíbe que os varões invadam outro casal. É proibida a relação com uma mulher casada ou com uma mulher legalmente prometida. O alcance da defesa do casamento do vizinho e do próximo aqui pretendida só é inteligível no contexto da função e da importância vitalmente necessária da família na sociedade de então.

No adultério estavam em jogo a legitimidade da descendência e a manutenção da família e dos seus bens patrimoniais. Como o adultério ameaçava pôr em risco, de forma completamente real, a base da vida do próximo, era uma questão de vida ou de morte (cf. Lv 20,20; Dt 22,22ss.).

A ação proibida tem, tanto para os envolvidos como para toda a sociedade, profundas consequências que atentam seriamente contra a liberdade e a proteção da segurança dadas por Deus. Originalmente, portanto, o sexto mandamento está ao serviço da proteção do casal e da família; não afeta diretamente outras infrações e pecados sexuais. Este mandamento, no Antigo Testamento, também não proíbe o divórcio.

No Novo Testamento, pelo contrário, Jesus Cristo radicalizou o sexto mandamento de uma forma inaudita, estabelecendo que o adultério começa nos próprios pensamentos, olhares e desejos íntimos. No sermão da montanha declara aos discípulos, sem rodeios: "Ouvistes o que foi dito: *não cometerás adultério*. Eu, porém, digo-vos que todo aquele que olhar para uma mulher, desejando-a, já cometeu adultério com ela no seu coração" (Mt 5,27s.). Jesus, porém, reforçou de outro modo ainda a proibição do adultério, ou seja, rejeitando todo o divórcio. À pergunta que os fariseus lhe fazem a esse respeito, responde: "Quem se divorciar da sua mulher e se casar com outra, comete adultério contra a primeira. E se a mulher se divorciar do seu marido e se casar com outro, comete adultério" (Mc 10,11s.). Deste modo, derroga a antiga práxis judaica do divórcio, remetendo, neste ponto, para a vontade original do Criador: "Mas, desde o princípio da criação, *Deus os fez homem e mulher. Por isso, o homem deixará seu pai e sua mãe para se unir à sua mulher, e serão os dois um só*. Portanto, já não são dois, mas um só. Pois bem, o que Deus uniu não o separe o homem" (Mc 10,6-9). O matrimônio é, segundo a vontade do Criador, uma comunidade para toda a vida. Quem quiser explicar hoje os Dez Mandamentos, segundo a mentalidade de Jesus, não pode prescindir das suas palavras inequívocas em toda a sua radicalidade.

3 Libertação para a verdadeira liberdade

Aquilo que se diz acerca de todos os mandamentos aplica-se de modo especial ao sexto: não é uma limitação legalista da vida, mas promessa de Deus e orientação para a liberdade profunda e perfeita da humanidade. A tônica é dada pelo ânimo e pela segurança no futuro que Deus torna possível.

No caminho do país da escravidão para o país da liberdade, os mandamentos de Deus oferecem um inestimável ponto de orientação. A sua atualização, modificada por Jesus de Nazaré, confirmou isto num novo nível, o da graça. O Deus que quer *estar-presente para* os seres humanos é o mistério íntimo e o fundamento-base que possibilita a comunidade humana.

Ele quer que a comunidade de vida e de amor entre homem e mulher se alcance. Deus quer manter desperta a sua intenção em favor dos seres humanos: "Atenção! A vossa comunidade de vida e de amor é sagrada, está sob a minha proteção especial. O vosso amor está envolvido pelo meu amor e protegido por ele. O vosso amor mútuo é a experiência do meu amor". A força configuradora dessa promessa consiste numa maior consciência da responsabilidade de um com o outro – e pelo outro. Deste modo, o sexto mandamento serve de orientação para formar de modo responsável a consciência e para segui-la com a força de Deus. Com efeito, a sexualidade tem um elevadíssimo caráter simbólico da possibilidade suprema do ser humano: a sua capacidade para formar comunidade, em geral.

Essa promessa, como preceito de Deus, tem a sua raiz última na fé no dom de Deus. O fundamento e a base são a fé em Deus. Essa fé não é carga, mas libertação. Só no contexto dessa relação de fé e dessa união de confiança com Deus é que a pessoa pode perceber o alcance pleno deste mandamento. Por isso, é de importância primordial, inclusive para o casal e para a família, revitalizar a fé, aprofundá-la e estar aberto à sua força viva.

4 Capacitação para o amor e para a fidelidade irrevogáveis

Este mandamento é prova da confiança de Deus nos seres humanos: tu és capaz de um amor inquebrantável. A comunidade conjugal, como a inquebrantável e exclusiva autodoação mútua de duas pessoas, constitui a forma mais intensa de comunidade humana. Sobre ela repousa a promessa de Deus: os seres humanos são capazes de aceitar e de se acolher mutuamente sem fazerem mal um ao outro. O instante não é decisivo, diz essa promessa; o desejo profundo de vida fundada num amor firme e o sonho de fidelidade eterna: isso é que é decisivo.

Sem dúvida, numa época que não só sofre, mas que vive da instabilidade da mudança, até as relações pessoais como o matrimônio correm o risco de se verem arrastadas pela ressaca do prazo como princípio. Só no torvelinho da instabilidade é possível continuar a viver o hoje.

A fidelidade, pelo contrário, abarca o passado e o futuro: olha com gratidão para trás, para as promessas feitas e para os deveres contraídos; mantém viva a memória do prometido e antecipa um futuro pleno quando assume compromissos. A perda de memória do passado, bem como a falta de confiança no futuro, fazem muitas vezes com que a fidelidade vacile. Isso afeta, inclusive, a celebração do casamento, que é a manifestação pública de uma promessa de fidelidade.

O matrimônio, como a mais íntima comunidade pessoal de vida, está fundamentalmente ordenado para a duração. A comunidade de amor dos cônjuges, que abarca a vida inteira, exclui qualquer intromissão de um terceiro na comunidade conjugal. O desejo de unicidade e exclusividade coloca-se tragicamente em primeiro plano, quando um dos cônjuges é enganado e ferido. A comunidade de vida dos cônjuges, que se baseia na fidelidade mútua e que foi santificada de modo especial pelo sacramento de Cristo, significa fidelidade indissolúvel que, na dita e na desdita, abarca corpo e alma.

Por isso, essa comunidade de vida é particularmente incompatível com qualquer tipo de adultério.

Quando falamos da sacramentalidade do matrimônio, falamos de uma relação estável humano-divina no matrimônio. É muito importante termos consciência do sentido e da força dos sacramentos. Os sacramentos estabelecem uma relação mútua entre Deus e as pessoas, e fazem com que estas participem da vida divina. São sinais visíveis da graça invisível. Os sacramentos não devem ser considerados apenas uma ação pontual num momento crucial da vida, mas uma nova relação dinâmica com Deus, que intensifica e reforça, mediante a graça, uma decisão vital tomada pelo casal. A decisão de seguir Cristo ao longo de toda a vida, no matrimônio, faz parte integrante do próprio matrimônio. Na verdade, o sacramento não é uma simples ação litúrgica, mas um processo, um longo caminho que abarca todas as faculdades da pessoa: entendimento, vontade, sensibilidade. A recepção do sacramento é apenas o começo de uma relação dinâmica de toda a vida com Deus. Deus atua logo no início do itinerário de vida e de fé. Esse começo constitui a base e o ponto de partida de um caminho para toda a vida com Deus. A ação de Deus no sacramento deve repercutir-se na fé e na vida da pessoa. O crescimento no caminho de fé, ou seja, a realização existencial daquilo que sucedeu no sacramento, por sua vez, só é possível mediante a ação duradoura da graça de Deus. A graça de Deus acompanha o itinerário de vida e de fé iniciado, e só pela sua força o casal pode chegar ao seu pleno desenvolvimento. A graça dada mediante os sacramentos determina, marca com o seu cunho e acompanha de forma criativa esse itinerário de vida dos cônjuges.

Esta comunidade a caminho, impulsionada pela graça, não só procura voltar a ser recebida em cada dia como dom, mas é um chamamento constante a sair de si próprios e à entrega. Transcende-se a si mesma pela sua essência num "adiante" para Deus e para o ser humano, "adiante" para Deus, no ser humano. No fundo, é chamada ao serviço e capacitação para o mesmo: para o serviço a Deus e à pessoa humana. Essa comunidade humano-divina de caminho é o matrimônio vivido por impulso da graça. Portanto, a recepção do Sacramento do Matrimônio não se deve entender apenas como ponto culminante especial no caminho da vida, mas antes como ponto de partida para um itinerário de vida evangelizador-mistagógico. Impõe-se a necessidade de entender que, passo a passo, vamos crescendo no sagrado dentro dessa comunidade e, nesse processo, também, ao mesmo tempo, no mistério de que uma vida já está sempre presente diante de Deus.

Se entendemos o matrimônio como comunidade pessoal, podemos entender por "adultério" não só o contato sexual com uma terceira pessoa. O matrimônio é ameaçado por diversas lesões da desejada e esperada fidelidade. Se na verdade, mediante o amor mútuo e incondicional, se reconhece igual dignidade pessoal tanto à mulher como ao homem, também se torna absolutamente compreensível o profundo desengano e lesão provocados pelo adultério. O decisivo, aqui, é a forma como se lida com as feridas: se, apoiados na força de Deus, se encontra a disposição para perdoar e, com a ajuda de Deus, para se aventurarem juntos num novo começo.

A experiência com casais de noivos na preparação para o matrimônio mostra de forma claríssima que o desejo de fidelidade na comunidade matrimonial ocupa um lugar de relevo na escala de valores. O casal de noivos tem a firme vontade e o íntimo desejo de que a comunidade matrimonial dure por toda a vida. Do contrário, não poderiam dar um sim "até que a morte nos separe". A maioria dos casados percebe a infidelidade no matrimônio como um ultraje pessoal e um desprezo à dignidade humana. Com efeito, amor e sexualidade vividos em exclusivo não se podem separar, se se quiser fazer justiça à integridade e à dignidade da pessoa humana.

A partir desse ponto de vista, a comunidade conjugal confronta-se com uma tarefa permanente: envolvendo toda a inteligência e toda a fantasia, há que tentar configurar a relação de casal de tal modo que até o pensamento de adultério se deva situar "abaixo do nível aceito!"

Há uma falta de fidelidade pela qual se abandona sem escrúpulos o/a companheiro/a quando decresce o interesse emocional. Para uma falta de fidelidade assim nunca será excessiva a resistência que se ofereça mediante o testemunho cristão vivido de uma fidelidade conjugal.

5 Experiência limite como lugar de experiência existencial da fé

O dia a dia da vida matrimonial cristãmente configurada, juntamente com muitas e belas experiências, também pode ser difícil e quase insuportável. A comunidade conjugal de homem e mulher é, evidentemente, uma *comunidade a caminho*, capaz de evolução, que pode ser plena, mas também pedregosa e frágil.

Tudo o que é humano, inclusive no matrimônio, nunca está isento de falhas. O matrimônio não está seguro contra o fracasso humano. Tampouco se pode garantir o êxito do matrimônio nem se pode excluir completamente qualquer risco para ele.

O fracasso ou a frustração de um casamento deixa marcas psicológico-individuais e sociais. Um casamento fracassado arrasta consigo, como é evidente, uma angustiosa incerteza e um sofrimento infinito. Tais experiências-limite podem converter-se, para pessoas crentes, em lugar existencial de experiência de fé, sem que a pessoa fique completamente arrasada pelo fracasso do matrimônio. Do ser cristão também faz parte a experiência de cruz, como lugar de experiência de Deus. Para as pessoas crentes, Deus pode escrever direito por linhas tortas.

Inclusive nas crises também se pode chegar a experimentar a maravilha do Espírito Santo como luz salvífica, cálida, que plenifica de forma inesperada e que se vive de forma gratificante como nova vida. Com efeito, o sentido da cruz é a passagem para uma plenitude de vida que já aqui tem o seu começo nos acontecimentos diários de profunda felicidade.

A possibilidade do fracasso matrimonial e a superação dessa dolorosa experiência – o divórcio e o novo casamento do nosso tempo – não devem, de qualquer modo, desviar o olhar do casamento conseguido e bem-sucedido. Não é lícito perder de vista quantas pessoas estão bem-casadas e até felizes no casamento, vivendo com alegria o seu matrimônio, como pessoas crentes, que tentam superar as próprias crises movidas por uma grande força de fé.

Uma das finalidades da mensagem cristã é capacitar as pessoas e animá-las a partilhar a sua vida como homem e mulher em liberdade cristã e a encontrar na comunidade de toda a vida – toda a vida, não só pela duração, mas também pela totalidade dos âmbitos da vida – a sua plenitude humana cheia de felicidade.

Se entendermos o sexto mandamento como ajuda e apoio para a formação da consciência e como tarefa ética a desempenhar como consequência da fé, ele ainda hoje pode dar às pessoas apoio e uma perspectiva correta. De fato, este mandamento poderá apurar a capacidade de identificar o verdadeiro humanismo e de desmascarar o humanismo aparente.

A promessa deste mandamento é a humanidade plena, vivificada pela fé, da relação entre homem e mulher. O conteúdo dessa promessa não são tábuas de proibições e sanções, mas a verdadeira humanização e libertação da sexualidade para uma vida em plenitude. É alento para possibilidades verdadeiramente maiores de encontro humano. No meio de todos os problemas do comportamento sexual, essa promessa dá ânimo, em nome de Deus, para viver na verdade e na fidelidade para toda a vida.

6 Ânimo para o amor confiante na graça de Deus

O amor, em termos bíblicos, não é apenas um sentimento, mas uma decisão da vontade e do coração para Deus e para os homens. A decisão do coração realiza-se na forma de pensar, de falar e de fazer. O objeto deste ponto é, antes de mais, fazer justiça a Deus e aos homens. Não pode haver verdadeiro amor sem justiça: "Não fiqueis a dever nada a ninguém, a não ser isto: amar-vos uns aos outros. Pois quem ama o próximo cumpre plenamente a lei. De fato: *não cometerás adultério, não matarás, não furtarás, não cobiçarás,* bem como qualquer outro mandamento, estão resumidos numa só frase: *amarás o teu próximo como a ti mesmo.* O amor não faz mal ao próximo. Assim, é no amor que está o pleno cumprimento da lei" (Rm 13,8-10). Este amor concentra-se de forma irrevogável, por parte de Deus, na sacramentalidade do matrimônio.

Com a recepção do sacramento manifesta-se que a permanente comunidade humana de amor, em última análise, só é possível no horizonte da graça de Deus. O Sacramento do Matrimônio é expressão da fidelidade de Deus, que, na difícil ambivalência do amor humano, proporciona sustentáculo e força. A fé de que a imperfeita existência própria e a relação conjugal estão inseridas no horizonte da benevolência de Deus ajudará a não esperar a perfeição própria ou do casal, mas antes a encontrar a força para aceitar o caráter fragmentário da própria vida, bem como a do cônjuge, e a suportá-lo. Sob este aspecto, é importante garantir sempre de novo a realidade intuída da própria referência a Deus, a fim de se chegar à reconciliação com as possibilidades não vividas na vida e com as suas deficiências.

O sentido do sexto mandamento, também neste contexto, não é senão a realização do amor e da justiça na comunidade de amor e de vida entre homem e mulher. Neste mandamento, vem claramente à luz, sobretudo, o mais profundo desejo da pessoa: o desejo de unicidade e de singularidade, de se ser afirmado e confirmado como pessoa. O desejo de pertencer totalmente a uma única pessoa e a disposição de entrega total à mesma.

Visto de modo puramente humano, este empenho dos cônjuges parece-nos uma exigência enorme, ou seja, a busca de plenitude na impossível plenitude. No entanto, o crente pode confiar que Deus está por trás desta sua palavra que o Apóstolo formulou, cheio de confiança: "Basta-te a minha graça, porque a força manifesta-se na fraqueza" (2Cor 12,9).

A família

7
O futuro da família segundo a perspectiva cristã*

Walter Kasper

1 A nova situação como desafio

As reflexões teológicas e pastorais sobre o tema da família produzem um resultado à primeira vista contraditório[5]. Normalmente, a maior parte das crianças e dos jovens ainda hoje crescem numa família, e na família recebem a marca fundamental para a vida. Segundo os questionários, a maioria dos jovens procuram também hoje a felicidade da sua vida numa união estável de homem e mulher com filhos. Por outro lado, o número de divórcios e de separações familiares, e, por conseguinte, o número dos que fracassam na realização do seu projeto de vida, tem aumentado de forma dramática.

---

* "Die Zukunft der Familie aus christlicher Sicht". In: AUGUSTIN, G. & KIRCHDÖRFER, R. (orgs.). *Familie* – Auslaufmodell oder Garant unserer Zukunft? Friburgo: Herder, 2014, p. 181-198.
5 No que se segue, tomo muitas coisas de KASPER, 2010: 453-519 e KASPER, 2014.

De igual modo, também tem aumentado o número dos que não arriscam, atemorizados frente à perspectiva da celebração de um matrimônio ou da fundação de uma família; ou então praticam outras formas de vida e de família (famílias monoparentais, famílias reconstituídas, comunidades de vida não conjugal, comunidades de vida homossexuais ou existências individuais).

A mudança é profunda. Muitos a entendem como uma crise da ideia de família, sem mais. O estudioso da história cultural da família adotará uma postura mais prudente. A família é a estrutura original da cultura humana. E, na verdade, com formas diferenciadas, encontra-se nas diversas culturas e épocas. Remonta aos próprios primórdios da humanidade e encontra-se em todas as culturas conhecidas. Está ao serviço da reprodução da estirpe ou do povo respectivo, à transmissão da cultura e da religião, ao desenvolvimento, proteção, assistência e cuidado do indivíduo. O que nós entendemos hoje por "família nuclear", no sentido de família composta por pai-mãe-filhos, estava originalmente inserida na família alargada e na comunidade doméstica, da qual faziam parte várias gerações e, juntamente com familiares mais afastados, também os criados. Essa forma de matrimônio como comunidade de vida de homem e mulher juntamente com os seus filhos, muitas vezes qualificada como burguesa, só se começou a emancipar da primitiva família alargada a partir do século XVIII, e, no contexto das atuais mudanças sociais, entrou numa profunda transformação e crise.

As causas de tal mudança são múltiplas. Devemos ter muito cuidado frente a avaliações morais precipitadas. Muitos milhões de pessoas encontram-se em situações de migração, fuga e desterro, ou em situações de miséria indignas de um ser humano, em que mal é possível uma vida familiar ordenada. No nosso âmbito cultural, a industrialização levou à separação de habitação, local de trabalho e espaços de lazer, e, por conseguinte, à desintegração da comunidade doméstica como unidade social. Muitas vezes os pais têm de estar ausentes da família por motivos profissionais, durante longos períodos de tempo, e as mulheres que trabalham profissionalmente só em parte estão presentes na família. Assim, as condições econômicas dificultam a convivência e a coesão familiar.

A isso se vem somar a crise antropológica. Os processos modernos de libertação e personalização, na Modernidade tardia ou, se o preferirmos, na "Pós-modernidade", conduziram a processos de individualização, de tal modo que a muita gente parece difícil, ou até se afigura realmente impossível, contrair ou manter obrigações duradouras. A emancipação em relação aos papéis tradicionais do sexo tem suscitado teorias de gênero que não só põem em questão os esquemas de papéis sexuais convencionais culturalmente condicionados, mas também a fundamental distinção natural de homem e mulher, e não só não discriminam as comunidades homossexuais de vida, como Deus manda, mas as propagam como possibilidade alternativa de vida[6].

A mudança social que conduziu à mudança e à concepção pluralista da família situa todas as Igrejas perante uma nova situação e novos desafios, porque em nenhum outro âmbito se encontra de forma imediata a mensagem da Igreja e a vida das pessoas como no âmbito do matrimônio e da família. Assim, a doutrina da Igreja sobre o matrimônio e a família foi moldando a cultura familiar europeia, ao longo de muitos séculos. Isso não significa que todos vivessem essa doutrina. Contudo, até quase meados do século XX era considerada a ideia de referência social que determinava não só a vida privada, mas também a cultura jurídica civil.

Hoje em dia, certamente ainda há famílias que fazem todo o possível para viver a fé cristã e para dar testemunho da beleza e da alegria da fé vivida no seio familiar. Entretanto, a muitos outros

---

6 Se a diferença entre sexo (sexualidade biológica) e gênero (a sua tradução sociocultural) se converte numa igualdade fundamental e numa arbitrariedade de configuração hétero, homo ou transexual da sexualidade, isso significa recair num dualismo neognóstico alma-corpo que ignora a unidade alma-corpo do ser humano e a dignidade da sexualidade corporal: mais ainda, representa um novo desprezo do corpo. Sobre a não discriminação e o respeito para a orientação homossexual, cf. CIC 2357-2359. Sobre todo o conjunto, cf. LEHMAN, 2006: 63-77.

cristãos – inclusive cristãos praticantes – a doutrina da Igreja acabaria por parecer afastada do mundo e da vida.

A Igreja dos primeiros séculos também viveu confrontada, tanto no contexto judeu como – com muito maior razão ainda – no contexto greco-romano, com modelos de matrimônio e de família contrários ao que Jesus tinha proclamado. Os primeiros discípulos já tinham sentido a palavra de Jesus sobre a fidelidade entre homem e mulher como um desafio inaudito. Assim deve receber também hoje a Igreja esse desafio, sem concessões a um ajustamento liberal de baixo preço. De olhar fixo nos sinais dos tempos, deve fazer ouvir de novo a Palavra de Deus como palavra de vida.

2 Os mandamentos como indicadores de uma vida reta

A Palavra de Deus não é nenhum código de doutrinas e mandatos. É a mensagem que dá testemunho do caminho de Deus com os homens. O Antigo Testamento parte da tradição do antigo Oriente de então, a qual, num longo processo de educação à luz da fé em Javé, foi sendo purificada e aperfeiçoada passo a passo. Por isso, ainda hoje, se encontram no Antigo Testamento múltiplas tradições antigas, posteriormente superadas. Já a segunda tábua do Decálogo (cf. Ex 20,12-17; Dt 5,16-21) contém o resultado desse processo de clarificação e purificação. Nela se colocam os valores fundamentais da vida familiar sob a especial proteção de Deus: o respeito reverencial aos pais e o cuidado dos anciãos, a inviolabilidade do matrimônio, a defesa da vida humana nascida do matrimônio, a propriedade como base da vida familiar e o tratamento sincero entre uns e outros, sem o qual nenhuma comunidade pode perdurar.

Tais mandamentos desenvolvem a regra de ouro, conhecida em todas as culturas de uma ou de outra forma, que exige não fazer ao outro o que não se deseja que façam a si próprio; ou fazer ao outro tudo o que se deseja que façam a si próprio. O Sermão da Montanha confirma a regra de ouro (cf. Mt 7,12; Lc 6,31). Essa regra vale como resumo do que ensinam a lei e os profetas (Mt 7,12; 22,40; Lc 6,31) e como o direito natural entendido no sentido original[7]. Os Santos Padres estavam convencidos de que os mandamentos do Decálogo coincidem com a consciência moral comum a todos os seres humanos.

Desse modo, com o Decálogo foi dada à humanidade uma espécie de bússola para o caminho, expressamente confirmada por Jesus (cf. Mt 19,18s.). Essa bússola coloca nas nossas mãos o critério para julgar relações que estão em contradição com a dignidade do ser humano: poligamia, matrimônio forçado, violência no matrimônio e na família, machismo, discriminação da mulher, prostituição, bem como para a crítica das condições econômicas e das relações laborais, salariais e de habitação contrárias à família. A Bíblia, portanto, não entende os mandamentos como carga nem como limitação da liberdade; pretendem ser marcos ao longo do caminho para uma vida feliz. Não se pode impor a ninguém; mas, com boas razões, pode oferecer-se a todos como caminho para a felicidade.

3 Sentido e modelo bíblico da família

O Evangelho, que é sempre o mesmo, apresenta-se-nos na Bíblia mergulhando na cultura de então, a qual, por sua vez, sofreu grandes mudanças desde tempos imemoriais, passando pela época dos patriarcas, pelo antigo Israel, até ao judaísmo primitivo. Por isso, de afirmações bíblicas singulares não se pode deduzir, de modo fundamentalista, uma ordem concreta vinculativa para hoje. Todavia, não sem fundamento, o cânon veterotestamentário antecipa, nos dois primeiros capítulos do Gênesis, de uma forma de certo modo programática, o plano original da criação de Deus. Estes dois

---

7 Esta definição do direito natural, no sentido da "regra de ouro", encontra-se no *Decretum gratiani* (D.1 d.a.c.1), que foi normativo para a tradição jusnaturalista da Idade Média, a primeira Modernidade e o velho protestantismo. O direito natural só se converteu num código muito detalhado com o Iluminismo e com a filosofia neoescolástica, que depende mais do Iluminismo do que ele próprio teve consciência.

capítulos também contêm de modo diferente tradições antiquíssimas da humanidade, que, à luz da fé em Javé, têm sido criticamente interpretadas e aprofundadas. Deste modo, delas deriva uma espécie de modelo e de sentido vinculativo, em que nos é apresentado o plano de Deus sobre a família.

A afirmação fundamental reza assim: "Deus criou o ser humano à sua imagem, criou-o à imagem de Deus; Ele os criou homem e mulher" (Gn 1,27). O ser humano, na sua dualidade de sexo, é criação de Deus: boa, ou antes, muito boa. Aqui não encontramos a mínima aversão pelo corpo ou qualquer menosprezo da sexualidade, como infelizmente sucede em muitas tradições eclesiais posteriores. Também não há lugar algum para a discriminação da mulher. Segundo a Bíblia, homem e mulher, como imagem de Deus, têm a mesma dignidade. Porém, o homem e a mulher não são pura e simplesmente iguais. Tanto a sua igual dignidade como a sua diferença têm o seu fundamento na criação. Nem ninguém lhas deu, nem eles as dão a si próprios. Uma pessoa não se faz homem ou mulher pela cultura vigente. *Ser homem* e *ser-mulher* têm o seu fundamento ontológico na criação. A igual dignidade da sua diversidade fundamenta, entre ambos, a atração cantada pelos mitos e pelos grandes poemas da humanidade, como o Cântico dos Cânticos, do Antigo Testamento. Equiparações ideológicas artificiais destroem o amor erótico. A Bíblia entende esse amor como o fazer-se "uma só carne", ou seja, uma comunidade de vida que inclui sexo e eros, além de amizade humana (cf. Gn 2,24). O ser humano não é criado por Deus como indivíduo isolado. "Não é conveniente que o homem esteja só; vou dar-lhe uma auxiliar semelhante a ele [ou seja, uma companheira]" (2,18). Por isso, Adão saúda a mulher com uma entusiástica exclamação de boas-vindas (cf. 2,23). Homem e mulher são criados um para o outro e são dados por Deus como presente de um para o outro. Devem complementar-se e apoiar-se mutuamente, encontrar prazer e gozo um no outro. Homem e mulher são criados para o amor, e nisso consiste ser imagem de Deus, que é amor (cf. 1 Jo 4,8).

O amor entre homem e mulher não gira em torno de si mesmo: transcende-se e tem de se tornar fecundo nos filhos nascidos do seu amor (cf. Gn 1,28). O amor entre homem e mulher e a transmissão da vida formam um todo. Isso aplica-se não só ao ato da procriação. O primeiro nascimento prolonga-se no segundo nascimento, social e cultural, na iniciação à vida e mediante a transmissão dos valores da vida. Para isso, os filhos precisam do espaço protetor e da segurança afetiva do amor dos pais; e vice-versa, os filhos fortalecem e enriquecem o laço de amor vinculativo dos pais.

Desse modo, a fecundidade não é para a Bíblia uma realidade unicamente biológica. Os filhos são fruto da bênção de Deus. Deus confia à responsabilidade do homem e da mulher o dom mais valioso que poderia dar: a vida humana. É-lhes lícito decidir, de forma responsável, sobre o número e o ritmo do nascimento dos filhos. Devem fazê-lo de forma responsável diante de Deus e com respeito pela dignidade e pelo bem do companheiro, com responsabilidade pelo bem dos filhos, com responsabilidade relativamente ao futuro da sociedade e ao respeito reverencial pela natureza do ser humano. Daqui não se deduz qualquer casuística, mas um modelo e um sentido vinculativo, cuja realização concreta é confiada à responsabilidade do homem e da mulher. A estes é confiada a responsabilidade pelo futuro da humanidade. Sem família não há futuro algum, mas um envelhecimento da sociedade – um perigo ao qual estão expostas as sociedades ocidentais. Para a Bíblia, os filhos não são um estorvo, mas uma riqueza, uma alegria e uma bênção.

Ainda num segundo sentido, o amor entre homem e mulher projeta para fora e para além de si próprio. Não é um sentimentalismo que gira em torno de si mesmo. A ambos, conjuntamente, é confiada a terra (cf. Gn 1,28). As palavras utilizadas nesta passagem – "submeter", "dominar" – não se podem entender no sentido de uma submissão violenta nem de uma exploração. O segundo relato da criação fala de "guardar" e "cultivar" (Gn 2,15), e com isso significa o papel cultural de cultivar e cuidar da terra como de um jardim. Homem e mulher devem ser pastores do mundo e configurá-lo como um mundo de vida digna do ser humano. Isto é, ao mesmo tempo, uma missão política porque a família, como célula básica e célula vital, é escola de humanidade e de virtudes sociais necessárias para a vida e para o desenvolvimento da sociedade (GS 47, 52; FC 44). Nesse sentido, a família é anterior ao Estado e titular de direitos próprios frente a ele. Os direitos da família, enumerados na Carta da Família, têm o seu fundamento na ordem da criação (cf. FC 46; *Carta dos direitos da família*; CDSI 209-254). O Estado não se pode imiscuir nesses direitos; deve, antes, protegê-los e fomentá-los segundo as suas possibilidades.

Finalmente, o amor humano é, como imagem de Deus, algo grande e belo, mas não é em si mesmo divino. Se um membro idolatra o outro e espera dele que lhe proporcione o céu na terra, está necessariamente exigindo-lhe algo superior às suas forças; nesse momento, o outro não pode deixar de defraudar. É por estas expectativas desmedidas que fracassam muitos matrimônios. A comunidade de vida de homem e mulher, juntamente com os seus filhos, só pode ser feliz se for concebida como um dom que se projeta acima e para fora de si mesmo. É assim que a criação do ser humano desemboca no sétimo dia da criação, na festa do sábado. O ser humano não é criado como animal de carga, mas para o sábado. O sábado, como dia livre para Deus, também deve ser um dia livre para a festa e para a celebração comum: um dia de tempo livre, de um com o outro, de um para o outro (cf. Ex 20,8-10; Dt 5,12-14). A família deve ser lugar de festa, de celebração e de alegria comum, como hoje continua a ser para muita gente.

4 Bênção e promessa de Deus para a família

O que foi dito até aqui constitui um quadro ideal da família, mas não é a realidade pura e simples. Isso também a Bíblia o sabe. Por isso, aos dois primeiros capítulos do Gênesis segue-se o terceiro, que narra a expulsão da realidade matrimonial paradisíaca.

A alienação, o afastamento do ser humano em relação a Deus, tem por consequência a alienação dentro do ser humano e entre os seres humanos. A primeira alienação produz-se entre o homem e a mulher. Envergonham-se um do outro (cf. Gn 3,10s.). A vergonha mostra que a harmonia original de corpo e espírito foi destruída, e que homem e mulher se afastaram um do outro. A atração degenerou em paixão de um pelo outro e em domínio do homem sobre a mulher (cf. Gn 3,16). Chega-se assim à violência, aos ciúmes, à discórdia no matrimônio e na família. A Bíblia fala de infidelidade no casal. Essa infidelidade entra até na árvore genealógica de Jesus (cf. Mt 1,5s.). Jesus também teve antepassados que não eram "de berço de ouro" e que qualquer um preferiria ocultar e silenciar. Sob esse aspecto, a Bíblia é completamente realista, completamente honesta.

A segunda alienação atinge as mulheres e as mães. A partir de agora terão de dar à luz os seus filhos com angústia e dor (cf. Gn 3,16), e a maior parte das vezes de os criar no meio de todo o tipo de problemas. Quantas mães choram e se lamentam pelos seus filhos...! O afastamento, a alienação, também afeta o homem e a sua relação com a natureza. A terra não é um belo jardim: produz espinhos e cardos, é rebelde e resistente, o trabalho é penoso e duro. O homem tem de deitar mãos ao trabalho com dificuldade e com o suor do seu rosto (cf. Gn 3,19). A isto se vem somar o afastamento e os conflitos na própria família, a inveja, as brigas, as guerras e até o fratricídio (cf. Gn 4,1-16).

Finalmente, temos a alienação mais radical: a morte (cf. Gn 3,19; Rm 5,12) e todos os poderes da morte, que se desencadeiam no mundo com fúria e que produzem desgraça, estragos e destruição. Também produzem dor e pena à família, como, por exemplo, quando as mães estão junto ao cadáver do seu filho, ou quando um membro do casal tem de se despedir do outro, o que implica muitas vezes, para pessoas já idosas, dolorosos anos de solidão.

O realismo bíblico ensina que aquilo que hoje lamentamos não é exclusivo de hoje; no fundo, sempre foi assim. Não nos é lícito cair na tentação de romantizar o passado e depois de considerar o presente como pura história de decadência. O louvor dos velhos tempos passados e as queixas sobre a geração jovem existem desde que existe uma geração mais velha. Contudo, no fim, na Bíblia acaba por vencer a esperança sobre as lamentações. Ao expulsar o ser humano do paraíso, Deus deu-lhe uma esperança para o caminho: da sua descendência sairá o Salvador (cf. Gn 3,15).

O Salvador, segundo a fé cristã, veio com Jesus Cristo. Este entrou numa história familiar e cresceu na família de Nazaré (cf. Lc 2,51s.). No início da sua vida pública participou na celebração das bodas de Caná, onde fez o seu primeiro sinal (cf. Jo 2,1-12). Com isso colocou toda a sua atividade sob o signo de uma boda e da alegria nupcial. No fim, a Bíblia termina com a visão escatológica das bodas do Cordeiro (cf. Ap 19,7.9). Matrimônio e família convertem-se, deste modo, em sinais da esperança escatológica. Na celebração terrena das bodas antecipa-se, por assim dizer, a celebração das bodas escatológicas. Por isso se pode e se deve celebrar com todo o esplendor e regozijo.

Uma afirmação fundamental de Jesus sobre o matrimônio e a família está contida na conhecida sentença sobre o divórcio (cf. Mt 19,3-9; Mc 10,2-12; Lc 16,18). Jesus remonta à vontade original de Deus: "O que Deus uniu, não o separe o homem". Os discípulos assustam-se frente a esta afirmação. Anteveem um ataque inaudito à ideia do matrimônio no mundo circundante, parecendo-lhes essa uma exigência cruel. "Se é essa a situação do homem perante a mulher, não é conveniente casar-se!" Jesus confirma indiretamente o caráter inesperado da exigência. Essa fidelidade incondicional deve ser "dada" ao ser humano; é um dom da graça. Pressupõe a transformação da dureza de coração (cf. Mt 19,8) no coração novo e compassivo que o profeta prometeu (cf. Ez 36,26s.).

Não é lícito, portanto, interpretar a palavra de Jesus como lei inflexível. Mostram-no também as diversas versões que interpretam estas palavras no contexto judaico-cristão ou cristão-pagão, respectivamente. Há que entendê-lo no contexto integral da mensagem de Jesus sobre o Reino de Deus como mensagem de graça, de amor e de compaixão[8]. A aliança que os casados estabelecem é selada e apoiada pela aliança de Deus. A promessa da aliança e da fidelidade de Deus subtrai a aliança humana à arbitrariedade humana, confere-lhe estabilidade e consistência. É alento e fonte constante de energia para, no meio das vicissitudes da vida, manterem a fidelidade mútua.

Paulo faz-se eco da mensagem de Jesus, falando de um matrimônio "no Senhor". Esse "no Senhor" abarca, como mostram as "tábuas domésticas" (cf. Cl 3,18–4,1; Ef 5,21–6,9; 1Pd 2,18–3,7), a vida inteira da família, a relação entre marido e mulher, pais e filhos, escravos e pessoas livres que vivem na mesma casa. As tábuas domésticas assumem a ordem doméstica patriarcal de então; ora, "no Senhor" converte a submissão unilateral da mulher ao homem numa relação mútua de amor, que também deve impregnar as restantes relações familiares. Estes são exemplos da força da fé cristã para modificar e criar normas.

A Carta aos Efésios dá um passo em frente, assumindo a metáfora veterotestamentária da aliança matrimonial como caracterização da aliança de Deus com o seu povo. Em Cristo, essa aliança encontrou o seu cumprimento e consumação. Deste modo, a aliança entre homem e mulher converte-se agora em símbolo real da aliança de Deus com os seres humanos, que chegou ao seu cumprimento em Cristo Jesus. Aquilo que desde o começo do mundo era uma realidade da criação "boa" de Deus converte-se agora em sinal que faz presente o mistério de Cristo e da Igreja (cf. Ef 5,32). O Concílio de Trento viu nessa afirmação a sacramentalidade do matrimônio (cf. DH 1799). A teologia recente tenta aprofundar em chave trinitária esta fundamentação cristológica e entende a família como representação simbólico-real do mistério da comunidade trinitária de Pai, Filho e Espírito Santo.

---

8 Cf. as versões dos sinóticos, as cláusulas sobre o adultério (cf. Mt 5,32 e 19,9) e o posterior, assim denominado "privilégio paulino", com base em 1Cor 7,12-16. Instrutivo, tanto exegética como efetiva e historicamente: LUZ, 2002.

A ideia do matrimônio-sacramento fundamenta uma diferença relativamente à ideia do matrimônio das Igrejas protestantes. No entanto, a coincidência é maior que a diferença. De fato, embora o matrimônio, segundo a perspectiva protestante, seja um estado civil, a celebração do matrimônio está unida a um ato de bênção eclesial. É qualificado como um estado divino e sagrado[9]. O matrimônio só juridicamente é um assunto civil, está sob a competência da autoridade civil, não da eclesiástica. Isso, numa sociedade impregnada de cristianismo, poderia parecer possível, mas numa sociedade secularizada conduz a adaptações espiritualmente problemáticas, e, com isso e contra a intenção original, não conduz precisamente à diferenciação, mas a uma mistura do âmbito espiritual e civil, e, na prática, a uma acentuadíssima secularização do matrimônio. A introdução, pelo Concílio de Trento (cf. DH 1813-1816), de uma forma canônica própria da celebração do matrimônio revelou-se, pelo contrário, a iniciativa mais clarividente, mais apta para conservar e proteger a dimensão espiritual do matrimônio.

Como sacramento, o matrimônio não é nenhuma magnitude estática. Requer, como a própria Igreja, uma renovação contínua, tanto em termos jurídicos como espirituais. As normas jurídicas devem ser continuamente examinadas para ver se, e de que modo, podem conservar e proteger pastoralmente a essência espiritual. Espiritualmente, todo o matrimônio está sob a lei do processo e da gradualidade, do crescimento continuamente renovado e aprofundado no mistério de Cristo (FC 9, 34). Tem de percorrer continuamente o caminho da conversão, da renovação e do amadurecimento. Há que exercitar uma e outra vez a tolerância, o perdão e a paciência; há que reservar sempre tempo um para o outro; são constantemente necessárias mostras de carinho, de estima, de ternura, de agradecimento e de amor. Há que celebrar as festas conjuntamente. A ora-

---

9 LUTERO. *Grande Catecismo*. In: BSELK, 612; cf. 259. O fato de o ato da bênção não ser qualificado como sacramento depende de uma definição diferente do conceito de sacramento: problema que também aparece no caso dos outros sacramentos e que, basicamente, deve ser resolvido ecumenicamente.

ção em comum, o Sacramento da Penitência e a celebração comum da Eucaristia são ajudas para consolidar e renovar cada vez mais o vínculo do matrimônio. É muito bonito encontrar casais já idosos que, apesar da sua idade avançada, estão enamorados de uma forma madura. Isso é sinal de uma vivência humana salva, humana e espiritualmente madura.

5 Projeto frente ao futuro: a família como Igreja doméstica

Não são só os casais individuais e as famílias singulares que estão a caminho. A Igreja também já percorreu, na história atual, um caminho em termos da compreensão do matrimônio e da família, e tem de voltar a percorrê-lo hoje com os casados e com as famílias. Neste contexto, não podemos penetrar nessa história carregada de vicissitudes. Só nos referiremos à mudança de direção que significa o Concílio Vaticano II. Na Alta Idade Média, a Igreja apropriou-se, com algumas modificações, da ideia do matrimônio do direito romano, entendendo o matrimônio como um contrato que se realiza mediante o consentimento dos contraentes. Essa ideia contratual determinou o pensamento da Idade Moderna e o direito civil matrimonial.

O Concílio Vaticano II significou uma viragem. Entendeu o matrimônio como comunidade de vida e de amor, e a celebração do matrimônio como uma aliança em que os noivos se dão e se recebem mutuamente (GS 48). Declarações eclesiásticas mais recentes têm desenvolvido ainda mais esta perspectiva bíblica personalista[10]. O direito canônico pós-conciliar assumiu-a, mas em muitas dispo-

---

10 A *Humanae Vitae* é o primeiro documento doutrinal que desenvolve uma ideia personalista do matrimônio. João Paulo II abordou o tema na *Familiaris Consortio* (1981) e dirigiu uma extensa carta às famílias para o Ano da Família, 1994. O Papa Francisco convocou um sínodo para os anos 2014/2015 com o tema "Os desafios pastorais da família no contexto da evangelização". A *Evangelii Gaudium* (2013) contém muitas afirmações importantes sobre a pastoral da família, sobretudo no n. 66.

sições singulares continuou preso à teoria herdada[11]. É necessário, portanto, proceder a mais debates, clarificações e reformas.

O debate tem-se centrado, sobretudo, no problema dos divorciados recasados. Este é, sem dúvida, um problema pastoral premente sobre o qual já se têm escrito bibliotecas inteiras e em que não vamos entrar de novo[12]. Na verdade, seria uma falta de visão fatal considerar o problema da admissão aos sacramentos dos divorciados recasados um problema isolado. Ele faz parte da totalidade de uma pastoral renovada sobre matrimônio e família. Já no início se deixou claro que há muitos outros problemas, e essencialmente mais fundamentais, que ainda estão em debate e que esperam uma resposta adequada.

Importa sobremaneira que, em questões de sexualidade, matrimônio e família, a Igreja recupere de novo a capacidade de comunicação e saia da estagnação num mutismo resignado ou numa atitude puramente defensiva frente à situação presente. O problema fundamental é como pode a Igreja ajudar pastoralmente as pessoas a encontrar a felicidade e a realização da sua vida. Disso faz parte o uso responsável e gratificante do dom da sexualidade, oferecido e confiado ao ser humano pelo Criador. A sexualidade deve sair da estreiteza e da solidão de um individualismo centrado em si mesmo e imprimir rumo tanto ao tu de outra pessoa como ao nós da comunidade humana. Isolar a sexualidade de tais relações e laços de alcance humano universal e reduzi-la apenas ao sexo não conduziu à tão apregoada libertação, mas à sua banalização e comercialização. A morte do amor erótico e a senescência da nossa sociedade ocidental

---

11 O Código de Direito Canônico, can. 1.055, no § 1 fala, no sentido do Concílio, de "aliança matrimonial"; no entanto, já no § 2 fala novamente de "contrato matrimonial", um conceito que o Concílio evitou de modo consciente.

12 No seu conjunto: SCHOCKENHOFF, 2011. Uma ajuda de grande sabedoria espiritual e pastoral, na linha de Santo Afonso de Ligório, é HÄRING, 1990. Uma excelente visão de conjunto sobre os debates mais antigos: LEHMANN, 1977. As minhas análises em *Das Evangelium von der familie*, p. 54-67, suscitaram um grande debate, em parte polêmico, que não podemos abordar aqui. Equilibrado: STUBENRAUCH, 2014: 346s.; GRILLO, 2014.

são a consequência disso. Matrimônio e família são o último ninho de resistência contra um economicismo e uma tecnicização da vida gelidamente calculadores e que engolem tudo. Por isso, temos toda a razão em nos empenharmos, segundo as nossas forças, em prol do matrimônio e da família, e, sobretudo, em acompanhar e animar os jovens nesse caminho.

Só com boas palavras é pouco o que se poderá conseguir. Tendo em conta o endurecimento para o matrimônio e família das condições tanto econômicas como moral-espirituais, há que oferecer caminhos concretos. Cristo já nos mostrou a direção desse caminho. Diz Ele que todo o cristão, casado ou solteiro, abandonado pelo seu cônjuge ou educado na infância ou na juventude sem contato com a própria família, nunca está só ou perdido. Tem um lar numa nova família de irmãos e irmãs (cf. Mt 12,48-50; 19,27-29). Assim ficam colocados os fundamentos da comunidade dos discípulos e, com isso, da Igreja como nova família, e da família como Igreja doméstica.

Na Antiguidade, junto ao pai de família, à esposa e aos filhos, muitas vezes também faziam parte da casa parentes alojados nela, os escravos, por vezes também amigos ou hóspedes. Nesse contexto, devemos entender, quando ouvimos falar da comunidade primitiva, que os primeiros cristãos se reuniam nas residências (cf. At 2,46; 5,42). Fala-se constantemente da conversão de casas inteiras (cf. At 11,14; 16,15.31.33). Em Paulo, a Igreja estava organizada por casas, quer dizer, por Igrejas domésticas (cf. Rm 16,5; 1Cor 16,19; Cl 4,15; Fm 2). As casas eram, para Paulo, ponto de apoio e de arranque nas suas viagens missionárias; eram centros de fundação e pedras angulares das comunidades locais; eram lugares de oração, de ensino catequético, de fraternidade cristã e de hospitalidade para os cristãos em viagem. Desse modo, a Igreja, nas Igrejas domésticas, devia ser uma casa aberta para todos: nela deviam encontrar-se todos como em sua própria casa e poderem sentir-se como numa família.

Na história posterior, as Igrejas domésticas desempenharam sempre um papel importante. Sobretudo em situações de minoria, de diáspora ou de perseguição, converteram-se para a Igreja numa questão de vida ou de morte. O Concílio Vaticano II recuperou a ideia. As suas escassas citações converteram-se, em documentos pós-conciliares, em capítulos exaustivos (LG 11; EN 58, 71; FC, 21, 49-64; RM 51; CIC 1655-1658; LF 52s.). Na América Latina, África, Ásia (Filipinas, Índia e Coreia, entre outras), Igrejas domésticas em forma de Comunidades Eclesiais de Base (*Basic Christian Communities*) ou de Pequenas Comunidades Cristãs (*Small Christian Communities*) converteram-se em fórmula de êxito pastoral (KRÄMER & VELLGUTH, 2012; KNIEPS-PORT LE ROI, 2013; LThK, 4: 1.217-1.219).

Na civilização ocidental, em que as antigas estruturas populares eclesiais se mostram cada vez menos consistentes, os espaços pastorais alargam-se, os cristãos caem com frequência na situação de minorias culturais, e as Igrejas domésticas podem converter-se em pedras angulares para uma Igreja com possibilidades de futuro. É evidente que hoje não nos podemos limitar a reproduzir as Igrejas domésticas da Igreja primitiva. Precisamos de famílias alargadas de um novo tipo. Para que as pequenas famílias possam sobreviver na situação atual devem estar inseridas numa estrutura familiar que abarque várias gerações, onde sobretudo os avós desempenham um papel importante; em círculos interfamiliares de vizinhos e amigos onde os filhos, na ausência dos seus pais, sejam acolhidos, e onde pessoas de idade, que vivem sozinhas, pessoas divorciadas e todos quantos enfrentam sozinhos a educação dos filhos encontrem um certo ambiente familiar. Comunidades apostólicas e religiosas são, com frequência, o espaço e o ambiente espiritual para comunidades familiares. Outras iniciativas para a formação de Igrejas domésticas encontram-se nos grupos de oração, bíblicos, de catequese, ecuménicos e outros.

As Igrejas domésticas são *ecclesiola in ecclesia*, igrejas em miniatura dentro da grande Igreja. Fazem presente a Igreja local no meio da vida. Com efeito, onde dois ou três estão reunidos em nome de Cristo, aí está Ele no meio deles (cf. Mt 18,20). Em virtude do Batismo e da Confirmação, as comunidades domésticas são povo messiânico de Deus. Participam do ministério sacerdotal, profético e real (cf. 1Pd 2,9; Ap 1,6; 5,10). Graças ao Espírito Santo, possuem o *sensus fidei*, o sentido da fé, um sexto sentido intuitivo para a fé e para uma práxis de vida ajustada ao Evangelho. Desse modo, não são unicamente objeto, mas sujeito da pastoral familiar. Sobretudo com o seu exemplo podem ajudar a Igreja a penetrar mais profundamente na Palavra de Deus e a aplicá-la mais plenamente à vida (EG). Já que o Espírito Santo foi dado à Igreja no seu conjunto, não se devem isolar, à maneira de uma seita, da *communio* maior da Igreja. Este "princípio católico" protege a Igreja da desagregação em igrejas livres, singulares e autônomas. Mediante tal unidade na pluralidade, a Igreja é verdadeiramente sinal sacramental da unidade no mundo.

Concretamente, as Igrejas domésticas, partilhando a Bíblia, vão buscar na Palavra de Deus luz e força para a sua vida cotidiana. Tendo em conta a ruptura na transmissão da fé à geração seguinte, elas têm a importante missão catequética de levar crianças, jovens e pessoas mais velhas à alegria da fé (CT 68). Rezam juntos pelas suas intenções pessoais e pelas intenções do mundo. A Eucaristia dominical, devem celebrá-la juntamente com toda a comunidade, como fonte e cume de toda a vida cristã[13]. No círculo familiar celebram o dia do Senhor como dia de lazer, de alegria e de comunidade, bem como os tempos do ano litúrgico, com os seus ricos usos e costumes. São espaços de uma espiritualidade da comunidade, em que se acolhem uns aos outros em espírito de amor, de perdão e de reconciliação; em que, diariamente, aos domingos e nos dias

---

[13] Um problema, a que aqui só podemos aludir de passagem, é suscitado para os casais e famílias de confissão diferente, que não podem participar plenamente da Eucaristia. Neste problema há uma necessidade urgente de respostas pastorais, responsáveis e com sensibilidade familiar baseada na fé.

festivos, se partilham alegrias e dores, preocupações, necessidades, lutos, alegria e felicidade humanas.

As famílias, como Igrejas domésticas, são chamadas de modo especial a transmitir a fé no seu meio respectivo. Compete-lhes uma missão profética e missionária própria. O seu testemunho é, sobretudo, o testemunho de vida, pelo qual podem atuar no mundo à maneira de fermento (cf. Mt 13,33). Assim como Cristo veio para anunciar a Boa Notícia aos pobres (cf. Lc 4,18; Mt 11,5) e chamou bem-aventurados aos pobres e aos que sofrem, aos pequenos e às crianças (cf. Mt 5,3s.; 11,25; Lc 6,20s.), assim também enviou os seus discípulos a anunciar o Evangelho aos pobres (cf. Lc 7,22). Por isso, não é lícito às Igrejas domésticas serem comunidades elitistas e exclusivistas. Devem abrir-se aos que sofrem necessidade de qualquer tipo, aos simples e à gente humilde. Devem saber que o Reino de Deus pertence às crianças (cf. Mc 10,14; EG 197-201).

As famílias precisam da Igreja, e a Igreja precisa das famílias para estar presente no meio da vida e nos âmbitos da vida moderna. Sem as Igrejas domésticas, a Igreja fica afastada da realidade concreta da vida. Só mediante as famílias pode se encontrar no seu elemento, ali onde as pessoas estão no seu. A ideia da Igreja como Igreja doméstica é, pela mesma razão, fundamental para o futuro da Igreja e para a nova evangelização. As famílias são os primeiros e os melhores mensageiros do evangelho da família. Elas são o caminho da Igreja para o futuro.

Referências

GRILLO, A. (2014). *Indissolubile?* Contributo al dibattito sui divorziati risposati. Assis: Cittadella, 2014.

HÄRING, B. (1990). *Zur pastoral bei Scheidung und Wiederverheiratung – Ein Plädoyer.* Friburgo.

KASPER, W. (2014). *Das Evangelium von der Familie.* Friburgo [trad. port.: *O evangelho da família*. Prior Velho: Paulinas, 2014].

_____ (1997). "Zur Theologie der christlichen Ehe". In: *Die Liturgie der Kirche*. Friburgo, 2010, p. 453-519 [WKGS 10].

KRÄMER, K. & VELLGUTH, K. (orgs.). (2012). *Kleine christliche Gemeinschaften* – Impulse für eine zukunftsfähige Kirche. Friburgo.

LE ROI, T.K.-P. & MANNION, G. (orgs.). (2013). *The Household of God and Local Households* – Revisiting the Domestic Church. Lovaina.

LEHMANN, K. (2006). "Theologie und Genderfragen". In: *Zuversicht aus dem Glauben*. Friburgo, p. 63-77.

_____ (1977). *Gegenwart des Glaubens*. Mainz, p. 274-308.

LUTERO, M. *Catecismo Maior*. In: *BSELK*, 612.

LUZ, U. (2002). *Das Evangelium nach Matthäus*. Zurique: Patmos [*EKK*, T. 1/1, p. 260-279; T. 1/3, p. 89-112].

SCHOCKENHOFF, E. (2011). *Chancen der Vers hnung?* Die Kirche und die wiederverheirateten Geschiedenen. Friburgo, 2011.

STUBENRAUCH, B. (2014). Wiederverheiratete Geschiedene und die Sakramente. *StdZ*, 232, p. 346s.

WALTER, P. & KASPER, W. (orgs.). (2009). *Lexikon für Theologie und Kirche*. Vol. 4. Friburgo/Basileia/Viena: Herder.

8

"Não desprezes o teu irmão" (Is 58,7)

Reflexões segundo a perspectiva da Igreja Católica sobre a importância fundamental da família*

Reinhard Marx

1 "Não desprezes o teu irmão!"

"[Assim diz o Senhor:] reparte o teu pão com os esfomeados, dá abrigo aos infelizes sem casa, atende e veste os nus e não desprezes o teu irmão. Então, a tua luz surgirá como a aurora, e as tuas feridas não tardarão a cicatrizar" (Is 58,7-8). É uma citação do Profeta Isaías; e aí, no meio das exortações morais a sermos pessoas

---

* "Entziehe dich nicht deinen Verwandten! (Jes 58,7). Überlegungen zur grundlegenden Bedeutung der Familie aus der Perspektive der katholischen Kirche". In: AUGUSTIN, G. & KIRCHDÖRFER, R. (orgs.). *Familie* – Auslaufmodell oder Garant unserer Zukunft? Friburgo: Herder, 2014, p. 199-214.

melhores e a construirmos uma sociedade melhor, lemos: "Não desprezes o teu irmão!" Também isto é família do ponto de vista bíblico, talvez diferente daquilo a que estamos acostumados. Aqui não se entoa forçosamente um ardente hino à família nem se louva a sua beleza. Torna-se palpável uma experiência que também pertence à família: a família dá trabalho, é uma carga a que talvez alguns se subtraíssem com gosto. Certamente todos nós conhecemos algumas situações familiares em que se poderia passar perfeitamente sem a "querida parentela" e em que a comunidade de destino que é a família se revela mais como destino do que como comunidade. Todavia, com base em tais experiências, o profeta agarra-se cabalmente a este requisito: "Não desprezes o teu irmão! Então a tua luz brilhará como a aurora..." Assim, pois, a solicitude para com a família e a parentela tem um valor próprio, um valor que ultrapassa a momentânea sensação de bem-estar e o interesse pessoal imediato. Poderíamos objetar, como é óbvio, que o profeta dirige essas palavras a uma sociedade consideravelmente pré-moderna, em que a inserção na família e no clã ainda tinha uma importância muito diferente, em relação ao bem-estar e até à sobrevivência da pessoa, daquela que tem na atualidade. Quem não se contentar em traduzir livremente a exortação do profeta, como, por exemplo, "faz qualquer coisa pela tua família!", mas que, além disso, opine que esta exortação também tem atualidade e validade hoje, deverá explicar de que modo quer justificar essa posição. Que papel desempenha a família na sociedade do século XXI? O que significa para o indivíduo, o que significa para a sociedade no seu conjunto, o que significa também para a Igreja? Por último, por que é que hoje continua a ser correto não nos subtrairmos ao serviço à família? Tudo isso será desenvolvido seguidamente. Porém, antes de nos ocuparmos dessas interrogações, é conveniente fazer algumas observações sobre o modo como olharemos aqui para a família e, por conseguinte, que conceito de família se pressupõe.

2 Como olhar a família?

A família nunca é abstrata, é sempre concreta. Quando se fala de família, cada um leva consigo as suas próprias experiências, completamente concretas, como fundo de compreensão. Isso deve ser tido em conta quando se aborda o tema da família. De contrário, imediatamente se tem a impressão de que o que foi dito ignora a realidade vital da família, e não passa de uma acumulação de más experiências pessoais ou de frases idealistas. Por outro lado, porém, não basta descrever, por muito rigorosamente que isso se faça do ponto de vista das ciências sociais, o que se desenvolve na vida diária presente, sem dirigir o olhar para aquilo que a família pode ou até deveria ser. Por conseguinte, as reflexões sobre a família não se podem circunscrever a uma perspectiva descritiva; também devem adotar uma perspectiva normativo-prescritiva. Esta deve desdobrar-se em referência permanente à perspectiva descritiva, mas devemos designá-la também, inequivocamente, como normativa. Do contrário, as ideias normativas saem de rompante e, por conseguinte, de forma irrefletida, nem que seja apenas no sentido de um "tal como é, assim deve ser também". Porém, do modo como são as coisas, não se pôde dar por satisfeito o profeta citado no início destas reflexões, como também não se poderia dar por satisfeita qualquer outra pessoa que desejasse um desenvolvimento e um desdobramento para melhor. Assim, pois, o olhar dirigido à família só será multidimensional quando integrar tanto o aspecto descritivo – "aquilo que a família é concretamente" – como o aspecto normativo-prescritivo: "Aquilo que a família pode ser". Neste ponto, deveríamos nos interrogar de forma crítica: de onde procede, então, essa perspectiva normativo-prescritiva? Nesse sentido, encontrarão pouca ressonância as argumentações que se limitarem a remeter sem explicações adicionais para o "significado da família do ponto de vista do direito natural" ou para a "essência da família". A questão de se tem sentido – e, no caso de resposta afirmativa, que sentido – um modelo de fundamentação jusnaturalista requereria um debate específico que não podemos abordar aqui. Porém, sob o conceito de uma "ecologia humana" (Papa Bento XVI), adquiriu recentemente nova popularidade uma perspectiva muito próxima do direito natural.

Limitemo-nos aqui a argumentar a partir de valores empíricos de longa duração que se reuniram para formar um ideal de matrimônio e família, e que nos fornecem informação sobre que condições de vida favorecem o êxito do casal e a paternidade e maternidade. Na sua exegese da Sagrada Escritura e na sua Tradição, a Igreja conserva esses valores empíricos de longa duração e oferece-os aos homens de hoje como contraponto crítico daquilo que se vive concretamente no matrimônio e na família. Este ideal também tem relevância para lá do círculo dos católicos piedosos, na medida em que pretende aconselhar as pessoas na busca de uma vida boa. Na perspectiva da sociedade no seu conjunto representa um contributo para o discurso normativo, que, embora não possa ter caráter vinculativo para todos, pede-nos a prudência que o valorizemos e tenhamos em conta. Por último, convém não pôr de lado, sem mais, aquilo que já foi acreditado, mas ponderar se não seria recomendável ou até necessário conservá-lo, a fim de fomentar o desenvolvimento social em vez de desarraigá-lo. Também não é sensato agarrar-se ao tradicional por si próprio ou por um mero conservadorismo, nem a mais recente moda social é sempre imediata e automaticamente a mais propiciadora de futuro e a que maior número de novas perspectivas abre. Nesse sentido, há que tomar a sério os desafios com que atualmente se confronta a família e procurar caminhos de solução que estejam à altura dos tempos, sem com isso descuidar a perspectiva crítica sobre o presente, associada aos ideais historicamente configurados. A partir daqui deve formular-se também a pergunta sobre se a sociedade atual não se deveria adaptar à família e às suas estruturas fundamentais já acreditadas, em vez de ter sempre de se lhe contrapor.

3 Que ideal de família?

Em primeiro lugar, dever-se-ia explicar ainda um pouco mais, transcendendo a definição de *família fundada sobre o matrimônio*, aquilo a que antes aludimos com o termo *ideal*. O ponto de partida desta noção é a ideia de que a sexualidade se conta entre as dimensões fundamentais – as chamadas existenciais – do ser humano. Por conseguinte, afeta não só o lado corpóreo-biológico, mas também tem sempre qualquer coisa a ver com a pessoa. Porém, como o homem é um ser relacional, um ser que precisa dos outros para poder existir, a sua sexualidade também está associada ao aspecto da relação pessoal. Assim, a sexualidade está sempre sujeita à necessidade de ser símbolo, expressão e meio de uma relação pessoal de amor entre um "tu" e um "eu". Voluntarismo, igualdade de direitos, exclusividade e respeito mútuo pela dignidade da pessoa encontram-se, por isso, inseparavelmente vinculados a essa pretensão. Se a sexualidade não está à altura da necessidade de ser expressão de amor sincero, a "queda na intranscendência" (P. Ricoeur) é inevitável. O amor entre o homem e a mulher desenvolve-se sempre na tensa relação entre o desejo erótico e o afeto carinhoso e solícito. O prazer, a proximidade afetiva e a fecundidade, a complacência no outro e a geração da nova vida têm aqui, conjuntamente, o seu lugar na vida. Nisso, o amor não se esgota na magia do instante, mas pede espontaneamente para durar. Um "amo-te" que brota do coração não se compadece, em última análise, com qualquer tipo de limitação temporal. Alarga indefectivelmente o arco entre "fidelidade e traição" (G. Marcel). Os amantes, depois de terem dito um ao outro pela primeira vez "amo-te", nunca mais poderão deixar de se confrontar com essa tensão. Daí que o amor também precise da promessa, da firme garantia: "Permanecerei a teu lado". A solene formulação de tal garantia diante de Deus e diante dos homens acontece na celebração nupcial. Nela, os amantes dizem um ao outro, não em segredo, mas em voz alta e clara, que se querem agarrar ao seu amor, nos dias bons e nos dias maus, na saúde e na doença, até que a morte os separe. A aliança que selam com essa promessa, como aliança por toda a vida, encontra-se na interseção entre a íntima privacidade da vida amorosa em casal, por um lado, e a integração socioinstitucional, por outro. Por isso, tal relação sumamente pessoal e íntima é reconhecida, protegida e fomentada em simultâneo com toda a formalidade jurídico-estatal. A comunidade estatal deve esse respeito ao matrimônio, pois o matrimônio não é fundado pelo Estado: precede-o.

O ideal cristão parte do princípio de que é bom para as pessoas comprometerem-se numa decisão livre e proporem chegar juntas a uma meta elevada e ambiciosa. Ao mesmo tempo, porém, também parte do princípio de que essa aliança cria a ambiência protegida idônea para o nascimento e a criação de crianças. Ali onde os amantes, como cônjuges, prometem fidelidade mútua e cumprem com toda a sinceridade de coração essa promessa, aí também se pode arraigar a confiança primigênia (*Urvertrauen*) dos filhos e pode ser partilhada a responsabilidade no que diz respeito à boa educação dessas crianças.

Todavia, um aspecto importante desse ideal é a dinâmica de desenvolvimento pessoal. Segundo este, o matrimônio não se reduz ao momento das núpcias, nem matrimônio e família são entendidos como algo estático. Daí que não baste contrair matrimônio, fundar uma família e deixar que as coisas sigam o seu curso. O casal deve comprometer-se sem cessar e cultivar a sua relação conjugal, mas também as restantes relações familiares. Voltam a ressoar aqui aos nossos ouvidos as palavras do profeta: "Não desprezes o teu irmão!" No entanto, também é óbvio que todos nós cometemos erros no que diz respeito ao matrimônio e à família, que as coisas se torcem e se desenvolvem indevidamente, que as pessoas (nós), se tratam mal umas às outras. Daí que seja tão importante sair de novo, uma e outra vez, ao encontro do outro, procurar caminhos que nos ponham em comunicação, questionarmo-nos criticamente a nós mesmos. Porém, é precisamente para isso que serve um ideal. Também é indispensável perdoarmo-nos mutuamente, permitir novos começos, perceber os desenvolvimentos que têm lugar nos outros, deixar espaço para eles e, no entanto, permanecer espiritualmente próximos, em contato e comunicação.

O objetivo é o desenvolvimento conjunto e o amadurecimento graças à relação com o outro. Trata-se, sem dúvida, de um ideal elevado, do qual muitos dirão sem hesitar que é demasiado bonito para ser verdade e, inclusivamente, impossível de pôr em prática. Por que se agarra então a Igreja, com tão grande porfia, a semelhante modelo? Não será esse um caso de desenvolvida negação da realidade? A isso devemos contrapor a já evocada tese de que é bom para o ser humano esforçar-se em prol do matrimônio e da família. Mas isso deve ser explicado tanto no que diz respeito à pessoa individual como à sociedade no seu conjunto.

4 O matrimônio e a família para o indivíduo

Na pré-modernidade ninguém se interrogava sobre se seria bom para o indivíduo viver numa família. Para a maioria das pessoas era uma necessidade de sobrevivência, nem que fosse pelo fato de o indivíduo não estar em condições de sustentar um *oîkos*, um lar que funcionasse de forma adequada. De qualquer modo, era possível substituir a comunidade familiar por outras formas de comunidade, como, por exemplo, pela vida monástica. Embora estas estivessem mais espalhadas do que na atualidade, não deixavam de ser formas especiais, ao passo que o normal era a vida no consórcio familiar. Só a sociedade moderna, com uma elevada divisão do trabalho, permite que numerosas pessoas vivam sozinhas e mantenham um lar unipessoal. Se abstrairmos dos inúmeros e diversos motivos que levam as pessoas a viverem sozinhas, os próprios solteiros, de um modo geral, também têm sempre uma família de origem. Na sua família de origem, as pessoas nascem, crescem e vivem as primeiras e fundamentais experiências de ser aceitas, experimentam uma interligação e, a partir dessa segurança, desenvolvem a capacidade de sair para o ambiente circundante, de assimilar novas impressões e de conquistar o mundo para si. Para um recém-nascido, a família significa quase tudo, e só muito lentamente, passo a passo, as crianças se vão desligando do seio da sua família de origem. Quando falta a família, para as crianças é muito difícil substituí-la. Porém, quando a família funciona, nem que seja apenas em certa medida, o seu contributo vai muito mais longe, inesgotavelmente mais longe do que o mero cuidado corporal, a começar pela carinhosa solicitude até ao cunho e à cultura religiosa, passando pela educação e pelo fomento de capacidades emocionais e cognitivas. Para a criança, a família é um "recurso" infinito de primeira categoria; e, mais tarde, continua a sê-lo para o adulto. De certo modo, todo o sistema de prestações sociais existentes nas sociedades europeias modernas pode ser considerado resultado do esforço por compensar ou, pelo menos, por atenuar a imponderável falta de vínculos familiares. Eis uma conquista que deve ser grandemente valorizada e que contribui de modo essencial para a humanização da sociedade. No entanto, devemos ter consciência de que isso, com efeito, representa apenas a mitigação de uma carência e de que, vista no seu conjunto, a vida sem laços familiares não constitui de modo algum uma alternativa melhor. Devemos ficar com a ideia de que a importância da família para o indivíduo é muito evidente e tem um valor difícil de sobrestimar.

Devem estar agradecidos todos aqueles a quem foi oferecida uma amorosa família de origem!

Bastante menos evidente é a importância de uma pessoa fundar a sua própria família. Se a família de origem é tão importante, então – poderia pensar-se – deveria ser igualmente o mais natural do mundo transmitir esse bem inestimável à geração seguinte. O fato de que isso não é automático, experimentamo-lo hoje de um modo muito peculiar. Verifica-se, de forma aparentemente paradoxal, que atualmente uma esmagadora maioria dos jovens deseja fundar, mais cedo ou mais tarde, a sua própria família; mas, em grande parte, esse desejo não se realiza, nos anos subsequentes, do modo que mais lhes agradaria. Muito se tem debatido sobre as razões desse desenvolvimento e, ao que parece, isso é consequência de uma rede de fatores bastante inabarcável. A duração e a complexidade da educação, o início da vida profissional e a consolidação econômica e social desempenham aqui, sem dúvida nenhuma, um papel relevante, tal como as perspectivas pouco claras no que diz respeito à conciliação de vida laboral e familiar, sobretudo para as mulheres, as elevadas expectativas no que diz respeito à qualidade da vida familiar, a incerteza sobre o próprio futuro e a dificuldade em decidir qual o momento adequado para fundar uma família, mas também, desde logo, o problema de tentar encontrar o companheiro ou a companheira adequados para um futuro familiar em comum. Certamente poderiam mencionar-se ainda mais algumas razões. A conclusão final a que chegamos é o fato de que numerosas pessoas não podem ver cumprido um desejo que representaria uma grande oportunidade nas suas vidas. As experiências que uma pessoa vive, quando se converte em pai ou mãe, não são existencialmente indispensáveis. Se o fossem, isso implicaria que todo aquele e toda aquela que não tivesse essa sorte não poderia, em última análise, encontrar sentido para a sua vida. Não obstante, tais experiências são significativas, existencialmente comovedoras e profundamente transformadoras da vida. Fomentam a consciência de responsabilidade, tornam manifesto o sentido da vida, destroem supostas noções de ordem, muitas vezes demasiado opressivas. Como é óbvio, também custam esforço, força vital e nervos. Proporcionam, sobretudo, uma profunda impressão do que significa que a vida seja, em cada dia, um novo dom. Porém, uma relação conseguida com filhos e filhas adultos também representa um inestimável enriquecimento da vida.

Numa época em que a esperança de vida cresceu imenso redescobre-se de igual modo a especificidade da relação entre avós e netos. A convivência familiar das gerações contém tesouros vitais que urge serem conservados. Naturalmente, neste âmbito também nem tudo corre bem; neste campo também se cometem erros e se experimentam limitações. Contudo, não aproveitar essa oportunidade da vida supõe, de antemão, uma importante renúncia, que deve ser bem ponderada e sopesada. Quem descarta de ânimo leve essa possibilidade não está a prestar um bom serviço a si próprio. Com base nisso, perfila-se, como tarefa importante, animar os jovens adultos a fundarem a sua própria família e a configurarem as condições-marco da sociedade de tal modo que realmente possam atrever-se a fazê-lo sem medo de, no fim, saírem derrotados, desfavorecidos ou marginalizados. Uma sociedade que dificulta aos seus adultos jovens a fundação da sua própria família e a paternidade e maternidade priva-os de uma perspectiva vital de capital importância.

Ainda menos evidente do que a importância da família para o indivíduo tem-se revelado a importância do matrimônio para o homem ou para a mulher. Por que razão é bom vincular a vida em casal e a paternidade e a maternidade com essa instituição tradicional, rotulada como o nimbo da burguesia e ameaçada em grande medida pelo fracasso? As reflexões sobre o ideal já anteciparam o que se deve dizer a este respeito. Também aqui tem validade o dito anteriormente: enquanto instituição de subsistência, o matrimônio perdeu a sua importância. Hoje já ninguém precisa de se casar para assegurar a sua subsistência ou para manter a posição social. Na realidade, porém, isso também não é o núcleo daquilo que o matrimônio significa, pelo que este aspecto é, de fato prescindível. O que faz, então, com que o matrimônio continue a ser atraente? O matrimônio ajusta-se bem a um amor vivido a sério e pode fortalecê-lo de forma decisiva e duradoura. No matrimônio, os enamorados prometem um ao outro que não deixarão de atender a esse amor, alimentando sempre o seu ardor, a fim de que o fogo existente entre eles não se extinga. Fazem-no em voz forte e clara, estendendo assim, no meio de um mundo de inseguranças e de mudanças cada vez mais aceleradas, uma senda de fiabilidade, tanto para o outro como para si próprio. Mergulhados numa rede de transformações biográficas nunca até então imaginável, entretecem um fio condutor comum. Desse modo estabelecem ao mesmo tempo uma sólida aliança, que abre o espaço protetor e acolhedor em que podem ser vividos os âmbitos vitais da sexualidade, fecundidade, paternidade e maternidade, âmbitos delicados e vulneráveis e, por isso mesmo, necessitados de proteção.

O matrimônio em perspectiva cristã tem, por último, mais um aspecto, completamente determinante. No matrimônio, o amor está situado – e não em última análise – no horizonte de Deus. Isso não é uma adição piedosa, mas possui relevância existencial. Precisamente por se dar uma ética da relação tão elevada, poderá facilmente surgir um notório excesso de autoexigência, sobretudo se a relação estiver envolta numa aura de romantismo. Quem pretende oferecer à pessoa querida o céu na terra e espera dela a satisfação de todos os seus anseios e esperanças, fracassa inevitavelmente devido às duras realidades. Nem as tentativas reiteradas com novos parceiros nem a cínica negação da capacidade de amar do ser humano oferecem realmente uma saída para tal situação. Aliviadora e útil é, pelo contrário, a atitude fundamental da fé, que faz tudo o que é humanamente possível, mas esperando de Deus a salvação e a realização últimas. Esta atitude fundamental expressa-se concretamente na concepção católica do matrimônio como sacramento, como sinal eficaz do amor divino.

Não se trata de exaltar o matrimônio como se fosse um "artigo invendável". Contudo, nestas breves alusões podemos reconhecer desde já que grande potencial tem o matrimônio e até que ponto vale a pena refletir seriamente sobre a aventura do matrimônio, em vez de rejeitá-la de forma precipitada.

5 O matrimônio e a família para a sociedade

A sociedade, no seu conjunto, ganha com o matrimônio e com a família pelo menos tanto como os indivíduos. Esse ganho que a sociedade extrai da família começa pela reprodução biológica, sem a qual não existiria a sucessão das gerações, mas não fica de maneira nenhuma por aí. As famílias não só dão à luz as futuras "pessoas que aproveitam à sociedade"; mas, além disso, criam-nas, educam-nas, formam-nas e acompanham o seu caminho até à vida adulta. Outras instituições de acompanhamento, educação e formação só podem desempenhar, nesse sentido, um papel complementar e edificar sobre os alicerces colocados pela família. Ali onde falta uma família, a sociedade deve fazer um esforço considerável para compensar essa ausência. As tentativas de fazer com que a família, nesse sentido, seja prescindível para a sociedade, nunca tiveram êxito na história da humanidade. Obviamente, há que ponderar aquilo que, neste campo, se atribui às próprias famílias, e aquilo que reclama para si o conjunto da sociedade. As circunstâncias exteriores, as constrições objetivas, as mentalidades e os costumes arraigados desempenham nisso um papel importante. O aspecto da justiça de oportunidades será sempre aqui um motivo de peso para não se deixar a família sozinha nesta missão. Uma sociedade em que as oportunidades de futuro dos jovens dependem unicamente da família de origem gera grandes desigualdades. Todavia, quem, por outro lado, pensa que o Estado pode fazer muito melhor e de forma mais profissional tudo o que a família leva a cabo, engana-se no que diz respeito à importância da família e sobrecarrega com exigências excessivas as instituições estatais e a ação do Estado. A intervenção estatal na esfera da família tem sempre o caráter de uma medida de emergência, e a ação do Estado, neste âmbito, não deixa de ser uma tentativa de manipular algo com instrumentos inadequados. A única perspectiva razoável que se abre consiste em refletir e atuar em comum. O mais importante deve ser fomentar, apoiar e complementar as famílias nas funções que lhes são próprias e mantê-las em contato e diálogo tanto com outras famílias como com instituições formativas. Em vez de substituir as famílias, trata-se de procurar, na medida do possível, que se possam desenvolver, bem como as primeiras instituições educativas e formativas, e que os seus potenciais e recursos sejam aproveitados. Aqui não há lugar para uma política de tutelagem que tente impor um controle o mais férreo possível e dirigir as famílias da forma mais precisa possível para um ideal muito concreto de configuração da vida familiar. Na sua vida diária, as famílias devem conjugar muitíssimos requisitos, expectativas, necessidades, constrições, urgências e desejos. Para o conseguirem, precisam de dispor de uma certa margem de manobra para poderem abordar desta ou daquela maneira determinada situação. Se tudo estiver previamente estipulado, a família perderá imediatamente o rumo.

No entanto, a relevância da família do ponto de vista social não se esgota de maneira nenhuma no seu papel de instituição de "reprodução", educação e formação. Anteriormente já se pôs em destaque que a família também continua a ser importante para os adultos. A ideia equivalente, segundo a perspectiva social, é que, como microestrutura e aglutinante social, a família se revela completamente indispensável. A noção de que uma sociedade possa ser formada por indivíduos ultramóveis e flexíveis que, de modo provisório, se acopla, qual nave espacial, aqui, ali ou onde quer que seja, para pouco depois se transferirem para outro lugar, é completamente falsa. As pessoas precisam de estar ligadas; assim se explica que, precisamente numa sociedade tão ultracomplexa, móvel e flexível como a nossa, se incremente de modo especial a importância dos contrapesos para essas forças centrífugas. Precisamente quando há muita coisa a fluir na sociedade, a família, como ancoradouro e estável via de integração dos indivíduos, revela-se extremamente importante para garantir a estabilidade global e para propiciar o desenvolvimento adicional positivo da nossa sociedade. Nesse sentido, há que prestar atenção – e tomar em consideração – ao fato de que a família, apesar de todo o seu volume e do seu dinamismo próprio, não se opõe – nem levanta obstáculos – a uma mudança social orientada para o bem; pelo contrário, reforça essa mudança, além de lhe conferir durabilidade.

A partir de tal perspectiva, também é apropriado fixar o olhar na relevância social do matrimônio. Em certas ocasiões, é como se a sociedade e o próprio Estado tivessem de manter uma posição neutra em relação ao matrimônio, para não limitar indevidamente a livre-decisão do indivíduo. O matrimônio é considerado então, com agrado, como um assunto privado, que, portanto, também não deveria ter consequências fiscais. Do contrário, argumenta-se, outras formas de vida seriam prejudicadas e discriminadas. Será possível que para a sociedade seja igual que os seus membros tomem ou não decisões de tão profundas consequências individuais como contrair o matrimônio? No que diz respeito à estabilidade dos vínculos microssociais numa sociedade, ao matrimônio corresponde, cabalmente, uma importância muito considerável. Que duas pessoas se liguem entre si, assumam responsabilidade uma pela outra, se apoiem mutuamente, estejam abertas a procriar e, além disso, prometam mutuamente tudo isso de forma firme e solene, e por tudo o que é sagrado para elas, só poderá ser de considerável benefício para o desenvolvimento positivo de uma sociedade. Assim, existem, na verdade, boas razões para promover o matrimônio, razões que não têm absolutamente nada a ver com um mero apego às convenções tradicionais. Nesse sentido, o matrimônio é menosprezado com demasiada frequência. O papel central que ocupa na sociedade só se evidencia quando se considera aquilo que matrimônios e famílias realizam no âmbito do cuidado de cônjuges, progenitores e outros familiares. Nesse âmbito, também seria inevitável a sobrecarga das instituições sociais e estatais, se pretendêssemos substituir ou redefinir os casais unidos pelo matrimônio e as famílias.

6 O matrimônio e a família para a Igreja

Neste contexto, merece especial consideração a relevância do matrimônio e da família para a Igreja. Já se chamou a atenção para a privilegiada condição da família como âmbito de transmissão da fé. No entanto, o primeiro cunho religioso que as crianças recebem na família não se pode reduzir ao intelectivo, como se de uma instrução catequética se tratasse. A família é o âmbito em que a criança desenvolve a confiança primigênia (*Urvertrauen*), vive as primeiras e fundamentais experiências configuradoras, formula as suas primeiras perguntas sobre o sentido da vida; regra geral, a família continua a ser, ao longo de toda a vida, o âmbito da ilimitada aceitação e ligação pessoal. Além disso, a família é o contexto em que se praticam a práxis da fé e os rituais religiosos da vida diária, como, por exemplo, a oração e a bênção. Nela se celebram as festas cristãs, inclusive depois da infância. Além disso, porém, certas interrogações que se levantam frente a experiências associadas à doença, ao sofrimento, à morte e ao luto têm lugar, de modo muito especial, na família. Assim, entre a família e a religião existe uma grande multiplicidade de relações, o que faz da família um interlocutor de primeira ordem para a Igreja. Nessa perspectiva, a fé desdobra-se no concurso de família e Igreja.

No entanto, quando se tem de falar de assuntos religiosos, hoje em dia os pais e as mães sentem-se, de fato, muitas vezes ultrapassados. Gostariam de oferecer aos seus filhos, que crescem numa sociedade complexa e plural, orientações fundamentais para o caminho, mas com bastante frequência eles próprios se sentem inseguros no campo da orientação religiosa, pelo que costumam calar-se sobre esse assunto ou confiam que esse aspecto da educação será assumido com maior intensidade por instituições de apoio à família, como creches e escolas, bem como pela paróquia. Nesse sentido, seria desejável um diálogo mais profundo com os pais e as mães, em que se sondasse de que modo se podem integrar aqui os potenciais da família.

Estas reflexões gerais sobre família e Igreja são claramente completadas e aprofundadas, mais uma vez, quando se considera a relação entre matrimônio e Igreja. Para a Igreja Católica, o matrimônio é um sacramento. Isso significa, por um lado, que ela reconhece ao matrimônio um nível teológico especial e que crê e testemunha que no matrimônio se faz presente, de modo eficaz, a graça divina. Mas também implica, por outro lado, que a Igreja, em si mesma, sabe estar profundamente ligada ao matrimônio.

Os cônjuges cristãos vivem num afetuoso vínculo mútuo aquilo que constitui o encargo e a vida da Igreja como um todo: ser sinal da presença amorosa de Deus entre os seres humanos. Ali onde um casal cristão se esforça por conseguir que a sua relação seja harmoniosa; ali onde os cônjuges, atravessando as inclemências da vida, se encontram sem cessar com amor e carinho, aí não só irradiam, como casal, algo profundamente animador, do ponto de vista humano, mas também a Igreja, toda a comunidade dos crentes, à qual eles pertencem e na qual estão integrados, se torna um pouco mais "sal da terra" e "uma cidade sobre o monte", cuja luz não fica escondida. Assim se torna patente aquilo que significa serem os sacramentos as realizações vitais da Igreja. É óbvio que, por essa razão, a Igreja mantém uma relação muito especial com o matrimônio. Para ela deve ser um objetivo fundamental que o matrimônio seja protegido, cuidado, honrado, mas sobretudo vivido. Em todo o caso, o êxito do matrimônio sacramental cristão não está previamente assegurado. Tanto mais importante deve ser para a Igreja, portanto, defender certas condições fundamentais que propiciem esse êxito.

O matrimônio e a família não são, para a Igreja, estruturas sociais arbitrárias. Também não são costumes a que as pessoas se apegaram afetivamente e dos quais lhes custa separarem-se. Fazem parte da Igreja e, ao mesmo tempo, constituem um contraponto indispensável à mesma. De certo modo, pertencem ao *depositum fidei*, ao depósito da fé.

7 Perspectivas

Nesta reflexão de tipo panorâmico – que, por conseguinte, muitas vezes se tem tido, de manter num plano geral – evidenciou-se, de forma inequívoca, que o matrimônio e a família têm uma importância capital tanto para o indivíduo como para a sociedade no seu conjunto. Pelo menos duas consequências fundamentais que derivam de tais constatações devem ser mencionadas aqui.

Bens tão elevados e inegáveis como a família e o matrimônio merecem todos os nossos esforços em prol da sua proteção e promoção. Os problemas, os aspectos críticos, as ameaças e as dificuldades que o matrimônio e a família vivem nas sociedades do século XXI são numerosos e são mencionados com tanta frequência nos debates, que não é necessário repeti-los aqui. No entanto, tendo em vista as funções de apoio do matrimônio e da família, no edifício da convivência humana, a solução para estes problemas não pode consistir em procurar outras estruturas completamente distintas. Não há muito tempo que em numerosas publicações de ciências sociais se falava da morte iminente da família – de forma demasiado precipitada, como mais tarde se demonstraria. Declarar hoje o matrimônio modelo descontinuado é, pelo menos, igualmente precipitado. Além disso, tendo em conta, sobretudo, os problemas e os fenômenos de crise que rodeiam o matrimônio e a família, é necessário, antes, um processo de reflexão de toda a sociedade sobre o que se poderá fazer a longo prazo em múltiplos planos, a fim de favorecer a estabilização do matrimônio e da família. Nesse sentido, há que ter especialmente em conta que o matrimônio e a família são considerados, de fato, realidades autônomas com a sua própria dinâmica e as suas próprias realizações vitais. O fato de o matrimônio e a família contribuírem tanto para a sociedade faz com que, muitas vezes, outros atores sociais selecionem os contributos da família que lhes são úteis e tentem instrumentalizar a família sob esse aspecto. Porém, quer queiramos quer não, a família não existe apenas como mediadora laboral para o mercado de trabalho, como consumidora com necessidades acrescentadas ou como compensação em tempos livres para trabalhadores e trabalhadoras sujeitos a estresse. É necessário, antes, um debate sincero sobre aquilo de que as famílias precisam realmente para si, e é evidente que tal debate não se pode realizar à margem das próprias famílias.

Contudo, a segunda consequência derivada das reflexões anteriores é a seguinte: na medida em que à família e também ao matrimônio cabe essa importância especial que acabamos de delinear, os anúncios de crise, os cânticos fúnebres e, sobretudo, os cenários apocalípticos de decadência, são demasiado míopes e pessimistas, pois não têm em conta que as pessoas anseiam precisamente por aquilo que o matrimônio e a família – quando funcionam bem – oferecem. Isso não significa, naturalmente, que seja possível fechar os olhos frente aos problemas. Nem que se possa abandonar tranquilamente o matrimônio e a família à sua sorte. Os cônjuges e as famílias precisam de reconhecimento e de apoio enérgico. No entanto, sem dúvida nenhuma, ainda devemos esperar da família uma certa resistência, longevidade e capacidade de adaptação a realidades sociais transformadas. Por isso, o matrimônio e a família conservarão, essencialmente, a sua importância. Com base nessa confiança será possível continuar a construir sempre, desde que apoiemos e fortaleçamos as famílias.

9

A família como célula germinal para a renovação da fé*

Ralph Weimann

"As famílias são o banco de provas da pastoral e a urgência da nova evangelização": assim termina o discurso pronunciado por Walter Kasper diante do consistório (KASPER, 2014: 76). Com esta afirmação associam-se não só os grandes desafios pelos quais será avaliado o Sínodo, mas sobretudo um estabelecimento de bases que será importante para o futuro da sociedade e da Igreja. Ao convocar um sínodo extraordinário (2014) sobre o tema "Os desafios pastorais da família no contexto da evangelização", o desejo do Papa Francisco é que, durante o processo sinodal, se formulem so-

---

* "Die Familie als Keimzelle für die Erneuerung des Glaubens". In: AUGUSTIN, G. & PROFT, I. (orgs.). *Ehe und Familie* – Wege zum Gelingen aus katholischer Perspektive. Friburgo: Herder, 2014, p. 465-477.

luções para os desafios atuais e se proponham sugestões a esse respeito. Na sua homilia durante a canonização de João XXIII e João Paulo II, o pontífice argentino fez uma afirmação que também terá repercussões no processo sinodal, a saber: "Neste serviço prestado ao povo de Deus, São João Paulo II foi *o papa da família*. Ele próprio disse, certo dia, que assim gostaria de ser recordado, como o papa da família. Gosto de sublinhá-lo agora que estamos a viver um caminho sinodal sobre a família e com as famílias, um caminho que ele, lá do céu, certamente acompanha e sustenta" (FRANCISCO, *Homilia*, 27/04/2014). Certamente isto não acontecerá apenas "lá do céu", mas também graças à herança teológica que João Paulo II nos deixou com a chamada "teologia do corpo"[14].

1 A família, desfavorecida na política social

A família está atravessando uma profunda crise cultural[15], que cada vez se manifesta com maior clareza, sobretudo tendo em conta que no mundo ocidental já dura há várias décadas. Isso torna-se patente com especial evidência no desenvolvimento demográfico, que revela uma mentalidade hostil à procriação, subjacente à qual se encontra a ideologia do controle populacional (cf. PONTIFÍCIO CONSELHO PARA A FAMÍLIA, 1994: 88). As taxas de natalidade na Alemanha, que são baixas desde há muito tempo, ameaçam seriamente o "contrato geracional".

Entretanto, já se fala de uma injustiça estrutural, visto que, sobretudo, as pessoas sem filhos supõem uma carga para a caixa

---

14 Uma boa visão de conjunto sobre o tema pode ler-se em WEST, 2007.
15 De 26 de setembro a 25 de outubro de 1980 realizou-se, em Roma, um sínodo sobre "A família cristã". Na Exortação Apostólica *Familiaris Consortio*, resultante desse sínodo, João Paulo II alude às profundas e abrangentes mudanças da cultura e da sociedade, que também se repercutem na família (cf. FC 1): Tais transformações estão associadas a uma profunda crise cultural, de natureza complexa, que afeta os fundamentos do saber e da ética. A consciência moral fica obscurecida e a diferença entre o bem e o mal é cada vez mais abandonada, o que faz com que se ponham em questão os valores básicos (cf. *EV* 11 e 58).

de pensões e que o sistema de pensões se aproveita das famílias (cf. SIEMS, 2014). Stefan Fuchs chamou a atenção para o fato de que uma geração jovem cada vez mais reduzida tem de suportar as cargas dos cuidados e do sustento de uma geração idosa cada vez mais numerosa e longeva (cf. FUCHS, 2014: 343-351). Apesar desse desequilíbrio, que sugere a acutilante necessidade de atuação por parte dos políticos, em muitos países, a família, longe de ser fomentada pela política, vê a sua posição social minada por redefinições. Na Alemanha, por exemplo, o Ministério Federal da Família, Idosos, Mulheres e Jovens orienta-se segundo um "vasto conceito de família" que, seguindo Karl Lenz, apresenta a seguinte definição: "Como traço constitutivo da família devemos considerar a união de duas ou mais gerações ligadas umas às outras e que mantêm entre si uma especial relação pessoal, que inclui os papéis de 'pais' e 'filho' e que pode ser denominada, portanto, relação pais-filho"[16]. Essa definição – que, como reconhece o dito ministério, tem por base o chamado *gender mainstreaming* [transversalização da perspectiva de gênero] – não só põe em questão a família, mas sobretudo deve ser considerada um ataque aos valores e fundamentos constitutivos da família. Gabriele Kuby investigou a fundo essa problemática, mostrando e analisando tanto a sua implementação como as suas consequências políticas (cf. KUBY, 2012: 149-173). O conceito de *gender mainstreaming* revela-se equívoco para numerosos cidadãos; não se trata da mera equiparação de mulheres e homens, mas da "'desconstrução' da ordem hierárquica bipolar dos gêneros com o fim de chegar a uma diversidade de gêneros com o mesmo valor e direitos idênticos" (cf. KUBY, 2012: 150). Com isso, qualquer comportamento não heterossexual pode ser qualificado como legítimo e normal (cf. KUBY, 2011: 56-63), processo que entretanto avançou muito, como ilustra o fato de o Facebook distinguir 58

---

[16] MINISTÉRIO FEDERAL ALEMÃO DA FAMÍLIA, DOS IDOSOS, DAS MULHERES E DOS JOVENS. "Gender-Daten-report Stand 2005" [disponível em: http://www.bmfsfj.de/doku/Publikationen/genderreport/4-Familien-und-lebensformen-von-frauenund-maennern/4–1-einleitung.html – Acesso: 09/03/2015].

gêneros entre aqueles que uma pessoa pode escolher ao abrir a sua conta. O governo federal alemão fixou como princípio orientador a estratégia política do *gender mainstreaming*, caminho que também seguiram numerosos governos europeus[17].

A profunda crise cultural que a família atravessa está intimamente ligada ao *gender mainstreaming*. Se a família está em crise, também o está a sociedade, pois a família é a célula germinal da sociedade. O mesmo se pode dizer em relação à fé e à transmissão da fé, visto que a família – que o Concílio Vaticano II também denomina "Igreja doméstica" (cf. LG 11) – é uma comunidade de fé, esperança e amor, a realização da comunidade eclesial. Tanto mais necessária será, por isso, uma pastoral familiar que proporcione à família ajuda bem ponderada, visto que, "em todas as culturas da história da humanidade, a família é o caminho normal da pessoa. Também hoje muitos jovens procuram a felicidade numa família estável" (KASPER, 2014: 12). João Paulo II, já em 1981, fez seu esse objetivo, afirmando com palavras proféticas: "O futuro da humanidade forja-se na família" (FC 86). Ao êxito da pastoral familiar também está associado o caminho para o futuro da fé.

2 O "efeito Francisco"

Uma característica essencial do chamado "efeito Francisco" radica no elemento missionário. Aquilo que o papa pretende é que vençamos a nossa comodidade, que tomemos a iniciativa e anunciemos por toda a parte a luz do Evangelho: o papa gostaria de colocar a Igreja em "estado de missão permanente" (EG 25). Desse modo, Francisco faz sua uma aspiração que já Paulo VI tivera (cf. EN), que João Paulo II glosou como "nova evangelização" (cf. CL) e que Bento

---

17 Vários estudos, como o *Machbarkeitsstudie Gender Budgeting auf Bundesebene*, mostram o empenho com que se impulsiona a difusão do *gender mainstreaming*.

XVI perseguiu com particular interesse (cf. PF)[18]. Daí que Francisco critique severamente o funcionalismo que sobrecarrega a fé com planejamentos, estatísticas e avaliações, ou que a delimita e sufoca mediante outras "mundanidades" (EG 97). Através do papa argentino, uma autocompreensão missionária da fé, muito difundida na América Latina, passa a ocupar cada vez mais o centro da pregação da Igreja universal, acabando por revelar a sua eficácia na própria Europa. Isso chegará a ser tanto mais necessário quanto mais se minar a autocompreensão da família e quanto mais rejeição e oposição encontrar o ideal de família cristã. Estatísticas, planejamentos, avaliações ou mesmo uma espera passiva são paralisantes e podem revelar-se até letais numa época tão agitada como a nossa. Daí que seja necessário um ressurgimento missionário, que João Paulo II, de olhar fixo na família, caracteriza com as seguintes palavras: "Também cabe aos cristãos o dever de anunciar com alegria e convicção a 'boa-nova' sobre a família, que tem absoluta necessidade de escutar sempre de novo e de entender cada vez melhor as palavras autênticas que lhe revelam a sua identidade, os seus recursos interiores, a importância da sua missão na cidade dos homens e na cidade de Deus" (FC 86). A Igreja, que se entende a si mesma como família da fé, é, em virtude da sua autocompreensão, advogada da família. Frente à assembleia plenária do Conselho Pontifício para a Família, o Papa Francisco sublinhou este aspecto. A família é o lugar onde se aprende a amar, o centro natural da vida humana. O papa acrescenta: "A 'boa notícia' da família constitui uma parte muito importante da evangelização, que os cristãos podem comunicar a todos, mediante o seu testemunho de vida; e já o fazem, como é evidente nas sociedades secularizadas: as famílias verdadeiramente cristãs reconhecem-se pela fidelidade, pela paciência, pela abertura à vida, pelo respeito pelos idosos..." (FRANCISCO, *Discurso*, 25/10/2013). Este conhecimento, conjugado com

---

18 Com este propósito, Bento XVI convocou o "Ano da Fé" e fundou *ex professo* um "Conselho Pontifício para a Promoção da Nova Evangelização".

um empenho missionário em prol da família, revelará, sem dúvida nenhuma, a sua força.

3 A imagem cristã da família

A influência do *gender mainstreaming* sacudiu a autocompreensão da família e também a imagem do ser humano. Romano Guardini já se precatava desse desenvolvimento na década de 1920, atribuindo-o ao predomínio de uma mentalidade técnica, que determina cada vez mais o pensamento. Cria-se uma ordem artificial em que todos se encaixam e em que tudo é factível; manifesta-se um processo de emancipação da natureza e de toda a ordem previamente dada (cf. GUARDINI, 1990: 18-31). Entretanto, esse processo avançou de modo considerável e também se repercute na imagem da família; assim, a política define a família atendendo primordialmente à sua função[19]. Além disso, o cada vez maior número de uniões de fato dificulta que se chegue a uma compreensão mais profunda do matrimônio e da família[20].

Disso se distingue claramente a imagem cristã da família, que parte de uma concepção decorrente da teologia da criação. Segundo esta, o ser humano é criado homem e mulher (cf. Gn 1,27); e o

---

19 O Gabinete Federal de Estatística da Alemanha define a família a partir de uma concepção funcional: "Em sentido estatístico, a família abarca, no microcenso – ao contrário de antigamente – todas as comunidades de pais e filhos, ou seja, casais unidos pelo matrimônio e uniões não matrimoniais, tanto hétero como homossexuais, mas também as mães e os pais solteiros que criam sozinhos os seus filhos não casados que residem no lar familiar. Além dos filhos biológicos, neste conceito de família incluem-se enteados, crianças acolhidas e filhos adotivos sem limite de idade. Por conseguinte, uma família, em sentido estatístico, é sempre formada por duas gerações (regra das duas gerações): pelos progenitores ou por um deles e pelos filhos que residem no lar familiar" (cf. GABINETE FEDERAL DE ESTATÍSTICA DA ALEMANHA, 2015).

20 O Conselho Pontifício para a Família (MFUF 12) descreve esta problemática com as seguintes palavras: "O Concílio Vaticano II refere que o chamado amor livre (*amore sic dicto libero*) constitui um fator dissolvente e destruidor do matrimônio, visto carecer do elemento constitutivo do amor conjugal, que se funda no consentimento pessoal e irrevogável pelo qual os esposos se dão e se recebem mutuamente".

homem e a mulher tornam-se um pelo matrimônio, de tal modo que a partir daí: "O que Deus uniu, não o separe o homem" (Mt 19,6). Na discussão de Jesus com os fariseus sobre o matrimônio, precisamente a ideia de indissolubilidade gera discrepâncias, de tal modo que o Senhor acrescenta: "Por causa da dureza do vosso coração, Moisés permitiu que repudiásseis as vossas mulheres; mas, ao princípio, não foi assim" (Mt 19,8). Sem entrar aqui na controvérsia sobre os fiéis divorciados e recasados, torna-se patente que a aliança matrimonial implica fidelidade inquebrantável, sendo comparada com a relação de Cristo com a Igreja (cf. Ef 5,32) e conduz à santificação recíproca e à fecundidade do casal. Do consórcio matrimonial procede a família, "em que nascem novos cidadãos da sociedade humana, que, pela graça do Espírito Santo, são constituídos, pelo Batismo, em filhos de Deus, que perpetuarão, através dos tempos, o povo de Deus" (LG 11). O *Catecismo da Igreja Católica* descreve a natureza da família do seguinte modo: "Um homem e uma mulher, unidos em matrimônio, formam com os seus filhos uma família. Esta disposição precede todo e qualquer reconhecimento por parte da autoridade pública e impõe-se a ela. Deverá ser considerada como a referência normal, em função da qual serão apreciadas as diversas formas de parentesco" (CIC 2202). O matrimônio como *conditio sine qua non* da família é uma "instituição natural", cujos elementos fundamentais podem ser conhecidos fazendo uso do entendimento, independentemente de todas as culturas[21]. O grande desafio para os próximos anos radica em promover uma pastoral familiar inseparavelmente associada à pastoral matrimonial[22]. Em todo o caso, há

---

21 A este respeito, escreve João Paulo II: "Não se pode negar que o homem existe sempre numa cultura concreta, mas também não se pode negar que o homem não se esgota nessa mesma cultura. Por outro lado, o próprio progresso das culturas demonstra que no homem existe algo que as transcende. Esse algo é, precisamente, a natureza do homem: tal natureza é, precisamente, a medida da cultura, sendo a condição para que o homem não fique prisioneiro de nenhuma das suas culturas, mas defenda a sua dignidade pessoal, vivendo de acordo com a verdade profunda do seu ser" (VS 53).

22 Nisso, muito dependerá de uma boa preparação para o matrimônio. Com esse objetivo, o Conselho Pontifício para a Família elaborou um folheto orientador, pouco conhecido,

que excluir de antemão dois mal-entendidos muito difundidos: por um lado, a ideia de que se trata meramente de uma imagem ideal de família, mas que a realidade é muito diferente; por outro lado, a tentativa de equiparar a realidade da família cristã ao esforço moral dos cônjuges. Do contrário, como refere Carlo Caffarra, a realidade da família cristã só existiria onde os cônjuges cristãos vivam plenamente em conformidade com esse ideal; desse modo, a família cristã seria de fato irreal ou, na melhor das hipóteses, uma idealização (cf. CAFFARRA, 2006: 286). O evangelho da família mostra aos seres humanos de todas as épocas um caminho transitável, que nem sempre é simples, mas que conduz seguramente à meta. A "teologia do corpo" difundida por João Paulo II pode servir de chave para redescobrir o plano do amor divino na família e através da família, e para torná-lo compreensível com a ajuda de um vocabulário adequado (cf. FEDORYKA, 2012: 349-362). Assim, fazendo nossas, mais uma vez, as palavras do Papa Francisco, a boa-nova da família converter-se-á numa parte importante da evangelização.

4 A fé como luz para a família

A fé vivida exerce uma grande atração, o que torna possível mover montanhas (cf. Mt 17,20). Isso também se repercute na família, visto que a fé enobrece a pessoa. Descreveremos seguidamente três dimensões da fé que, todas juntas, caracterizam a família cristã e em relação às quais se deve avaliar a pastoral familiar.

a) *Família e relação com Deus*

O Papa Francisco definiu a fé como "a resposta a uma palavra que interpela pessoalmente, a um Tu que nos chama pelo nosso nome" (LF 8). A fé é precedida pelo chamamento de Deus, pela

---

mas que se pode revelar de grande utilidade para os contraentes. Nele se apresentam propostas concretas para preparar, em três passos, os contraentes para a recepção do sacramento (cf. CONSELHO PONTIFÍCIO PARA A FAMÍLIA, 1996).

escuta da sua voz. Caracteriza-se pelo encontro com Deus, que é o fator fundamental. Se se pretende que a família seja célula germinal para a renovação da fé, então a família deve ser capaz de responder ao chamamento de Deus e de desenvolver (de novo) a capacidade de se relacionar com Deus.

A relação com Deus surge primordialmente através da oração, pela qual se entra em contato com o Deus vivo. Por isso, a *Familiaris Consortio* sublinha a importância da educação na oração: "Elemento fundamental e insubstituível da educação na oração é o exemplo concreto, o testemunho vivo dos pais; só orando juntamente com os filhos, o pai e a mãe, enquanto exercem o seu próprio sacerdócio real, calam profundamente no coração dos seus filhos, deixando marcas que os acontecimentos posteriores da vida não conseguirão apagar" (FC 60). Nos debates sobre a família não se pode ignorar nem menosprezar este elemento essencial. De fato, o primeiro e mais importante meio para que as famílias se possam converter em células germinais para a renovação da fé é o encontro com o Deus vivo, na oração. No entanto, a oração em comum tornou-se difícil para muitas famílias; as pessoas "não se atrevem" a fazê-la, algumas até se envergonham de rezar juntas, situação muitas vezes relacionada com a ausência de uma experiência profunda de oração pessoal. O Papa Francisco tem destacado esse aspecto e, na homilia da missa de encerramento da peregrinação das famílias do mundo inteiro a Roma, durante o Ano da Fé, perguntou às famílias presentes:

> Vocês rezam alguma vez em família? [...] Mas como se faz para rezar em família? Pois parece que a oração é uma coisa pessoal e, além disso, nunca se encontra o momento oportuno, tranquilo, em família... Sim, é verdade, mas também é uma questão de humildade, de reconhecer que temos necessidade de Deus, como o publicano. E todas as nossas famílias têm necessidade de Deus: todos nós, todos nós. Necessidade da sua ajuda, da sua força, da sua bênção, da sua misericórdia, do seu perdão. E é necessária a simplicidade. Rezar juntos o Pai-nosso, à volta da mesa, não é uma coisa extraordinária: é fácil. E rezar juntos o terço, em família, é muito bo-

nito, dá muita força. E também rezar uns pelos outros: o marido pela esposa, a esposa pelo marido, os dois pelos filhos, os filhos pelos pais, pelos avós... Rezar uns pelos outros. Isso é rezar em família, e isso fortalece a família, a oração (FRANCISCO, *Homilia*, 27/10/2013).

Daí que se deva acolher com satisfação e fomentar iniciativas que animem e conduzam as famílias para a oração, para o encontro com Deus, pois não é a estrutura que salva, mas o encontro com o Deus vivo. Nisso compete aos sacerdotes uma missão especial, que o Papa Paulo VI, na Encíclica *Humanae Vitae*, descreve com as seguintes palavras: "Vós sois, por vocação, os conselheiros e os diretores espirituais das pessoas e das famílias" (HV 28). E depois de apelar à obediência e à fidelidade à doutrina da Igreja, acrescenta: "Ensinai aos esposos o caminho necessário da oração, preparai-os para que acudam com frequência e com fé aos sacramentos da Eucaristia e da Penitência, sem nunca se deixarem desalentar pela sua debilidade" (HV 29). De olhar fixo no processo sinodal, semelhante ensinamento – que nas últimas décadas se tem descuidado, como já foi indicado pela *Familiaris Consortio* – revela-se prioritário[23]. Com efeito, "Cristo é a luz das nações" (cf. LG 1), que inclusive no meio da escuridão e das dificuldades mostra o caminho, consola, cura e renova.

b) *Família e profissão de fé*

A oração é *o* elemento essencial para viver a fé, mas insere-se no contexto mais vasto da fé. Os questionários recompilados na fase preparatória do Sínodo extraordinário puseram em destaque, de modo alarmante, quão pouco se sabe sobre a fé, que, por conseguinte, não pode ser entendida nem vivida. A relação entre "conhecer" e "viver" tem uma importância decisiva. Inclusive cristãos

---

23 A este respeito, cf., em linhas gerais, os caps. II-IV da quarta parte sobre a pastoral familiar. Primeiro, mostram-se as "estruturas da pastoral familiar" (cap. II); depois, fala-se dos "agentes da pastoral familiar" (cap. III); e, por último, dão-se indicações para uma "pastoral familiar nos casos difíceis" (cap. IV) (cf. FC 65-85). O Conselho Pontifício para a Família também sublinhou a importância da catequese familiar, que é insubstituível (cf. MFUF 45).

praticantes muitas vezes já não conhecem os dez mandamentos, para não falar dos mandamentos da Igreja. Referindo-nos agora ao Credo, não estamos pensando num conhecimento da fé meramente abstrato, mas na certeza do encontro com Deus. A fé proporciona a condição prévia para o mesmo, pelo que é necessária para a salvação (cf. 1Pd 1,5). "É a fé que nos permite reconhecer Cristo" (PF 14); por conseguinte, conhecer a fé significa conhecer Cristo. Essa relação deveria ser elevada de novo ao nível da consciência, a fim de que todos os cristãos tenham presente a profunda responsabilidade que lhes compete nesta hora histórica, tendo em conta a "profunda crise de fé que afeta muita gente" (PF 2). O que foi dito aplica-se de modo especial à família, à Igreja doméstica. O "Ano da Fé" foi guiado pelo objetivo principal de voltarmos a abrir a porta da fé, a redescobrir o caminho da fé, a reencontrar o gosto pela Palavra de Deus transmitida e – segundo as palavras de Paulo VI – chegarmos a um conhecimento exato da fé, "a fim de reanimá-la, purificá-la, confirmá-la e confessá-la" (apud PF 4). O conhecimento da fé possibilita que as famílias respondam cabalmente, com convicção e determinação, à chamada de Deus, tendo em conta uma falsa "mundanidade", contra a qual Francisco nos adverte sem cessar (cf. EN 93-97). Deve ser esse o critério de avaliação da pastoral orientada segundo o *Catecismo da Igreja Católica*, que João Paulo II qualificou como "norma segura para o ensinamento da fé" e como "instrumento válido e autorizado ao serviço da comunhão eclesial" (FD). Neste lugar não é necessário traçar propostas concretas para uma pastoral familiar; basta mostrar o âmbito geral em que se podem desenvolver.

c) Família e testemunho

Ser cristão está inseparavelmente ligado a "dar testemunho". Jesus Cristo afirma, em relação a si mesmo, que veio ao mundo para dar testemunho da verdade (cf. Jo 18,37); isso aplica-se, de igual modo, a todo o cristão. O Espírito Santo é enviado para que os apóstolos sejam suas testemunhas até aos confins da terra (cf. At 1,8). Pelo Batismo, todo o cristão é tornado participante dessa missão, incluindo as famílias cristãs. Estas convertem-se em células germinais para a renovação da fé, se cultivam uma profunda relação com Deus, se fazem uma profissão de fé fundamental e se a subscrevem mediante o seu testemunho de vida. Assim, pois, seguem o chamamento de Cristo e anunciam a luz do Evangelho (cf. EG 20).

Compete à Igreja a importante missão de oferecer às famílias os recursos necessários, acompanhando-as e não as deixando sozinhas, sobretudo em situações difíceis ou supostamente sem saída. Em 1979, na Irlanda, João Paulo II dirigiu-se às famílias e disse-lhes: "O futuro da Igreja e da humanidade dependem, na sua maior parte, dos pais e da vida familiar que se desenvolve nos seus lares. A família é a verdadeira medida da grandeza de uma nação, tal como a dignidade do ser humano é a verdadeira medida da civilização" (apud JOÃO PAULO II, 1985: 7). Tal critério é de uma atualidade permanente, visto que uma nação que não fomenta nem respeita a família se revela interiormente enferma e deteriorada. Joseph Ratzinger soube expô-lo com grande clareza quando escreveu: "Da salvação das famílias depende a capacidade de paz de um povo. Se a família já não medeia entre o homem e a mulher, entre velhos e jovens, as relações fundamentais das pessoas transformam-se numa luta de todos contra todos" (RATZINGER, 2010: 489). Daí que seja necessário ajudar preferencialmente aquelas famílias que já empreenderam a caminhada para viver o evangelho da família e que o fazem não só com palavras, mas mediante o seu testemunho pessoal (MFUF 40s.). Numa época cada vez menos pacífica e em que aumenta o anseio pela verdadeira paz e harmonia, as famílias cristãs podem e devem converter-se em sal da terra (cf. Mt 5,13) e luz do mundo (cf. Mt 5,14) e dar testemunho da esperança da qual foram cumuladas (cf. 1Pd 3,15).

Referências

CAFFARRA, C. (2006). *Creati per amare*. Siena.

CONSELHO PONTIFÍCIO PARA A FAMÍLIA (1996). *Preparação para o Sacramento do Matrimônio* [disponível em: http://www.vatican.va/roman_curia/pontifical_councils/family/documents/rc_pc_family_doc_13051996_preparation-for-marriage_po.html].

_____ (1994). *Desenvolvimentos demográficos: suas dimensões éticas e pastorais* – Instrumentum laboris. Cidade do Vaticano: Libreria Editrice Vaticana.

FEDORYKA, M. (2012). "The Family: At the heart of John Paul II's theology of the body". In: BARRAJÓN, P. (org.). *La teologia del corpo di Giovanni Paolo II*. Roma, p. 349-362.

FRANCISCO. *Homilia do Segundo Domingo da Páscoa*, 27/04/2014 [disponível em: http://w2.vatican.va/content/francesco/pt/homilies/ 2014/documents/papa-francesco_20140427_omelia-canonizzazioni.html – Acesso: 09/03/2015].

_____. *Homilia no Dia das Famílias*, 27/10/2013 [disponível em: http://w2.vatican.va/content/francesco/pt/homilies/2013/documents/papa-francesco_20131027_ omelia-pellegrinaggio-famiglia.html – Acesso: 09/03/2015].

_____. *Discurso aos participantes na assembleia plenária do Conselho Pontifício para a Família*, 25/10/2013 [disponível em: http://w2.vatican.va/content/francesco/pt/speeches/2013/october/documents/papa-francesco_20131025_plenaria-famiglia.html – Acesso: 09/03/2015].

FUCHS, S. (2014). *Gesellschaft ohne Kinder* – Woran die neue Familienpolitik scheitert. Wiesbaden.

GABINETE FEDERAL DE ESTATÍSTICA DA ALEMANHA (2015). *Begriffserläuterungen für den Bereich Migration und Integration "Familien"* [disponível em: https://www.destatis.de/DE/ZahlenFakten/GesellschaftStaat/Bevoelkerung/MigrationIntegration/Migrationshintergrund/Begriffserlaeuterungen/Familien.html;jsessionid=F79E3327EAF489D2F14C4504E060A060.cae3 – Acesso: 09/03/2015].

GUARDINI, R. (1990). *Die Technik und der Mensch*. 2. ed. Mainz.

JOÃO PAULO II. (1985). *Die Familie* – Zukunft der Menschheit, Aussagen zu Ehe und Familie 1978-1984. Vol. 3. Vallendar/Schönstatt.

KASPER, W. (2014). *El evangelio de la familia*. Santander: Sal Terrae [trad. port.: *O evangelho da família*. Prior Velho: Paulinas, 2014].

KUBY, G. (2012). *Die globale sexuelle Revolution* – Zerstörung der Freiheit im Namen der Freiheit. Kisslegg.

_____ (2011). *Die Gender Revolution* – Relativismus in Aktion. 5. ed. Kisslegg.

MINISTÉRIO FEDERAL ALEMÃO PARA FAMÍLIA, IDOSOS, MULHERES E JOVENS. *Gender-Daten-report Stand 2005* [disponível em: http://www.bmfsfj.de/doku/Publikationen/genderreport/4-Familien-und--lebensformen-von-frauen-und-maennern/4—1-einleitung.html – Acesso: 09/03/2015].

_____. *Machbarkeitsstudie Gender Budgeting auf Bundesebene* [disponível em: www.bmfsfj.de/RedaktionBMFSFJ/Abteilung4/Pdf-Anlagen/machbarkeitsstudie-gender-budgetingpdf,property=pdf,bereich=bmfsfj,sprache=de,rwb=true.pdf – Acesso: 09/03/2015].

RATZINGER, J. (2010). "Diener eurer Freude". In: *Gesammelte Schriften*. vol. 12. Friburgo: Herder.

SIEMS, D. (2014). Das deutsche Rentensystem beutet die Familien aus. *Welt*, 17/01/2014 [disponível em: www.welt.de/wirtschaft/article123932260/Das-deutsche-Rentensystem-beutet-die-Familien-aus.html – Acesso: 09/03/2015].

WEST, C. (2007). *Theology of the Body Explained* – A commentary on John Paul II's man and woman He created them. Boston.

III
Matrimônio e família
Desafios pastorais

10
Cinco recordatórios segundo a perspectiva do agente de pastoral

Sobre a pastoral dos fiéis
divorciados e recasados, civilmente*

Christoph Schönborn

Como cristãos, somos animados a aproximar-nos dos mais pobres dos pobres. O Concílio requer que prestemos atenção aos mais pobres, sobretudo na cura de almas, nas paróquias. Os mais pobres não são apenas aqueles que carecem de meios de subsistên-

---

* "Fünf Aufmerksamkeiten aus der Perspektive des Seelsorgers. Zur Pastoral für wiederverheiratete Geschiedene". In: AUGUSTIN, G. & PROFT, I. (orgs.). *Ehe und Familie – Wege zum Gelingen aus katholischer Perspektive*. Friburgo: Herder, 2014, p. 367-376.

cia ou que são excluídos, mas também os que fracassaram no amor, que tiveram problemas numa relação amorosa iniciada ou que viram desmoronar-se o lar que tinham construído. Nas nossas paróquias há muitos fiéis divorciados que voltaram a se casar pelo civil (para o que se segue, cf. SCHÖNBORN, 2011: 144-157): participam em diversos grupos, colaboram de forma ativa na preparação dos sacramentos, envolvem-se em atividades caritativas, assistem à Eucaristia e gostariam de comungar. Para muitas dessas pessoas constitui uma necessidade adicional dar o exemplo aos seus filhos. Isso levanta um problema difícil a numerosos agentes de pastoral: Como podemos ajudar com espírito misericordioso aqueles que tantas vezes têm o coração despedaçado e desejam construir uma vida com mais amor do que a anterior?

Nas exéquias do presidente federal austríaco, Thomas Klestil, abordei o dilema frente ao qual numerosas pessoas se encontram na atualidade, frente ao qual Thomas Klestil também se encontrava:

> Não nos compete julgar. Jesus disse-o com ênfase: "Não julgueis para não serdes julgados" (Mt 7,1). Nunca esqueçamos estas palavras de Jesus. Constatamos com consternação quão grande é hoje a ânsia de viver uma relação bem-sucedida, a ânsia de segurança no matrimônio e na família, e quão difícil se tornou vê-la satisfeita. Sempre respeitaste a posição da Igreja nesta questão, embora não te fosse fácil. Para a Igreja também não é fácil encontrar o caminho entre a necessária proteção do matrimônio e da família, por um lado, e a igualmente necessária misericórdia para com o fracasso humano e as tentativas de recomeçar, por outro. Talvez a tua morte, querido amigo, nos proporcione a ocasião de nos esforçarmos todos juntos por uma coisa e por outra, conscientes de que ambas são necessárias e de que nenhuma delas é simples (SCHÖNBORN, 2008: 105-106).

Na Áustria, muitos sabem que eu próprio procedo de uma família desfeita. Os meus pais divorciaram-se quando eu tinha treze anos. Conheceram-se durante a guerra e, ao fim de apenas três dias, casaram-se: o meu pai estava na frente de batalha e sentia a necessidade, perfeitamente compreensível, de saber que havia alguém em casa, enquanto ele se encontrava em Stalingrado. No fim da guerra se tornou manifesto que aquele lar não estava construído sobre fundamentos sólidos; não obstante, os meus pais permaneceram juntos até 1958.

Falo, portanto, de uma realidade que vivi na minha própria carne, uma realidade com que também deparo em muitos quadrantes, visto que, pelo menos nos nossos países europeus e na América do Norte, faz parte do cotidiano. Todavia, também devemos alargar o olhar e observar as pessoas que não se casam, limitando-se a viver juntas. Se olharmos para outros continentes, a situação é amiúde ainda mais dramática. Na América Latina muitos homens têm várias esposas e filhos, com quem vivem em circunstâncias irregulares. Na África a poligamia continua muito espalhada por numerosos lugares. Em toda a parte deparamos com problemas relacionados com esta realidade humana fundamental. Desde a primeira página da Bíblia, a união entre homem e mulher para formar uma família e transmitir a vida é altamente valorizada. Ao mesmo tempo, a Bíblia aborda os conflitos que desde a "queda", ou seja, desde o pecado original, pesam sobre a relação entre o homem e a mulher.

Convido-vos, antes de mais, a um olhar de misericórdia. Todos nós conhecemos biografias complexas, famílias *patchwork* (ou seja, compostas de retalhos). Há pouco tempo conversei, longa e detidamente, com um senhor que é casado pela quarta vez e que tem filhos das suas três primeiras relações. O quarto matrimônio é, por fim, uma relação feliz; o casal vive junto há dezessete anos, e ele descobriu a fé há poucos anos. Sente-se feliz por ter encontrado a fé para a sua vida, mas tem às costas o fracasso dos seus três primeiros casamentos. Que se deve fazer com esta pessoa, que acabou por encontrar Cristo e por descobrir a fé e que está agora completamente integrada na comunidade paroquial? Ele só quer saber uma coisa: "Agora que sou crente, posso participar plenamente na vida da Igreja e receber os sacramentos?" Na sua vida passada, tudo isso não desempenhava papel algum. A primeira coisa que não podemos ignorar é que as famílias crentes e unidas representam a exceção na nossa sociedade. Não são o caso normal. O normal, na cidade de Viena, são os divórcios e, com frequência, segundas ou terceiras núpcias. Como resultado disso, surgem complexas situações familiares, as chamadas famílias *patchwork*. Porém, também há gente que já não se volta a casar. Na França, graças ao PACS (Pacto Civil de Solidariedade), uma união de fato registrada, existe um "matrimônio *light*" (tal como na Espanha). Na França não são apenas os casais homossexuais que fazem uso dessa figura legal, mas também casais heterossexuais, que optam por uma forma de relação mais ligeira, pois têm medo do fardo do matrimônio e das obrigações que este implica, bem como da possibilidade de fracasso de tal empreendimento.

Tais famílias *patchwork* levantam sem dúvida abundantes problemas a todos os envolvidos. Todavia, não podemos ignorar que nessas situações também há, com frequência, muitas coisas boas[24]. A condição básica para sacerdotes e agentes de pastoral é não tratar esses casais unidos pelo matrimônio, ou não, com uma atitude condenatória, mas com empatia, mesmo quando já se encontrem na sua terceira, quarta ou quinta relação estável de casal e tenham filhos aqui e ali ou até tenham feito abortos... Não esqueçamos isto: nas famílias compostas por retalhos existe amiúde muita generosidade: esta não é patrimônio exclusivo das nossas boas famílias, que se mantêm unidas por toda a vida. Nessas situações existenciais há que ver a cana rachada que ainda não se partiu e a mecha fumegante (cf. Is 42,3; Mt 12,20), mesmo que as circunstâncias sejam irregulares do ponto de vista objetivo. Se não modificarmos a nossa visão em relação a tais situações, converter-nos-emos numa seita!

---

24 Esta complexa situação é descrita por Klepp (2011: 73-186). M. Mühl (2011) mantém uma abordagem crítica, também marcada pela sua experiência pessoal. De forma bastante mais matizada, argumenta o especialista dinamarquês em terapia familiar J. Juul (2011).

Nós, os cristãos, somos uma minoria. E os casais que convivem em mútua fidelidade representam um pequeno grupo nas grandes aglomerações urbanas, mas com muita frequência também já em zonas rurais, em que as pessoas levam uma vida cristã e ainda entendem o Sacramento do Matrimônio. Em Viena, aproximadamente 50% dos casamentos terminam em divórcio, e muitas das pessoas afetadas voltam a casar mais tarde (mais ou menos 35% dos enlaces matrimoniais)[25]. Estes dados nem sequer têm em conta o elevado número de casais que se limitam a viver juntos sem contrair matrimônio. O número de enlaces matrimoniais celebrados pela Igreja desceu de forma dramática.

Como devemos proceder pastoralmente nesta situação? Formulei um programa de cinco pontos para os sacerdotes e agentes de pastoral da Diocese de Viena: *Die spirituelle, christliche und menschliche Begleitung von geschiedenen und wiederverheirateten Paaren* [O acompanhamento espiritual, cristão e humano de casais divorciados e recasados] (cf. tb. ARQUIDIOCESE DE VIENA, 2011). Trata-se de uma espécie de ajuda para a leitura da realidade, de passos que ajudam a percorrer um caminho de acompanhamento a pessoas afetadas que pode levar a uma verdadeira conversão, a uma autêntica renovação da vida de fé. Nesse programa são contemplados os conjuntos de problemas seguintes.

1 Quem é misericordioso com as crianças?

Segundo a visão de Jesus, no Evangelho ocupam sempre o primeiro lugar os mais pobres, os pequenos, os indefesos. Quem são os pobres nas circunstâncias vitais destas "famílias *patchwork*"? Não são

---

25 Os dados apresentados correspondem aos publicados pelo Gabinete Austríaco de Estatística correspondentes ao ano de 2010 [disponível em: http://www.statistik.at/web_de/statistiken/bevoelkerung/eheschliesungen/index.html – Acesso: 16/11/2011] (cf. SCHIPFER, 2011).

os que voltaram a casar, pois estes encontraram um/a novo/a companheiro/a; do ponto de vista humano, abstraindo das regras da Igreja, já se encontram numa situação em que eles próprios se "enredaram". As primeiras vítimas dos nossos divórcios são as crianças. A quem opina criticamente: "Ah, a Igreja é demasiado dura com os divorciados recasados", devemos responder: "Não! A Igreja tem compaixão das crianças". Onde é que há um *lobby*, um grupo de pressão em favor dos filhos de divorciados? Onde está uma voz da opinião pública que diga: "As primeiras vítimas são os filhos dos casais desfeitos"? Têm um pai e uma mãe, e depois, de repente, junta-se um "tio", uma "tia", a amiga do pai, o amigo da mãe. E com que frequência os divorciados lançam a carga do seu conflito sobre os ombros dos filhos? Quem nota mais a "guerra doméstica dos Rose" (do famoso filme dirigido em 1989 por Danny DeVito)[26]?

Muitas vezes peca-se gravemente nesse sentido, tornando-se necessário recordar: "Não mateis os vossos filhos com os vossos problemas pessoais! Eles não devem ser reféns das vossas discórdias. Convertê-los em reféns é um crime contra a alma dos pequenos". Quando digo isto frente à comunidade congregada, faz-se sempre um profundo silêncio: Onde é que existe misericórdia para com as crianças? Assim, pois, a minha primeira pergunta aos divorciados recasados é a seguinte: "Qual é a situação dos vossos filhos? Têm-nos feito sofrer por causa dos vossos conflitos? Que sofrimentos lhes têm infligido? Arrependeram-se disso e pediram perdão, tanto a Deus como aos vossos filhos, pela injustiça cometida contra eles?" A maioria das crianças sonha – de forma consciente ou inconsciente – com a reconstrução do lar dos seus pais (eu sei do que estou falando), embora com o intelecto saibam que isso nunca acontecerá.

---

26 Numerosas iniciativas oferecem ajuda a filhos de divorciados. Como exemplo para a Áustria, mencionaremos apenas a associação *Rainbows: Für Kinder in stürmischen Zeiten* (http://www.rainbows.at) e, para Viena em particular, o Centro de Assistência a Mães e Pais Solteiros da arquidiocese *Kontaktstelle der Erzdiözese für Alleinerziehende* (http://www.alleinerziehende.at/).

2 Os que ficam sozinhos, regra geral são esquecidos

Qual dos dois cônjuges divorciados se conta entre os que ficam sozinhos, entre os que não encontram um novo companheiro? O divórcio cria solidão. Depois de se divorciar, uma pessoa não encontra automaticamente um novo companheiro; o homem talvez tenha mais probabilidade de encontrar uma nova companheira, mas a mulher costuma ficar com a guarda dos filhos. Quantas mulheres – mas também homens – ficam sozinhas por terem sido abandonadas pelo seu companheiro? Certamente, alguma vez na vida, já falaram com pessoas "sem abrigo", com homens e mulheres que vivem na rua; costumam ser homens. Quando se lhes pergunta como chegaram a essa situação, aparece quase sempre um padrão idêntico: divorciam-se; veem-se obrigados a abandonar a casa familiar; não têm onde morar; têm de pagar a pensão dos filhos, mas não conseguem; ficam desnorteados por não terem um lar; começam a beber, se é que já não o faziam; isso os conduz ao abismo.

Quantas mulheres se veem condenadas à solidão porque os seus esposos as trocaram por outras mais novas? A nossa sociedade transborda da solidão de esposas que foram abandonadas ou que são vítimas de um divórcio. Quem fala dessas mulheres? O Evangelho está sempre do lado dos mais débeis, dos pequenos; por conseguinte, devemos converter-nos em seus porta-vozes, em *lobby* ou grupo de pressão, em defensores dessas mulheres solitárias que ficam sozinhas e que não encontram um novo companheiro. Será que a Igreja não tem misericórdia dos divorciados que voltaram a casar pelo civil? O divórcio é, com muita frequência, uma terrível obra de destruição, inclusive sob o aspecto econômico. Há estudos muitíssimo interessantes sobre as dramáticas consequências econômicas dos divórcios. Quantas pequenas empresas familiares faliram quando a família que as sustentava fracassou?

Não; a Igreja tem misericórdia, pois presta atenção às crianças e aos cônjuges vítimas dos divórcios. Terá havido pelo menos uma tentativa de reconciliação com o cônjuge que ficou sozinho?

Que sentido pode ter o acesso aos sacramentos, se toda essa dor fica sem reconciliação, se não se faz, pelo menos, um esforço de reconciliação?

3 Será que se enfrentou a história da culpa?

Nos casos de divórcio existe sempre culpa. Será que os cônjuges, pelo menos, tentaram se perdoar mutuamente, alcançar o perdão, nem que seja só em parte, pôr fim à guerra do divórcio? Como se pode construir uma nova relação, um novo vínculo sobre o ódio – tantas vezes cheio de amargura – remanescente do primeiro matrimônio? Os agentes de pastoral que acompanham divorciados devem fazer com eles esta tentativa: "Tentou, pelo menos, dar algum passo em direção ao seu antigo cônjuge, à sua ex-mulher, ao seu ex-marido, depois do divórcio?" Que significa o desejo dos sacramentos se ainda se mantém vivo o antigo ódio, o antigo conflito?

4 Os cônjuges fiéis são ignorados?

Nas paróquias e nas comunidades há famílias que se mantêm heroicamente unidas apesar de todas as tormentas e temporais, visto que prometeram um ao outro fidelidade mútua e tomam a sério o sacramento. Que sinal lhes dão os sacerdotes e agentes de pastoral, se falam continuamente dos "pobres divorciados recasados"? É certo que se deve manifestar compaixão a esses, mas cuidado: que isso não nos leve a esquecer-nos de animar, reconhecer e manifestar gratidão àqueles casais que perduram, pois perduram na fé. Um diácono a quem o seu bispo encarregou de acompanhar, na diocese, os divorciados recasados e os casais que estão passando por dificuldades ou que estão a ponto de se divorciarem, testifica que o Senhor, através do acompanhamento, pode salvar casais unidos pelo matrimônio ou não. Se nas nossas comunidades eclesiais se pusessem em destaque os casais que vivem o seu matrimônio em fidelidade mútua, dando um exemplo do que significa a fidelidade de Deus para conosco, isso animaria os casais mais jovens a não se separarem frente às primeiras dificuldades, e, aos menos jovens, a aguentarem. Com quanta frequência vemos divórcios, ao fim de 25 ou até 40 anos de vida conjugal! Como é comovedor, pelo contrário, participar na celebração de bodas de ouro ou de diamante!

De que modo podemos apresentar como modelo as pessoas que permanecem fiéis à sua promessa matrimonial? E o que se deve responder aos divorciados quando se queixam da dureza da Igreja?

Devemos interrogar-nos se o agente de pastoral não poderá caminhar ao seu lado, acompanhá-los e dizer-lhes: "Olhem para este ou para aquele casal da nossa comunidade, da nossa paróquia: como se mantém unido, apesar das dificuldades! Infelizmente, vocês não puderam permanecer junto das vossas esposas ou esposos; o vosso matrimônio fracassou, mas não acusem a Igreja de falta de compaixão. Olhem primeiro para vós próprios e depois peçam a Jesus misericórdia para vós e para todos aqueles que sofrem por causa do seu divórcio e do seu novo matrimônio".

5 Em consciência, diante de Deus

Aos divorciados recasados costumo dizer sempre: mesmo que consiga a declaração de nulidade e que o pároco lhe administre – mesmo hesitando – os sacramentos, porque o seu segundo casamento é uma realidade e porque você tem o profundo e sincero desejo de se unir a Cristo através dos sacramentos, permanece sempre a pergunta: Como se apresenta diante de Deus, da sua consciência, das profundezas da sua alma? A Deus, ninguém o pode enganar, diante dele não valem as falsas aparências.

Na nossa consciência, estamos sós diante de Deus. Perante Ele, devemos fazer esta pergunta: Fui misericordioso com o meu cônjuge? E com os nossos filhos comuns? A estas perguntas, ninguém pode ser poupado por um sacerdote, por uma Igreja. A elas só se pode responder diante de Deus.

É muito difícil decidir como se devem abordar semelhantes situações. Estou consciente disso.

Devemos excluir dois extremos. O primeiro: um pároco de uma diocese vizinha colocou um grande cartaz na sua Igreja: "Aqui todos podem comungar". Isso não é uma atitude pastoral nem tampouco a atitude de um bom agente de pastoral. É falsa misericórdia. Todos nós temos necessidade de percorrer o caminho da conversão. O outro extremo consiste em dizer: "Nunca, em caso nenhum, há solução para os divorciados nem para os que voltam a casar". Este caminho também não é satisfatório.

Há que considerar cada situação de perto, no âmbito da cura de almas. Eu sei que isso é muito difícil. Muitos párocos, agentes de pastoral e pessoas afetadas exigem regras claras. Existe, sem dúvida nenhuma, a regra de Jesus: o Evangelho, que é muito claro. Em certa ocasião, estando eu de visita a uma paróquia, um senhor dirigiu-se a mim em tom bastante agressivo: "Por que é que a Igreja é tão dura? Não tem compaixão nenhuma dos divorciados recasados". "Querido amigo – respondi-lhe –, bem gostaria a Igreja de ter uma solução para esse problema. Jesus Cristo, porém, manifestou-se sobre isso, e esse é que é o obstáculo!" Citei então, simplesmente, as palavras de Jesus: "Quem repudia a sua mulher e se casa com outra comete adultério" (Lc 16,18; Mc 10,11; Mt 19,9). O homem empalideceu e não disse nada; estas palavras tinham-no atingido diretamente no coração: "Esse homem és tu, diz-te Jesus, e tu quebraste a promessa de fidelidade que tinhas feito". Quando chega esse momento, então pode produzir-se o perdão misericordioso. Este só é eficaz na verdade; na mentira, não tem qualquer eficácia. Enquanto uma pessoa continua acusando constantemente os outros, Jesus não pode oferecer a sua misericórdia.

Primeiro é preciso ver se existe algum caminho de fé. No meu livro sobre a Eucaristia (cf. SCHÖNBORN, 2006: 142ss.) dou o exemplo de um casal em que a mulher é uma divorciada recasada.

Tanto o marido como a sua mulher aceitam o fato de não se poderem confessar nem comungar, e fazem-no a partir da fidelidade à doutrina e à palavra de Jesus. Essa família de camponeses tem oito filhos, aos quais educaram na fé de forma exemplar. Conheço-os bem. Os pais nunca se aproximam para receber os sacramentos; as crianças, porém, quando vão comungar, dizem: "Mãezinha, hoje vou eu por ti". Quando perguntei a essa senhora: "Não está ansiosa por receber a comunhão?", a sua resposta foi, "Claro que estou, desejo-o muito; mas quando as pessoas da nossa comunidade paroquial me dizem que a Igreja se tornou mais liberal e que agora eu poderia receber a comunhão, respondo-lhes: 'Não se preocupem comigo; preocupem-se antes com quem poderia receber os sacramentos e não os recebe'". Estes são exemplos de conduta impressionantes, e é importante animar essas pessoas nesse seu caminho, que constitui uma bênção para a Igreja.

Porém também há aqueles a quem semelhante atitude parece inalcançável. Muitas vezes sofrem amargamente por se saberem excluídos dos sacramentos. As suas perguntas tornam-se então mais angustiosas, e os seus pedidos mais insistentes. Não existe nenhuma senda de reconciliação para as pessoas cujo matrimônio fracassou? Propõem-nos que adotemos a "solução das Igrejas ortodoxas, que aceitam até três uniões com divórcio e novo matrimônio (embora apenas as primeiras núpcias sejam consideradas sacramento eclesial pleno). A Igreja Católica nunca assumiu essa práxis. Atém-se fielmente à unidade e indissolubilidade do matrimônio, e isso é um valor tão grande para todos – para a família, para os filhos e para o próprio casal –, que devemos perseverar firmemente nele, fiéis às palavras de Jesus: "O que Deus uniu, não o separe o homem" (Mt 19,6).

Não posso oferecer nenhuma solução simples, nenhuma receita para os inúmeros casos de divórcios e novos matrimônios. Todavia, recomendo-lhes que sigam os cinco pontos precedentes, como caminho para a conversão e a reconciliação. E este chamamento à conversão diz-nos respeito a todos. Que no trato com aqueles cujo matrimônio fracassou nos guie a palavra de Cristo: "Quem de vós estiver sem pecado atire-lhe a primeira pedra" (Jo 8,7).

Referências

ARQUIDIOCESE DE VIENA. (2011). *Aufmerksamkeiten* – Seelsorgliche Handreichung für den Umgang mit Geschiedenen und mit Menschen, die an eine neue Partnerschaft denken. Viena.

JUUL, J. (2011). *Aus Stiefeltern werden Bonuseltern* – Chance und Herausforderungen für Patchwork-Familien. Munique.

KLEPP, D. (2011). "Familientyp II: Patchwork-Familien". In: NEWIRTH, N. (org.). *Familien formen in Österreich* – Stand und Entwicklung von Patchwork- und Ein-Eltern-Familien in der Struktur der Familienformen in Österreich. Viena: Österreichisches Institut für Familienforschung der Universität Wien, p. 73-186.

MÜHL, M. (2011). *Die Patchwork-Lüge* – Eine Streitschrift. Munique.

SCHIPFER, R.K. (2011). *Familien in Zahlen 2011* – Statistische Informationen zu Familien in Österreich. Viena: Österreichisches Institut für Familienforschung der Universität Wien.

SCHÖNBORN, C. (2011). *Die Freude, Priester zu sein* – Exerzitien in Ars. Friburgo [trad. port.: *A alegria de ser padre* – A exemplo do Cura d'Ars. Prior Velho: Paulinas, 2010].

_____ (2008). *Vom glückten Leben*. Viena.

_____ (2006). *Wovon wir leben können* – Das Geheimnis der Eucharistie. 2. ed. Friburgo.

11
Êxito e fracasso no amor e no matrimônio

Alegação em favor de uma forma adequada de abordar o fracasso irreversível e os novos começos*

Dietmar Mieth

Em 1974 obtive, como primeiro teólogo leigo, uma cátedra de Teologia Moral (na Friburgo suíça). Ainda antes disso, por ocasião de um congresso de moralistas de língua alemã sobre sexualidade e amor, celebrado em Viena em 1969, perguntaram-me se poderia

---

* Estas ideias foram originalmente publicadas de outra forma em: Ethos des Scheiterns. *Concilium*, 26/5, 1990, p. 385-393. Aí, o interesse radicava sobretudo na assimilação espiritual do fracasso por parte da pessoa afetada. Nas páginas que se seguem tento enquadrar, numa perspectiva teologicamente objetiva, as ideias baseadas em conversas profundas sobre o fracasso (cf. FUCHS & WERBICK, 1991). Mais tarde, foram publicadas em: "Gelinge und Misslingen in Liebe und Ehe – Ein Plädoyer für den angemessenen Umgang mit irreversiblem Scheitern und mit Neuanfängen". In: AUGUSTIN, G. & PROFT, I. (orgs.). *Ehe und Familie* – Wege zum Gelingen aus katholischer Perspektive. Friburgo: Herder, 2014, p. 219-243.

contribuir com as minhas experiências pessoais positivas para complementar e fortalecer, do ponto de vista teológico e espiritual, os ideais cristãos, ou seja, a relação moralmente boa e correta com a sexualidade e o ideal de vida em matrimônio e família. Nesse congresso – eu era o único teólogo leigo, entre cerca de uma centena de sacerdotes – pronunciei-me decididamente contra a sujeição do amor à arbitrariedade. Isso aconteceu sobre o pano de fundo de uma perceptível disposição para a adaptação pastoral a desenvolvimentos liberais, mas também sobre o pano de fundo de um ensinamento eclesiástico rígido e, muitas vezes, nesciamente formulado, na primeira metade do século XX. Alguns cônjuges viam-se impedidos de participar plenamente na Eucaristia, no domingo; a única maneira de poderem fazê-lo era reduzindo tanto o tempo de deslocamento do confessionário para o local da comunhão, que a recepção da comunhão parecesse possível. Como reação a estas restrições, já no pós-concílio surgiu uma "nova" teologia moral, que se esforçava continuamente por alcançar um equilíbrio entre as normas eclesiásticas e as convicções cristãs vividas. Eu próprio – juntamente com muitos outros, não só devido ao número crescente de leigos e leigas entre os moralistas, mas também com colegas sacerdotes – via que o caminho adequado seria animar as pessoas a defender-se das tendências da arbitrariedade, continuar a desenvolver modelos de vida boa e correta, a vida cristã nas relações interpessoais, e em contribuir com tudo isso para os sínodos eclesiásticos[27]. Apesar de tudo, isso ficou sem resposta oficial. O diálogo foi iniciado; mas, de Roma, só foi respondido indiretamente, mediante esclarecimentos doutrinais[28]. Agora volta a estar a caminho de Roma, tendo-se aberto. A frase da Congregação para a Doutrina da Fé de que a miseri-

---

[27] Cf., p. ex., as resoluções do sínodo diocesano de Rotemburgo-Stuttgart, de 1985-1986; GEMEINSAME SYNODE DER BISTÜMER IN DER BUNDESREPUBLIK DEUTSCHLAND, 1976, cad. 11; JOPP, 1996.

[28] Cf., p. ex., a *Carta aos bispos sobre a recepção da comunhão eucarística por parte dos fiéis divorciados recasados* (CDF, 15/10/1994). Cf. tb. as reflexões realizadas por Joseph Ratzinger em 1972, recordadas na conclusão do presente capítulo.

córdia e a verdade "nunca" se devem separar uma da outra (*Carta aos bispos*, 15/10/1994, n. 3) não deriva, em minha opinião, do fato de "misericórdia" ser a vestimenta adequada da verdade. Porém, uma verdade nua é a-histórica, não existe! Os revestimentos da verdade sem misericórdia privam a verdade de misericórdia. No entanto, a própria misericórdia constitui uma mensagem substancial, não acidental, da verdade. No caminho da fé para o compromisso sacramental, a verdade revestida de misericórdia encontra-se, além do mais, com o princípio de aplicação da epiqueia, da formulação e interpretação das normas em nome de uma justiça superior (cf. AUER, 1995: 84-96, em referência a VIRT, 1983). Essa justiça superior também não existe sem misericórdia.

Num enunciado teológico fundamental está contida esta verdade substancial: aos olhos de Deus, toda a pessoa individual é mais valiosa do que aos seus próprios olhos, e também é mais valiosa do que aos olhos dos outros. Eis uma afirmação básica da fé cristã: Deus é amor. O tipo de amor que Deus é manifesta-se na história de Deus com os seres humanos, que é uma história de compaixão e misericórdia[29]. Essa derivação do amor não se detém perante a experiência do "fracasso" do amor humano. Podemos, inclusivamente, afirmar que esse fracasso está a salvo nas mãos de Deus. Se isto é assim, então o processo de malogro não é definitivo. Embora falemos de "fracasso", não o referimos às próprias pessoas, mas aos seus projetos de vida. No número 84 da *Familiaris Consortio* afirma-se: "A Igreja, com efeito, instituída para conduzir todos os homens à salvação, sobretudo os batizados, não pode abandonar a si próprios aqueles que – já unidos pelo vínculo matrimonial sacramental – tentaram celebrar novas núpcias. Portanto, tentará, incansavelmente, colocar à sua disposição os meios de salvação". A partir de então, porém, a Eucaristia não será contada entre esses "meios

---

29 Cf. *Deus caritas est*, 2005. Sobre o tema do amor, cf. a obra *Lieben – Provokationen* (HOFF, 2008), que inclui reflexões minhas adicionais sobre o aspecto teológico: MIETH, 2008: p. 124-148.

de salvação". Muitos teólogos, partindo desta afirmação fundamental da *Familiaris Consortio*, não concordam com isso. Querem considerar o fracasso dos projetos de vida como o lado objetivo da falibilidade e finitude do ser humano, para o qual é vinculativa a maneira, igualmente objetiva, de abordar a possibilidade de fracasso aberta por Jesus.

1 Os projetos de vida podem malograr-se, mas existe uma profecia de êxito que os ultrapassa

Por trás dos principais projetos de vida pulsam necessidades fundamentais. Necessidades básicas, não físicas, do ser humano são, entre outras, a necessidade de relações pessoais conseguidas, a necessidade de reconhecimento social e a necessidade de encontrar sentido para a vida. O matrimônio, inclusive na perspectiva secular, tem a ver com a satisfação da necessidade de relações pessoais bem-sucedidas. Quando fracassa semelhante projeto de vida, as outras necessidades também sofrem consequências: a necessidade de reconhecimento social e a necessidade de encontrar sentido para a vida, por trás da qual também pode estar a necessidade de entrar em relação com Deus.

Características do fracasso dos projetos de vida são a irreversibilidade e a irrevocabilidade do sucedido. Muitas crises são suportáveis, muitos problemas, solucionáveis. Porém, aqui, estamos perante a impossibilidade de superar as crises. Introduzindo a perspectiva cristã do amor divino no fracasso enquanto desbaratamento do projeto de vida chamado "matrimônio", então sabemos, na fé, que o ser humano que fracassa não é rejeitado nem condenado. Mantém-se a perspectiva fundamental de que o ser humano vale mais aos olhos de Deus do que aos seus próprios olhos. No relato do adultério com Betsabé e do assassínio de Urias, Davi atraiçoa a sua vocação. A sua culpa é inequívoca, mas não é rejeitado nem condenado por Deus. A relação fica marcada por um destino de morte, mas não acaba.

A culpa, uma vez reconhecida, como que se abre profeticamente ao futuro. Em Jesus Cristo – por exemplo, no relato da pecadora (Lc 7,37-51), no relato da samaritana (Jo 4,7-30) ou no relato da adúltera (Jo 8,1-11) – também se pode ver que a pessoa fracassada não é rejeitada nem condenada; pelo contrário, em certas ocasiões, chega mesmo a receber uma vocação e uma eleição especial. Como exemplo disso, vejamos Jo 8,1-11.

Depois de Jesus ter silenciado os acusadores da mulher adúltera, interrogando-os sobre a sua própria fidelidade (masculina) no matrimônio, todo o círculo de ouvintes está consciente de que Jesus disse algo decisivo, como sublinha o narrador. Já passou a sensação. Os acusadores afastam-se; Jesus fica a sós com a mulher, que está agora sozinha diante dele. Jesus pergunta-lhe se alguém a condenou. Na realidade, essa pergunta não é necessária; a resposta é evidente. Todos se foram embora. Assim, pois, Jesus pergunta apenas para que a mulher fale. Toma-a a sério como pessoa! É a primeira vez que lhe ocorre uma coisa assim. Jesus mostra claramente que não a quer julgar. Prestemos atenção à sua justificação: se não te condenaram aqueles que, como guardiães da lei e crentes ortodoxos, se sentem verdadeiramente obrigados a isso, diz Jesus, não tenho de ser Eu a fazê-lo; ainda mais, não sinto qualquer obrigação de o fazer. Pelo contrário, sinto-me autorizado a mostrar misericórdia: "Felizes os misericordiosos, porque alcançarão misericórdia" (Mt 5,7).

Esta história é considerada, por vezes, uma interpolação posterior, inserida no Evangelho de João. Só se conhece como parte deste Evangelho a partir de Jerônimo, famoso doutor da Igreja do século IV. Que poderá significar o aparecimento tardio deste relato, narrado na comunidade joanina? É possível que não deva ser entendido primordialmente como crítica às tradições legais judaicas, mas como crítica a determinadas formas de conduta nas comunidades cristãs que, contrariamente à intenção de Jesus, se tinham estabelecido socialmente.

Quando contamos esta história, interrogamo-nos sobre onde radica hoje o seu sentido: como um conflito entre crentes ortodoxos, que se sentem obrigados a julgar, e os cristãos e cristãs que se vêm autorizados por Jesus a agir com misericórdia, que, em vez de julgar, voltam a procurar juntos o caminho. Da parte dos crentes ortodoxos há hoje quem emita um juízo sobre um fracasso matrimonial que, muitas vezes, se deve a desenvolvimentos errados da relação e à tomada de decisões equivocadas no que se refere a ela. Do lado de Jesus estão aqueles que querem e podem aprender alguma coisa com a forma como Jesus lida com as pessoas falíveis. Por que estão os crentes ortodoxos dispostos, tanto então, como na atualidade, a julgar com severidade e a sujeitar outras pessoas a tais juízos, ao longo de toda a sua vida?

Se quisermos extrair lições disso, na Igreja, devemos sacudir as vestimentas um pouco antiquadas do espírito da época, visto que se trata do "espírito do passado", e não do Espírito de Jesus. Há que ter em conta que não só o "espírito do presente", tantas vezes invocado na Igreja, mas também o "espírito do passado", tantas vezes demasiado ignorado na Igreja, se cruzam teologicamente no seu caminho. "Não seja assim entre vós", diz Jesus no seu famoso Sermão da Montanha. Além disso, Paulo diz sobre si próprio: "No que toca ao zelo, [fui] perseguidor da Igreja; no que toca à justiça – que se procura na lei – irrepreensível. Mas, tudo quanto para mim era ganho, isso mesmo considerei perda por causa de Cristo" (Fl 3,6-7). Paulo procura, daqui para a frente, a justiça que Deus outorga em virtude da fé em Jesus Cristo. Paulo também chama a atenção para o fato de que a sua "irrepreensibilidade" no que diz respeito à justiça legal o converteu em perseguidor dos não observantes, a Igreja de Jesus Cristo.

Durante muitos séculos, o ideal de mulher, a par de Maria, mãe de Jesus, foi Maria Madalena. Na lenda medieval, Maria Madalena simboliza um caminho que conduz do ponto mais baixo a novas alturas[30]. Outro exemplo é a samaritana (cf. THEOBALD, 2002: 617): é enviada a anunciar Jesus, o que, no âmbito de uma

---

30 Cf. a tapeçaria no convento das Ursulinas de Erfurt, em que a lenda de Maria Madalena foi tecida com profundidade espiritual, em finais do século XV, pelas irmãs de Maria Madalena que então habitavam aí.

ação simbólica, detém especial importância. A fé nasce, aqui, da experiência: foi nesse sentido que o Mestre Eckhart interpretou esse relato (cf. MESTRE ECKHART, 1993: 10ss., Homilia 66). Terceiro exemplo: o perdão que, em Lc 7, é concedido à pecadora, está em descontinuidade com a sua vida e requer a aceitação do seu arrependimento e conversão, mas também está expressamente em continuidade com a história da sua amorosa atitude vital, que Jesus coloca elogiosamente em destaque. No Mestre Eckhart encontramos uma interpretação da vida em pecado próxima deste pensamento do Evangelho: numa vida dominada pelo pecado também é possível fazer boas obras e acumular méritos, que, no caso de se produzir uma conversão em relação a essa escravidão, ressurgem e podem ser tidos em conta como tais (cf. MESTRE ECKHART, 1997, Homilia 107; MIETH, 2014: 163-169).

Michael Theobald, exegeta do Novo Testamento, tira a seguinte conclusão do ensinamento de Jesus:

> A preocupação pastoral pela salvação dos seres humanos – quer dizer, o esforço por conseguir que estes possam experimentar, em qualquer situação vital, por muito intrincada que seja, a misericórdia incondicional do Deus de Jesus, no rosto humano da sua comunidade eclesial – é, segundo o testemunho normativo do Novo Testamento, a opção hermenêutica fundamental na transmissão da Tradição de Jesus à nossa época e, por conseguinte, condiciona diretamente a formulação dogmática. Quem pretenderá colocar obstáculos à misericórdia divina e impedir a participação na Eucaristia a quem se aproxima dela após uma consciente prestação de contas, de tal modo que o primeiro e único legislador desse banquete se pronuncia na palavra viva do Evangelho: "Vinde a mim, todos os que estais cansados e oprimidos, que Eu vos aliviarei?" (THEOBALD, 1995: 123s.).

a) *Do fracasso faz parte uma noção de êxito*

Só em contraste com a errônea noção que temos daquilo que constitui uma vida bem-sucedida, no âmbito das relações pessoais, surge a amarga experiência de que, apesar das nossas intenções e esforços, determinado projeto "fracassou" (cf. MIETH, 1984). Do fracasso fazem parte, em certas ocasiões, noções inadequadas e falsos ideais sobre o êxito. Quanto mais problemático é o ideal, tanto mais próximo está o fracasso. Um ideal torna-se problemático, quando ignora a realidade; e quanto maior parece, tanto maior é o sofrimento que nos provoca a realidade. Vários ideais matrimoniais polêmicos foram propostos à sociedade sob condições patriarcais; na Igreja, por exemplo, na rigorosa subordinação ao fim conjugal da fecundidade. A Igreja tem-se libertado de antigas ideias a esse respeito. A encíclica *Humanae Vitae* parece controversa pela limitação do uso de métodos contraceptivos, mas não se deve ignorar que esse documento pontifício colocou, pela primeira vez, autonomamente em destaque, o fim da relação conjugal no amor como sentido do matrimônio (cf. HV 8s.). Desse modo assumiu também um motivo poético do amor, já presente no Cântico dos Cânticos, do Antigo Testamento. Os ideais românticos do amor, pelo contrário, partem muitas vezes de noções tão unilateralmente "idealizadas" que não se podem concretizar na realidade, pelo que, de certo modo, desembocam no fracasso. Os atuais meios de comunicação de massas difundem, ao mesmo tempo, essa idealização, saindo vitoriosos, pela segunda vez, com a tragédia do fracasso.

b) Muitas vezes, da experiência de fracasso faz parte uma impenetrabilidade última do "porquê"

Existe uma impenetrabilidade do "porquê" no amor, que elege de modo exclusivo, e também existe uma impenetrabilidade do "porquê" no fracasso. Por que fracassa uma relação? Em última análise, nem os próprios afetados nem outras pessoas podem responder a esta pergunta. Gostaria de referir isto não só à dimensão psicológica. Esse fenômeno também pertence à dimensão religiosa. Dorothee Sölle fala da sua experiência de morte por ocasião do seu divórcio:

> Esta morte (trata-se da morte da relação) implicou para mim a destruição total de um primeiro projeto de vida. Tudo aquilo sobre o qual eu tinha edificado a minha vida, tudo o que tinha esperado, crido, desejado, tinha sido aniquilado. Talvez seja uma experiência análoga à que se vive, quando morre uma pessoa muito querida. Só que, na história de um casamento e de uma separação, o aspecto da culpa desempenha, necessariamente, um papel fundamental, e a consciência de ter esquecido algo, de ter deixado escapar algo, de ter feito algo de maneira completamente errada, não pode ser apaziguada por nenhuma forma de fé no destino. Precisei de mais de três anos, não para o assimilar, mas para superar os desejos suicidas que me acompanhavam continuamente. A vontade de morrer era a minha única esperança, o meu único pensamento. Nessa situação, durante uma viagem pela Bélgica, entrei numa igreja tardo-gótica. A expressão "rezar" parece-me agora falsa. Todo o meu ser não passava de um único grito. Gritei pedindo ajuda, e isso, para mim, só podia significar uma de duas coisas: que o meu marido voltasse para junto de mim ou que eu morresse, pondo termo, de uma vez por todas, àquela execução permanente. Naquela igreja, sufocada no meu grito, veio-me à ideia uma frase da Bíblia: "Basta-te a minha graça" (SÖLLE, 1975: 42s.).

Sölle descreve com precisão a experiência da impenetrabilidade, mas também a experiência da compaixão e de uma pessoa ser acolhida, não ser rejeitada nem condenada, sem que essa pergunta sobre o porquê seja clarificada. Conta Sölle:

> Comecei a aceitar em pequeníssimo grau que o meu marido tivesse tomado outro caminho, o seu próprio caminho. Estava rendida, e Deus tinha destruído o meu projeto primordial. Não me consolou como um psicólogo, explicando-me que aquilo era previsível. Não me ofereceu os apaziguamentos sociais habituais; não me lançou de rosto contra o solo. Não foi a morte que eu desejava, mas também não foi a vida. Foi outra morte. Mais tarde, apercebi-me de que todos os que creem coxeiam um pouco, como Jacó depois de lutar contra o anjo. Já morreram em alguma ocasião. Não se pode desejar isso a ninguém, mas também não se lho pode poupar, median-

te lições. A experiência da fé é tão pouco substituível, como a experiência do amor (SÖLLE, 1975: 43s.).
Compete-nos apenas acrescentar algo a essas palavras.

c) Da experiência de fracasso fazem parte sentimentos de culpa, em ocasiões precisas, mas muitas vezes também difusos

O sentimento de culpa é um farol traseiro da experiência de fracasso. Os sentimentos de culpa podem ser inadequados e precisam de ser resolvidos na consciência e através do diálogo. Os sentimentos também são difusos porque o entretecimento do desenvolvimento errôneo e a decisão equivocada das pessoas envolvidas não se podem desfazer completamente *a posteriori* – o que está relacionado com a impenetrabilidade da pergunta sobre o porquê. Só parcialmente nos compete dizer: os envolvidos no caso em questão foram um fator; as circunstâncias foram o outro. Nas sociedades modernas, as circunstâncias costumam ser fatores importantes: a mobilidade, as distâncias espaciais, o isolamento dos casais. A rede de desenvolvimentos errados e de decisões equivocadas constitui, então, uma tapeçaria: se tiver sido maltecida, não será possível voltar a distinguir fibras separadas, mesmo que se possam seguir, como pegadas, algumas cores escuras.

Do ponto de vista objetivo, o entretecimento de desenvolvimentos errados e de decisões equivocadas constitui a difusão dos sentimentos de culpa. O fracasso de um bom projeto de vida desejado pelos seus protagonistas é sempre uma mistura de culpa objetiva e subjetiva. Em teologia moral, Karl Rahner fala de "culpa objetiva" onde quer que determinada ação ou situação não seja conforme com normas compreendidas e reconhecidas (cf. RAHNER & RÖPER, 1975). Por exemplo, quem não diz a verdade, apesar de aceitar a norma, em si, de que devemos ser sinceros com os outros, é objetivamente culpado. Por outro lado, há a imputabilidade subjetiva, que é o que converte determinada culpa em culpa pessoal. A contravenção de uma norma não constitui, por si só, a culpa. A culpa subjetiva surge pelo fato de que o mentiroso se deve reconhecer inevitavelmente culpado perante a sua consciência. A objetividade da norma desempenha, nesse sentido, um papel fundamental, mas que, em cada caso concreto, não é o único fundamental. Como se podem esclarecer, *a posteriori*, numa relação, os problemas de imputabilidade? Muitas vezes, os entretecimentos não se podem deslindar de forma tal que nos permitam extrair conclusões objetivas. Isso aplica-se sobretudo quando discernir o entretecimento se revela necessário para se chegar a ditames jurídicos.

d) *Não há duas experiências de fracasso iguais*

É frequente as condições biográficas, familiares e sociais serem diferentes. Quem se encontra numa boa situação social – por exemplo, uma mulher com segurança econômica ou com trabalho fixo – experimenta o fracasso de forma diferente daquela que se vê condenada a uma pior situação social por causa do próprio fracasso. A intensidade da experiência de fracasso também varia. Na experiência, a escala dos fatores negativos é infinita. Pode chegar ao ponto de que não só tenha lugar a "morte da relação", mas também de que esta apareça como um homicídio psíquico. No seu romance *Malina*, Ingeborg Bachmann descreve a "desintegração" de uma mulher que, por causa da decomposição do seu eu, acaba na objetivação absoluta (cf. BACHMANN, 1971). Uwe Johnson mostra, num seu relato, quão destrutiva pode chegar a ser, numa relação, a mentira permanente (cf. JOHNSON, 1981; MIETH, 2000). A experiência do fracasso nunca é igual. Alguns não contam o fracasso entre as suas experiências porque muitas vezes subsiste a armação exterior, sem uma relação viva. É possível que as muletas, que lhes permitem continuar a andar, também contribuam para a cura. Contudo, é inegável que a pessoa coxeia.

A morte prematura do cônjuge também desfaz um projeto de vida. Para quem sonha com um futuro comum, para quem deseja envelhecer ao lado do outro, implica um abalo irrevogável. Para uma mãe que tem de criar os seus filhos sozinha, essa situação pode ser o resultado tanto do divórcio como da viuvez. Uma das falsas imagens mais difundidas consiste em que voltar a casar após a morte do cônjuge é, sobretudo para os homens, uma coisa natural. Nem tudo o que se pode aceitar é assim tão óbvio. De modo especial, da aceitação de voltar a contrair matrimônio após a morte do cônjuge, dever-se-ia deduzir que um segundo matrimônio não representa revolução nenhuma. Em todo o caso, poder-se-á colocar a morte física acima da morte da relação como causa de dissolução do matrimônio?

e) Ninguém fracassa sozinho

Numa relação, ninguém fracassa sozinho. Quem tem consciência da sua responsabilidade pensa o seguinte: Quem fracassa comigo? Vêm à cabeça os filhos, mas também se pensa que a pessoa que se separou de mim fracassa juntamente comigo, mesmo que não pareça muito assim, pelo fato de essa pessoa ter iniciado uma nova relação.

Se é verdade que numa relação ninguém fracassa sozinho, devemos interrogar-nos: Poderão marido e mulher entender-se a esse respeito? De fato, na separação que põe termo à sua comunidade de vida, deveriam pôr em destaque, ao mesmo tempo, outro aspecto de afinidade, a saber, a que lhes é conferida pela experiência do fracasso. Com efeito, frente à interrogação sobre uma nova base, de modo especial no que diz respeito à parte de realidade partilhada que ainda têm à sua frente como pais, seria importante entenderem-se, para lá da separação, no fracasso que os une.

Por último, neste contexto, seria importante entender o fracasso do outro como o seu próprio sofrimento, ou, mediante essa compreensão do outro, permitir a indignação da própria autoestima, mas sem a cultivar. Em francês existe o ditado: *Tout comprendre c'est tout pardonner* [Entender tudo é perdoar tudo]. Isso é perigoso: se uma pessoa mostra demasiada compreensão, é possível que esteja reprimindo a sua autoestima. A compreensão tem um limite na avaliação justificada de si próprio. Todavia, há muita coisa que precisa de ser equilibrada: a autoestima justificada, por um lado, e a necessária compreensão, por outro.

f) O fracasso nunca se cura completamente, mas é possível viver com ele

As falsas esperanças e as falsas expectativas não devem ocultar nem reprimir o fracasso. Ambos os cônjuges devem ser capazes de perceber sentimentos sem os reprimir e de deixar que se aproxime deles a profundidade do sofrimento, sem masoquismo nem autoflagelação. No entanto, quem quer, na realidade, traçar os limites corretos a isso? O importante, porém, seria deixar que se aproxime, sem masoquismo nem autoflagelação, a certeza de que também o não completamente curado deve estar presente na vida de qualquer pessoa. Dorothee Sölle recorda os três anos de que precisou para pôr de parte fantasias suicidas, tal como o coxo Jacó, que, mergulhado no fracasso, luta por entendê-lo. Poder viver com a ferida do fracasso requer que se chegue aos compromissos adequados à vista de tal situação, e isso tem a ver com a assimilação do fracasso.

2 Devemos assimilar as experiências de fracasso, mas como se chega a isso?

No momento de abordar o fracasso das relações, o importante é permitir progressivamente às pessoas afetadas os seguintes conhecimentos e experiências, e observar como os assumem.

a) A pessoa configura as suas relações como um ser finito, limitado e falível (cf. MIETH, 1992)

Assimilar a experiência de fracasso significa descobrir-se a si próprio como criatura. Teologicamente, "ser finito e limitado" significa "ser criatura", ou seja, não ser Deus, não ter o complexo de

Deus, que constitui o fim de qualquer sonho de omnipotência, uma participação na morte e no pecado. Experimentar-se como ser limitado e, em última análise, impotente, é tão importante para qualquer pessoa que só nessa confrontação se pode visibilizar algo como a fé numa profundidade existencial. De fato, esperar a partir da fé, significa cristãmente: experimentar uma passividade fundamental e uma impotência extremas. Esperar algo devido a prognósticos propícios está ao alcance de todos, o que não constitui esperança, mas cálculo.

b) A vida também pode crescer sujeita a limitações

Esse processo de desenvolvimento e crescimento pode ser considerado tanto de um ponto de vista exterior ou superficial como de um ponto de vista interior ou profundo. À visão exterior ou superficial designá-la-ia eu pela expressão "muda de pele": o ser permanece idêntico a si mesmo; trata-se de um processo natural que muda a pele. A visão interior ou profunda é a "transformação": cada pessoa afetada continua a ser a mesma, mas constata dentro de si transformações que só são possíveis se o ser de uma pessoa foi abalado até ao fundo. A mudança do ser é o sinal da validade da experiência. Nos relatos de experiências dos divorciados também é posto em destaque que "fascínio" tem dois significados. "Fascina-me", dizemos nós, de modo não completamente adequado, quando contemplamos algo a distância. Contudo, do verdadeiro fascínio faz parte, na realidade, o vermo-nos abalados, comovidos. O *tremendum*, ou tremor, acompanha o *fascinosum*; e só ali onde isto se cumpre – no fascínio, mas também no outro extremo, no sofrimento – se dá "transformação" em vez de "muda de pele". A muda de pele supõe apenas variação ou regresso do que é idêntico. Supostamente, volta-se a fracassar na relação seguinte, do mesmo modo ou em conformidade com o mesmo padrão das relações anteriores. De fato, como deveriam ter presente as pessoas que esperam qualquer coisa de uma mudança de lugar ou de relação, uma pessoa leva-se a si própria consigo para onde quer que vá.

c) As boas qualidades e ações ressurgem depois de uma experiência de confronto (cf. MIETH, 1999: 142)

As más qualidades e ações ressurgem de igual modo. Porém, o fato de alguém estar numa situação negativa em nada invalida as suas qualidades, atitudes e ações aparecidas em tal situação. Por conseguinte, estas ressurgem com a assimilação da culpa e do fracasso; nesse sentido, compete-nos afirmar que a transformação que então acontece também faz da parte de culpa contida no fracasso, algo como a possibilidade de uma culpa feliz, ou seja, aberta ao futuro: *felix culpa*.

d) A pessoa que se equivoca pode renascer do arrependimento (cf. SCHELER, 1954: 29-59)

"Arrependimento" não significa que as pessoas afetadas estejam em condições de resolver todas as questões concretas personalizando, objetivando etc., a culpa. O arrependimento pode incluir perfeitamente a questão irresolúvel: "Por quê?" As pessoas afetadas confrontam-se com a sua parte de responsabilidade no fracasso, que não pode ser determinada com precisão, e isso possibilita um renascimento, tal como o descreve, por exemplo, Adalbert Stifter, no seu relato *Brigitta* (cf. STIFTER, 1997): o esposo fracassado sabe que empurrou a sua mulher para quinze anos de solidão, embora tenha sido ela que o abandonou. Antes disso, ele tinha-a trocado por outra, e a esposa, na sua autoestima ferida, foi incapaz de perdoar-lhe durante quinze anos. Ambos reconhecem a sua culpa frente ao outro, como *pathos* do século XIX: "'Pobre, pobre da minha esposa – disse ele, pesaroso –, durante quinze anos vi-me privado de ti, durante quinze anos viveste sacrificada'. Ela, porém, juntou as mãos e, fitando-o no rosto, disse-lhe, em tom cúmplice: 'Errei, perdoa-me, Stephan; foi o pecado do orgulho!'" Ambos tiveram, por assim dizer, a sua parte; e só em seguida se dá o novo nascimento. Tudo o que renasce deste modo, em virtude do arrependimento, ergue-se de novo. É essa a lição teológica, e então passa a haver mais do que antes havia. Neste caso, trata-se da cura de um matrimônio, algo que pode parecer *old fashioned* [antiquado], mas que dá para meditar.

e) Aprender a sofrer (cf. MIETH, 1989: 9-31)

As pessoas não se comprazem apenas nas suas relações, também sofrem pela sua imperfeição. Também é possível dilatar excessivamente as expectativas, que assim sobrecarregam o outro e passam ao largo diante dele. Não posso deixar de sugerir aqui uma resposta para a complexa questão da capacidade de sofrimento. Às gerações anteriores era ensinado: o sofrimento deve ser suportado, ou talvez até implorado; é muito bom conhecer o mundo como "vale de lágrimas", pois tanto mais se aprenderá assim a dar valor à salvação eterna. A par disso havia a ideia de que o sofrimento deve ser integrado na vida. É possível carregá-lo na presença de Deus, integrá-lo nas experiências religiosas da vida. A isso se contrapõe, na atualidade, uma terceira atitude: libertar-se, na medida do possível, do sofrimento, tentar eliminar, tanto quanto possível, a causa do sofrimento, livrar-se dela.

Carregar, integrar e libertar-se: eis três modos de responder ao problema do sofrimento. Quem opina exclusivamente que devemos nos livrar do sofrimento e eliminar as suas causas, na medida do possível, sucumbe à "pressão de ter de resolver problemas", algo que, na atualidade, se considera "científico e moderno". Quando não é possível curar o fracasso, também se tem o direito de o carregar. Só que essa atitude não deve chegar a extremos, como acontece em algumas tradições cristãs, até ao anseio de entender o sofrimento como "cruz" e de implorá-lo. Tais perspectivas – carregar o sofrimento, integrá-lo no conjunto da vida e, por outro lado, libertar-se dele, lutar contra ele, eliminar as suas causas – devem, em minha opinião, permanecer unidas; e cada um deve encontrar sozinho a forma de equilibrá-las entre si. Isso não pode ser considerado igual para todos. Porém, os três pontos de vista fazem parte do processo de luto: O que devo carregar, do que me devo libertar, o que posso integrar? Do ponto de vista cristão, também é certo que o sofrimento é elevado à altura da solidariedade da cruz, em vez de ficar esmagado sob o peso da cruz. Há uma diferença entre o mundo cristão e o mundo grego: em última análise, o cristianismo não entende o sofrimento e o fracasso como tragédia heroica do destino. Frente à tragédia da existência, há apenas uma atitude adequada: o luto, o processo de luto. O cristianismo ensina a solidariedade da cruz, em que Deus se dá a conhecer como aquele que sofre por amor, se revela como amante na medida em que participa como homem verdadeiro no destino humano e o suporta. Daí que, na aprendizagem cristã do sofrimento, prevaleça igualmente a elevação do sofrimento, não o seu esmagamento sob uma cruz, que é entendida, de forma equivocada, como jugo da existência cristã, em vez de como ajuda de Deus, jugo que nós próprios talhamos para levar sobre os nossos ombros.

f) A pessoa necessitada de salvação só pouco a pouco aprende o que realmente importa

Já aludimos brevemente ao que é importante, do ponto de vista cristão, com aquela frase citada por Dorothee Sölle: "Basta-te a minha graça". "Quem não se levanta (*aufsteht*) também não ressurge (*ersteht*)". Nesse sentido, a apropriação cristã da ideia de ressurreição também tem qualquer coisa a ver com "rebelião" (*Aufstand*), opina Jacques Pohier (cf. POHIER, 1980)[31]. Quem não é "rebelde" (*aufständisch*) não ressuscita (*aufersteht*). Assim, pois, não se trata apenas de ter presente a passividade fundamental de que já falamos. Há, certamente, uma última passividade fundamental do cristão: eu preciso da salvação, estou prostrado. "Lançou-me de rosto contra o solo" (Dorothee Sölle). Quem recebe a graça divina com esta atitude, deixa-a atuar.

---

31 Com esta sugestão não adiro à visão que Pohier tem da agonia e da morte.

Mas, por outro lado, também há a resistência necessária, a rebelião necessária como sinal de que cremos na solidariedade de Deus não só na cruz, mas também na ressurreição. Lancemos mais uma vez um olhar à história do encontro de Jesus com a samaritana. Jesus diz-lhe: "Tiveste cinco maridos e o que tens agora não é teu marido". Poderíamos tirar esta frase do seu contexto e afirmar que o Jesus joanino está moralizando esta mulher; contudo, nada se diz de tal intenção. E a mulher também não o experimenta assim. Diz ela: tens razão; se sabes isso, és um profeta. O que é, portanto, mais importante? Jesus não se dirige à mulher com diagnósticos moralistas, diz apenas que chegará o momento em que todos adorarão a Deus "em espírito", não só em Jerusalém ou na Samaria. É evidente que Jesus põe de parte as distinções morais quando come, bebe e conversa abertamente e sem preconceitos com os pecadores. A boa notícia da reconciliação ocupa o lugar do diagnóstico da lei. Por isso: Se é possível uma nova vida, a partir do fracasso, que dignidade religiosa ou, mais exatamente, cristã, tem este?

3 Nova vida a partir do fracasso

a) As situações de partida são diferentes

Em primeiro lugar, há que tomar consciência de quão heterogêneas são as situações de partida. A descrição geral de um novo começo é quase impossível. Viver numa nova relação, que estabelece novas exigências, por ser, por exemplo, uma situação de partida; viver sozinho e assumir uma nova responsabilidade, uma responsabilidade distinta. A existência de filhos pequenos e a diversidade do seu caráter e idade também mudam a situação de modo considerável. Como as posições de partida são diferentes, também as possibilidades de nova vida o são. Consoante a vida seja vivida e experimentada, assim significa algo completamente diferente para cada pessoa. É sempre suspeito falar do sofrimento sem mais. Não há duas vidas iguais, tal como também não há dois sofrimentos nem dois fracassos.

b) As possibilidades são diferentes

Alguns exemplos: uma mulher quer, por exemplo, iniciar uma nova relação, mas esse novo começo não se revela possível. Na história de amor de Tristão e Isolda, sobretudo no novo encontro de Tristão com a outra Isolda, Isolda das Mãos Brancas, isto é narrado, precisamente, no caso do varão: não é possível um novo começo. O Tristão que, após o desterro e a separação de Isolda, a Loura, conhece Isolda das Mãos Brancas, é pura e simplesmente incapaz, tanto em termos psíquicos e físicos, de iniciar uma nova relação. Tristão, cujo nome procede de *tristesse* [tristeza], não conhece a leviandade de um novo gozo amoroso. Trata-se do modelo de uma experiência possível (cf. MIETH, 1976).

Eis um segundo modelo: certa mulher não quer iniciar uma nova relação. Exercita-se na arte da solidão, sem projetar sobre os seus filhos a falta de um companheiro.

Um terceiro modelo: abrir-me a um novo processo de relações na minha vida. As possibilidades são tão diferentes que não se pode dizer o que seria válido para todos os casos, o que seria aconselhável, em termos gerais. A nova vida deve ser apoiada pela solidariedade. Só o reencontro consigo mesmo conduz a um caminho de nova vida.

c) Seja como for, trata-se de viver de forma mais consciente, de vivificar ativamente a vida

"Vivificação" da vida significa apenas que a experiência de intensidade da vida cobra maior força. As pessoas que realmente creem experimentam a esperança como estando cheia de sentido, pois com ela podem viver de forma mais intensa. Se uma pessoa não vive mais intensamente, graças à fé cristã; se a experiência da fé cristã não fortalece a sensibilidade para algo "que faz subir mais alto e descer mais fundo" (Robert Musil); então, essa fé não é uma experiência, mas mera convenção. Vivificar a vida é possível ali onde os contrastes são mais acentuados, e é isso que sucede no fracasso. Vivificar a vida e viver de forma mais consciente revela-se possível onde se podem estabelecer contatos. Em muitos casos, por causa do novo começo no fracasso, os novos contatos são necessários: como pai ou mãe solteiros num grupo de referência, em novas situações profissionais. Para isso, é necessária, sem dúvida, a experiência da solidariedade, sobretudo da solidariedade de comunidades eclesiais. Quem quer viver de forma mais consciente e vivificar a vida tenta ancorar "mais profundamente" a sua identidade. Aprende mais acerca daquilo que se oculta sob a sua própria identidade. "Deus atua e eu transformo-me", diz o Mestre Eckhart, em relação a esse aprofundamento do autoconhecimento.

d) Os novos caminhos vitais depois do fracasso suscitam problemas com as normas sociais e institucionais

O mundo secular também está regulamentado. Porém, os impedimentos regulamentadores, no que diz respeito ao direito familiar e ao divórcio, pelo contrário, são indiretos e burocráticos. Tal como costuma ser entendida, a sanção que a Igreja Católica impõe aos seus membros, se eles contraem um novo matrimônio depois de um divórcio, não deve ser vista como excomunhão da Igreja, mas antes como não admissão à comunhão eucarística. Para que tais normas sejam modificadas, no sentido do amor de Deus, que é maior do que o fracasso, são necessárias duas coisas: primeiro, que os afetados exponham as suas experiências genuínas, no sentido de convicções cristãs vividas; segundo, que a Igreja esteja disposta a abrir-se tanto às experiências dos afetados como às possibilidades da sua própria Tradição (cf. abaixo) e, como resultado de semelhantes encontros, reconsidere as suas normas. Isso também pode ocorrer de tal modo que a Igreja exija condições prévias especiais para percorrer o caminho sacramental até o matrimônio. E, a par disso, a Igreja também deveria respeitar as uniões de vida de cristãos e cristãs que não tenham sido seladas sacramentalmente, devido à responsabilidade recíproca vivida pelos cônjuges. O caminho que passa pela consciência dos afetados também deveria ser preservado, frente a um objetivismo fundado no direito sacramental, no qual se levantam obstáculos ao acesso ao amor misericordioso de Deus.

e) Que sentido tem, aos olhos de Deus, a história de fracasso de um matrimônio?

Regresso ao ponto de partida: a afirmação central da fé cristã no que diz respeito à imagem de Deus é esta: Deus é amor. E amor significa aceitação incondicional. Antes de mais, trata-se de ver de que maneira Deus mostra o amor por sua própria iniciativa. Já foi referido, no início deste capítulo, que esse amor se manifesta no fato de que, para Deus, qualquer pessoa vale mais do que aos seus próprios olhos e aos olhos dos outros. Isso quer dizer que é importante ter em conta que, em termos de fé, o indivíduo experimenta Deus como amor, o que para ele implica uma revalorização pessoal. O amor revaloriza a pessoa na medida em que se dirige a ela como se não existisse mais ninguém e como se todos os outros não contassem, nesse momento. Temos como fato assente que Deus ama todos por igual e, no entanto, cada indivíduo de forma especial. Isto é difícil de imaginar para nós, e só se pode pensar como paradoxo. O paradoxo do amor divino, ou seja, do amor que flui de Deus, é o fato de ser amor "a todos por igual e a cada um de modo especial": isso encerra um mistério. Contudo, existem analogias para esse mistério. Não por acaso, ainda antes de Jesus, Deus era denominado Pai ou Mãe (por Oseias, p. ex.), porque o amor paterno e materno pode, de fato, aceitar todos os filhos por igual e, no entanto, cada um deles de modo especial.

É essa a imagem propriamente cristã que temos de Deus. A todos por igual e a cada um de modo especial: isto é um mistério.

Este deve ser acompanhado pela reflexão de que tal mistério nos será revelado quando vivermos, "não já na fé, mas na visão (beatífica)", isto é, quando ressuscitarmos. Os novíssimos mostram-nos que o amor preferencial e a abertura formam uma unidade. Isto só se tornará visível no céu (cf. abaixo).

Daí que se levante a pergunta: Que sentido tem uma história aos olhos de Deus, a história de um fracasso, a história de duas relações sucessivas, se uma pessoa fracassou no amor preferencial? Ninguém pode estar completamente aberto a todos. O amor preferencial conhece limites. Isso, precisamente, torna-se manifesto no fracasso: o projeto de vida em que o amor preferencial se realiza em tão grande medida costuma ser desbaratado. A pessoa afetada, porém, precisa do amor preferencial como qualquer outra pessoa. Só na ressurreição se torna patente de que modo se entretece o amor preferencial com o amor universal. Ou, o que vai dar no mesmo, como é que o indivíduo forma uma nova comunidade com todas as pessoas a quem não pode amar simultaneamente neste mundo. De fato, a única coisa que está ao nosso alcance é amar primeiro uns e não excluir imediatamente os outros do seu amor. Isso também se aplica ali onde o amor preferencial não se vive numa comunidade sexual de vida, mas numa comunidade conventual: tudo o que é distinto é distinto, e tudo o que não é distinto não é distinto. A comunidade conventual não é criada mediante um sacramento, mas mediante votos. Esses votos de fidelidade parecem mais fáceis de revogar, em caso de fracasso, do que as implicações de fidelidade do sacramento matrimonial. Neste ponto, atribui-se tradicionalmente um papel especial à morte do cônjuge. Porém, cabe-nos agora perguntar: Existirá apenas essa morte? Além disso: Essa morte física constitui uma dissolução do matrimônio provida de um futuro aberto para uma nova relação? Não existe uma vida da relação para lá da morte física? Porventura não existem casamentos que perduram no céu, por amor, sem prescrições adicionais?

4 O Sacramento do Matrimônio, morte e ressurreição

Tornar hoje experimentável, na fé, o Sacramento do Matrimônio constitui uma missão especial. As pessoas que pertencem à Igreja percebem, sem problemas, uma consonância entre a necessidade básica universal de permanecer numa relação fiável, necessidade que, como é evidente, continua a existir nas sociedades liberais, e o oferecimento da Igreja de colocar a vida conjugal sob um sinal eficaz de salvação, sempre que esteja presente a pertinente vontade conjugal. Quem fala do Sacramento do Matrimônio encontra ouvintes (cf. MIETH, 1987: 95-105).

Todavia, o que aqui nos interessa é o fracasso no âmbito do matrimônio sacramentalmente contraído. Como se sabe, fala-se de matrimônio até que a morte separe os cônjuges. É tradição e práxis eclesial não ver qualquer obstáculo a um novo ato sacramental, após a morte de um dos cônjuges. Mas isso não é assim tão evidente, já que o testemunho bíblico que parece falar de um céu sem matrimônio (cf. Mc 12,25 par.) também se poderia entender de outra maneira.

As seguintes reflexões concisas partem de dois impulsos que talvez sejam insólitos na exegese desta passagem. O primeiro é que Jesus se manifesta aqui de forma explícita sobre a questão da ressurreição (o que é raro nele) – independentemente do seu próprio destino e da promessa, entendida como consolação e recompensa, de um mundo melhor – e, impelido, por assim dizer, pelas circunstâncias, apenas para refutar uma ideia convencional dos fariseus sobre o matrimônio e o celibato (cf. Mc 12,18-27; Mt 22,23-33; Lc 20,27-38). Marcos e Mateus inserem a perícope entre o problema dos tributos e o mandamento do amor. Lucas, que já antes tinha abordado esse tema (cf. Lc 10,25-37), situa imediatamente a seguir a questão do Messias, que, por sua vez, segue o mandamento do amor. Se optarmos pela sucessão de Marcos, vemos Jesus já em Jerusalém, no confronto final. Depois de aparecer diante da multidão que o aclama (entrada na cidade entre hosanas) e do contraponto da falta de frutos e da impaciência (Jesus procura figos na figueira fora de época e, não encontrando fruto algum, amaldiçoa-a), a uma maldição metafísica segue-se o ato no Templo e o confronto com fariseus e saduceus em termos argumentativos, apelidando-os de profetas da desgraça. Os saduceus fazem então a Jesus a sua pergunta capciosa sobre a ressurreição, motivo, para eles, de confronto com os fariseus, para forçar Jesus a posicionar-se a favor de uns ou de outros. Jesus, porém, elege a resposta a essa casuística da ressurreição de tal modo que desvincula a fé na ressurreição de instituições como o matrimônio. A pergunta "Que ensina Jesus sobre a ressurreição?" não pode esperar aqui, como resposta, uma descrição doutrinal da vida depois da ressurreição. A resposta de Jesus à história dos sete irmãos contém antes, em primeiro lugar, uma tese contrária à dos seus interlocutores e baseada na Escritura e na imagem adequada de Deus: "Estais enganados". A fundamentação subsequente termina com as palavras: "Estais muito enganados".

Jesus diz aos fariseus, usando uma indireta: o céu não é uma instância de reconhecimento do matrimônio. Em outras passagens, porém, Jesus revela o seu gosto pela imagem do Reino de Deus como banquete nupcial. Por conseguinte, aqui trata-se da eliminação de um vínculo entendido de modo exclusivamente institucional e patriarcal: matrimônio e família (cf. Mc 12,25).

"Serão *como* anjos", tem, pois, uma intenção anti-institucional: contra aquilo que dá a entender uma ideia dos fariseus, o que, por sua vez, se pressupõe na capciosa pergunta dos saduceus, não existe nenhuma garantia institucional. A afirmação mais importante de Deus sobre si próprio, na Sagrada Escritura, que Jesus utiliza como seu principal argumento, reza assim: Eu não era, Eu sou o Deus dos pais (cf. Ex 3,6). Trata-se de uma presença permanente! Um Deus assim é o simultâneo, a irrupção de um tempo transversal na linha histórica. Anuncia-se uma interrupção competente do insidioso relato dos sete irmãos.

Marius Reiser entende-o de modo semelhante:

> Jesus deriva [...] o fato da vida depois da morte [...] (curiosamente) de Ex 3,6 [...]. Considera absurdo aceitar que Deus se caracterize a si próprio como Deus de pessoas falecidas há muito tempo, de sombras sem vida na terra do silêncio. Aceitar que o ser humano se possa subtrair ao senhorio e à solicitude de Deus, apenas morrendo, equivaleria a menosprezar o poder divino. A frase sobre a ressurreição do ser humano e a sua sobrevivência, depois da morte, deriva do conceito que Jesus tem de Deus (apud *Informationen*, 250, Rotemburgo-Stuttgart, 8).

A estrutura da argumentação de Jesus é silogística. Refuta um falso silogismo, que acaba por se contradizer a si mesmo. Premissa principal: Deus pertence ao âmbito da vida, não ao da morte. Premissa menor: Os pais estão mortos. Conclusão: Portanto, Deus (já) não é o Deus dos pais. Porém, o exame dos textos demonstra que Deus afirma o contrário: Eu sou o seu Deus, o Deus dos pais. Daí que o silogismo deva ser outro. Premissa maior: Onde está Deus, existe vida. Premissa menor: Os pais estão onde está Deus, visto que Ele é o seu Deus. Conclusão: Os pais estão vivos. Porém, de uma forma diferente de como vós, os fariseus, imaginais. Contudo, o gozoso banquete escatológico e *hic et nunc* [aqui e agora] do momento culminante, da boda, é uma imagem do acontecimento, não da instituição.

Por isso, nem o matrimônio nem o celibato são abordados aqui tal como são imaginados enquanto formas de vida ou instituições. É fácil recorrer aqui a uma formulação do principal texto paulino sobre a ressurreição (1Cor 15,49s.): o que se promete é uma transformação, não uma reintegração em moeda terrena.

A forma de vida sacramental (quer dizer, simbólica) do matrimônio testifica, como forma, a intensidade e a fidelidade do amor de Deus pelos seres humanos; a estes corresponde a paternidade e a maternidade como sinais da compatibilidade da intensidade (eleição exclusiva) e a extensão (abarcando tudo) do amor que procede de Deus; além disso, o celibato associado ao motivo do seguimento, enquanto sinal de universalidade. No sentido de Paulo: que cada qual tente mostrar força, sentido e fecundidade. A teleologia das formas de vida é a forma escatológica em que competem umas com as outras: nem todas têm o mesmo sentido e valor para os afetados, embora tenham a mesma dignidade.

Será possível ampliar a abordagem e falar da morte, não a partir de um ponto de vista físico, mas como morte da relação, ainda que os cônjuges continuem vivos? Da reflexão sobre o fato de Jesus responder à pergunta dos saduceus defendendo a fé na ressurreição, mas subtraindo-se ao mesmo tempo à expectativa institucional de ressurreição dos fariseus, poderíamos concluir que Jesus não diz nada sobre aqueles que, como cônjuges amorosos no matrimônio sacramental, esperam o prolongamento pós-institucional deste numa nova vida. A tal reflexão, alguns reagem com alegria, pois, para eles, a relação não morre com a morte; outros, pelo contrário, não podem esconder a sua surpresa: "Devemos esperar continuar juntos mesmo no céu?" Uma relação em que se formula semelhante pergunta estará realmente viva? Poderá converter-se a separação, devido à morte, numa expectativa, melhor ainda, numa esperança?

O novo matrimônio sacramental que a morte de um dos cônjuges possibilita ao outro não parece a Paulo algo evidente (cf. 1Cor 6ss.). No entanto, procedendo assim em caso de morte corporal, levanta-se a interrogação: O que se sabe da morte psíquica da relação? Esta outra morte, porventura não é também uma morte? Não existe para ela um além terreno, intramundano? A morte física mudou: as mulheres já não morrem devido ao esforço desmesurado associado aos partos, a poligamia dos patriarcas não é uma opção. As pessoas vivem muito mais tempo e têm de enfrentar muito mais desafios do que antes. O potencial de mudança das sociedades agitadas e aceleradas origina, ao mesmo tempo, e, a par da maior esperança de vida, o alargamento das relações. Por conseguinte, devemos interrogar-nos mais uma vez: Porventura existe um "além" intramundano?

Semelhante perspectiva ainda não oferece resposta para a questão do tratamento eclesiástico para com os fiéis divorciados recasados pelo civil. Contudo, dirige o olhar para a Tradição, que, tendo em conta os seus pressupostos históricos, procurou e encontrou respostas. Essa Tradição foi estudada, no passado, por Joseph Ratzinger, que chegou à seguinte conclusão:

> (a) O processo de nulidade [...] não esgota o problema, não podendo por isso pretender a rigorosa exclusividade que teve de lhe ser atribuída sob o domínio de uma determinada forma de pensar. (b) A necessidade de que o segundo matrimônio tenha sido acreditado como uma realidade moral, durante um período prolongado e tenha sido vivido no espírito da fé, corresponde de fato ao tipo de indulgência tangível em Basílio, segundo a qual, após um longo período de penitência, ao "bígamo" (ou seja, a quem vive num segundo matrimônio) administra-se a comunhão sem necessidade de pôr termo à segunda união: confiando na misericórdia de Deus, que não deixa a penitência sem resposta.

Para Ratzinger, que escreve isto em 1972, daqui se depreende o seguinte:

> A abertura da comunhão eucarística, após um período de prova, não parece ser menos justa e plenamente conforme com a Tradição da Igreja: a admissão à *communio* não pode depender aqui de um ato que seria bem imoral, bem faticamente impossível... O matrimônio é *sacramentum*... isto, porém, não exclui que a comunhão eucarística da Igreja compreenda também aquelas pessoas que reconhecem esta doutrina e este princípio de vida, mas que se encontram numa situação de necessidade de índole particular, em que precisam, de modo especial, da plena comunhão com o Corpo do Senhor. A fé eclesial continuará a ser, mesmo assim, sinal de contradição; trata-se de uma característica inerente a ela, e precisamente por isso sabe estar imersa no seguimento do Senhor (RATZINGER, 1972, p. 35-36).

A ressurreição depois da morte física recupera tudo o bom que, apesar dos problemas, se pôde viver numa relação que terminou, de tal modo que esse bom ressuscita: para as pessoas afetadas, para outras pessoas envolvidas, para todos. A nova e responsável vida relacional que se segue à morte de uma relação nesta vida encerra a esperança cristã de que também aí o Reino de Deus "está próximo": um trecho desse céu, em que o amor preferencial e a abertura se entretecem, deveria ser possível já desde agora. As pessoas deveriam tentar viver com isso. Se "o ser humano é o caminho da Igreja", a *communio* eclesial deveria expressá-lo no sentido das possibilidades da Tradição e no sentido dos novos desafios e das convicções cristãs vividas.

Referências

AUER, A. (1995). Zur Seelsorge mit wiederverheirateten Geschiedenen. *Theologische Quartalschrift*, 175, p. 84-96.

BACHMANN, I. (1971). *Malina* – Roman. Frankfurt.

CONGREGAÇÃO PARA A DOUTRINA DA FÉ. *Carta aos bispos sobre a recepção da comunhão eucarística por parte dos fiéis divorciados recasados*, 15/10/1994 [disponível em: http://www.vatican.va/roman_curia/congregations/cfaith/documents/rc_con_cfaith_doc_14091994_rec-holy-comm-by-divorced_po.html].

FUCHS, G. & WERBICK, J. (1991). *Vom christlichen Umgang mit Niederlagen*. Friburgo.

GEMEINSAME SYNODE DER BISTÜMER IN DER BUNDESREPUBLIK DEUTSCHLAND (1976). *Christlich gelebte Ehe und Familie*. Friburgo/Basileia/Viena: Herder, caderno 11 [Resoluções do Sínodo das dioceses alemãs].

HOFF, G.M. (org.). (2008). *Lieben* – Provokationen. Innsbruck/Viena [Salzburger Hochschulwochen de 2008].

Informationen, 250. Rotemburgo-Stuttgart.

JOHNSON, U. (1981). *Skizze eines Verunglückten*. Frankfurt.

JOPP, A. (1996). *Die Zeit ist reif* – Sakramentenempfang durch wiederverheiratete Geschiedene. Nürtingen.

MESTRE ECKHART. (1997). *Deutsche Werke*. Vol. IV. Stuttgart.

_____ (1993). *Klassikerausgabe in 2 Bänden*. Vol. 2. Munique.

MIETH, D. (2014). *Meister Eckhart*. Munique.

_____ (2008). "Lieben – Von der Anerkennung zur Annahme zur Einheit". In: HOFF, G.M. (org.). *Lieben* – Provokationen. Innsbruck/Viena, p. 124-148.

_____ (2000). "Das sechste Gebot, Du sollst nicht ehebrechen – Ewige Liebe – Glück oder Illusion? Vom Eheordal in 'Numeri' bis zu Uwe Johnsons 'Skizze eines Verunglückten'". In: SCHMIDT, S. (org.). *Was die Zehn Gebote heute bedeuten können* – Anstöße zum Glücklichsein. Ostfildern, p. 168-193.

_____ (1999). *Moral und Erfahrung*. Vol. 1. Friburgo.

_____ (1992). *Das gläserne Glück der Liebe*. Friburgo.

_____ (1989). "Mystische Frömmigkeit in unserer Zeit. Zur Aktualität des 'Buches der göttlichen Tröstung' Meister Eckharts". In: BÖHME, W. *Begegnung mit Gott* – Über den mystischen Glauben. Stuttgart, p. 9-31.

_____ (1987). Das Sakrament der Ehe angesichts der Frage nach Glauben und Erfahrung. *Theologische Quartalschrift*, 167, p. 95-105.

_____ (1984). *Ehe als Entwurf* – Zur Lebensform der Liebe. Mainz.

_____ (1976). *Dichtung, Glaube und Moral. Studien zur Begründung einer narrativen Ethik*. Mainz.

POHIER, J. (1980). *Wenn ich Gott sage*. Mainz.

RAHNER, K. & RÖPER, A. (1975). *Objektive und subjektive Moral*. Friburgo.

RATZINGER, J. (1972). "Zur Frage der Unauflöslichkeit der Ehe, Bemerkungen zum Dogmengeschichtlichen Befund und zu seiner gegenwärtigen Bedeutung". In: *Ehe und Ehescheidung, Diskussion unter Christen*. Munique, p. 35-56. [Schriften der Katholischen Akademie in Bayern, vol. 59].

SCHELER, M. (1954). "Reue und Wiedergeburt". In: SCHELER, M. *Das Ewige im Menschen*. Berna, p. 29-59.

SÖLLE, D. (1975). *Die Hinreise*. Stuttgart.

STIFTER, A. (1997). *Brigitta* – Novelle. Frankfurt.

THEOBALD, M. (2002). *Herrenworte im Johannesevangelium*. Friburgo.

_____ (1995). Jesu Wort von der Ehescheidung. *Theologische Quartalschrift*, 175, p. 109-124.

VIRT, G. (1983). *Epikie* – verantwortlicher Umgang mit Normen. Mainz.

12
Desafios e prioridades para o evangelho da família

Caso paradigmático de uma família atual*

Terrence Keeley

> *Numa perspectiva que, além do mais, chega às próprias raízes da realidade, devemos dizer que a essência e a missão da família são definidas, em última análise, pelo amor. Por isso, a família recebe a missão de guardar, revelar e comunicar o amor (FC 17).*

O Sínodo dos Bispos, convocado em dupla assembleia – extraordinária (2014) e ordinária (2015) – para debater desafios pastorais associados à família, no contexto da evangelização, con-

---

* "Die Entwicklung einer katholischen amerikanischen Familie – Vom Frömmigkeit zur Pluralität in vier Generationen". In: AUGUSTIN, G. & PROFT, I. (orgs.). *Ehe und Familie* – Wege zum Gelingen aus katholischer Perspektive. Friburgo: Herder, 2014, p. 321-347.

fronta-se com tarefas gigantescas. Passado meio século, os ensinamentos tradicionais da Igreja e a prática familiar moderna divergiram de forma considerável. No fim da presente década, nas culturas ocidentais, menos de um terço das crianças serão educadas em famílias nucleares tradicionais. As crianças nascidas fora do matrimônio, separadas dos seus pais pelo divórcio ou pela migração, órfãs ou criadas por casais homossexuais, passarão a ser o dobro das que vivem com os seus dois progenitores biológicos. Os esforços da Igreja por apresentar os acreditados êxitos das famílias nucleares têm uma escassa repercussão prática. De modo análogo, cada vez são menos os católicos que seguem o ensinamento da Igreja sobre a sexualidade[32]. São bem conhecidas as atitudes de numerosos católicos praticantes em relação ao controle da natalidade: a doutrina eclesial é largamente ignorada. Além disso, segundo o Inquérito Global 2013 do Pew Research Center, a homossexualidade é largamente aceita na América do Norte, na União Europeia e em grande parte da América Latina. Essas tendências têm feito com que a autoridade moral da Igreja seja posta em causa. Ao longo das últimas décadas, reiterados escândalos sexuais e econômicos têm lesado a imagem da Igreja, dando azo a uma debilitante acusação: *hipocrisia*[33]. Exortações centradas na família, tais como as que são feitas na *Familiaris Consortio*, na *Gaudium et Spes* e na recente Exortação Apostólica do Papa Francisco, *Evangelii Gaudium*, encerram

---

32 Segundo a doutrina católica, toda a relação sexual fora do matrimônio heterossexual que não seja simultaneamente procriativa e unitiva é "gravemente pecaminosa". Condenam-se as relações pré-matrimoniais, o controle da natalidade, a masturbação, as relações sexuais puramente unitivas entre cônjuges e todos os atos homossexuais. Embora se considere aceitável a atração homossexual, toda a atividade homossexual é qualificada como "intrinsecamente desordenada". Apesar disso, pesquisas recentes mostram que 82% dos católicos dos Estados Unidos não consideram imoral o controle da natalidade, e uma clara maioria está a favor do matrimônio civil de pessoas do mesmo sexo.

33 Em maio de 2014, o arcebispo Silvano Tomasi informou um *comité* das Nações Unidas de que, entre 2004 e 2013, 858 sacerdotes foram suspensos e privados das licenças sacerdotais e 2.572 foram castigados por abusos sexuais a menores. O arcebispo Tomasi afirmou ainda que a Igreja fez um donativo de 2.500 milhões de dólares a algumas das vítimas desses delitos.

uma grande sabedoria. Em todo o caso, para qualquer organização se torna difícil guiar os seus membros ou inspirar outros, quando milhares dos seus próprios líderes não cumprem os compromissos solenemente assumidos.

A minha própria educação dificilmente poderia ter sido mais católica. Os meus pais permaneceram juntos durante 53 anos, até à morte da minha mãe. Criaram oito filhos: os meus cinco irmãos, as minhas duas irmãs e eu. Além de termos sido batizados, todos nós frequentávamos regularmente a igreja, participávamos nos sacramentos e estudamos em escolas católicas, pelo menos durante parte da nossa educação. Dois de nós frequentamos a Universidade de Notre Dame/Indiana, talvez a instituição católica de ensino superior mais prestigiada do mundo. Cinco de nós nos casamos, dois com católicos praticantes. Agora temos os nossos próprios filhos, uma nova geração de oito moças e três rapazes. Já adultos, três dos meus irmãos assumiram-se homossexuais. Dois deles têm atualmente um companheiro estável. Os meus quinze primos direitos trouxeram ao mundo mais 29 crianças. De um modo geral, por razões que mais adiante exporei, o dom da fé católica, porém, não foi conservado nem largamente transmitido à geração mais jovem. Com efeito, apesar da inspiradora piedade católica dos meus avós, hoje em dia, menos de um quarto dos seus descendentes e companheiros respectivos continuamos a ser católicos praticantes. A história da evolução das nossas crenças e práticas religiosas coletivas, nas últimas sete décadas, reflete diretamente os desafios e as oportunidades que a Igreja tem de enfrentar na atualidade.

1 O *background* religioso geracional

Os meus avós – Richard William e Theresa Canny Keeley, pelo lado paterno, e Hector e Solange Gougeon Malette, pelo lado materno – eram modelos de devoção e piedade católicas. Os dois primeiros nasceram no Connecticut, onde os seus pais se tinham estabelecido depois de emigrarem do condado de Offaly (Irlanda), em finais do século XIX. O primeiro Mallet chegou a Ville Marie (hoje Montréal) com Maisonneuve, na década de 1640[34]. Killeigh – a aldeia irlandesa do condado de Offaly de onde são originários os Keeley – significa "igreja no campo". Solange significa, em francês, "único anjo". Quis o destino que Dick e Tess Keeley e Hector e Solange Malette acabassem por se estabelecer e criar as suas famílias em Windsor (Ontário).

O meu pai tem uma irmã; a minha mãe, quatro irmãs e dois irmãos. Todas as minhas tias e tios estudaram em escolas católicas, sobretudo em Windsor. As irmãs da escola primária de Santa Clara e do Instituto Secundário de Santa Maria, bem como os padres basilianos do Instituto Secundário de Nossa Senhora da Assunção, desempenharam papéis de primordial importância na sua formação.

* * *

> *Os filhos, como membros vivos da família, contribuem a seu modo para a santificação dos pais (GS 48).*

O meu avô paterno era membro ativo dos Cavaleiros da Ordem de Colombo, acabando por ser distinguido por duas vezes, uma como cavaleiro da Ordem de São Gregório, outra como cavaleiro da Ordem de Malta. A sua vida foi marcada pela incansável dedicação a causas católicas: presidiu aos conselhos da universidade e do hospital católicos locais, à Campanha do Rosário e à associação da "Primeira Sexta-feira do Mês", o *First Friday Club*, e também dirigiu a construção de residências para mães solteiras. O seu filho –

---

34 Com o tempo, Mallet converteu-se em Malette. Em 1802, o avô do meu avô contraiu matrimônio com Marie-Rose, sem apelido, em Rigaud (Québec), do outro lado do Rio Otava, onde viviam os índios moicanos. Hector e os seus descendentes são considerados franco-canadianos.

meu pai – foi menino do coro e membro – mudo, como ele próprio confessava – do coro paroquial. Quando os canhões da Segunda Guerra Mundial se calaram, o meu avô comungava diariamente. Para o papel que desempenhou como diretor de uma grande fábrica de munições para ajudar ao esforço aliado terá provavelmente contribuído tanto a sua consciência de dever comunitário como o seu reconhecimento da fugacidade da vida.

Hector Malette também estava convencido da importância da comunidade e trabalhava para ela, silenciosa e incansavelmente, nos bastidores. Estudou Farmacologia e abriu a sua própria farmácia, que abastecia o Hôtel Dieu, o maior hospital católico de Windsor. O seu pai, ferreiro de profissão, faleceu com quarenta e poucos anos. Por essa razão, a sua mãe mudou-se para Otava e dedicou-se ao aluguel de quartos a hóspedes. O irmão de Hector, Eugene, ingressou na congregação dos Irmãos das Escolas Cristãs ou de La Salle, em Laval (Québec), aos treze anos de idade, e foi irmão católico durante toda a vida. Ao fim de alguns anos no seminário, Hector abandonou a vida religiosa. "Lembro-me de ver o meu pai e a minha mãe, ou cada um sozinho, de joelhos junto à cama, rezando em silêncio, tanto de manhã como à noite", conta a tia Sue. Ela própria tomou o hábito aos dezessete anos, e, hoje em dia, conta 57 anos de vida consagrada na congregação das Irmãs dos Sagrados Nomes de Jesus e Maria. Enquanto escrevo estas palavras, a tia Sue e o meu pai são os únicos sobreviventes da "segunda" geração da família.

Como farmacêutico, Hector Malette era muitas vezes chamado durante a noite para ajudar alguma criança ou adulto doentes que precisassem de medicamentos. Sempre que o pai ou a mãe de alguma irmã dos Sagrados Nomes adoecia gravemente, o meu avô trazia, solicitamente, de automóvel, essa religiosa para a sua casa, para estar com os seus, em viagens que, por vezes, duravam três horas ou mais, partindo sempre ao cair da tarde, depois de ter passado o dia inteiro trabalhando de pé, na farmácia. Para Hector e Solange era impensável enviar os seus sete filhos para escolas que não fossem católicas. Solange também assistia à missa com frequência, inclusive diariamente, na Quaresma e no Advento. As paróquias da Imaculada Conceição, de Nossa Senhora de Guadalupe e de Nossa Senhora da Assunção estavam todas situadas a uma distância, que se podia percorrer a pé, a partir das diversas residências dos Malette; isso não acontecia por acaso. Quando ainda eram uma jovem família, os Malette rezavam diariamente o terço, depois de terem lavado a louça do jantar. Todos os casamentos dos Malette, inclusive aqueles em que o outro contraente era protestante ou judeu, foram celebrados em paróquias católicas de Windsor.

* * *

A Igreja [...] só pretende uma coisa: o advento do Reino de Deus e a salvação de toda a humanidade (GS 45).

Quando Richard Keeley e Denise Malette contraíram matrimônio, na Paróquia de Nossa Senhora da Assunção, a 20 de setembro de 1952, ninguém duvidava de que eles se manteriam fiéis às suas raízes católicas. Nas diversas mudanças da sua família em crescimento, através de cinco estados diferentes dos Estados Unidos e de uma província canadiana, em busca de melhores oportunidades econômicas, sempre procuraram diligentemente o pároco católico local para garantir que os seus filhos teriam contato com as escolas paroquiais, nem que fosse apenas para a catequese. Estabelecendo-se por fim em Adrian, no Michigan, a nossa família manteve uma relação particularmente estreita com as irmãs dominicanas daquela localidade e com o Colégio Siena Heights, dirigido por elas. Seguindo os passos do seu pai, o meu pai criou o Conselho Paroquial de Santa Maria e, mais tarde, presidiu ao patronato do Colégio Siena Heights. "A partir de finais da década de 1970 – diz o meu pai –, as minhas melhores amigas foram as irmãs dominicanas".

Além da minha mãe, mais dois Malette se casaram com católicos: John, com Mary Bridgeman, e Claude, com Gloria Sendlack. É curioso que todos os católicos praticantes que ainda restamos nas famílias Keeley e Malette procedemos *exclusivamente* destes três casais. Com efeito, apenas um de cada oito descendentes (e os seus respectivos cônjuges) dos meus outros tios e tias se considera atualmente cristão, mas nem sequer católico praticante[35]. Dir-se-ia que o catolicismo, para se manter vivo, precisa que os dois progenitores continuem a ser praticantes ativos; e é possível que nem sequer isso se revele suficiente.

2 Emancipação intelectual das novas gerações

Com o passar do tempo, nós, os irmãos Keeley, convertemo-nos em pensadores independentes. Ainda adolescente, o meu irmão mais velho, Michael, ao fim de horas e horas de amistoso debate sobre a doutrina da Igreja com o Padre Roger Stanley, da Paróquia de Santa Maria, pediu autorização aos nossos pais para assistir a outras celebrações litúrgicas. O meu pai, que, em parte devido à sua formação em universidades jesuítas, apreciava debates animados e respeitosos, disse-lhe que o podia fazer sempre que se vestisse adequadamente, que assistisse a toda a celebração e que contribuísse para a coleta. "Nunca travei uma relação pessoal com Jesus – conta agora Michael –, mas comovia-me ver como imagens extraídas do seu ensinamento ajudavam a dar sentido à vida das pessoas". Enquanto estudava na Universidade de Notre Dame, Michael ponderou durante algum tempo a possibilidade de abraçar o sacerdócio. Fez-se voluntário do Peace Corps, nas Filipinas, e passou a maior parte da sua carreira

---

[35] Pediu-se aos diversos parentes que escolhessem a sua atual filiação religiosa ou sistema de crenças dentre a lista seguinte: 1) católico praticante; 2) católico não praticante; 3) protestante; 4) cristão; 5) judeu; 6) pessoa espiritual; 7) agnóstico; 8) ateu; 9) budista; e 10) indeciso, mas ainda em processo de busca. Para os já falecidos, recorreu-se a uma estimativa realizada pelos mais próximos dos mesmos no momento da sua morte. Também se indicam os divorciados e os convertidos ao catolicismo.

profissional no serviço público, criando, entre outras coisas, doze mil lugares escolares gratuitos em centros convencionados para jovens de minorias desfavorecidas no condado de Los Angeles.

Dos meus cinco irmãos e duas irmãs, apenas dois não receberam a Confirmação: a minha irmã Carol e o meu irmão Mark. Carol recorda a sóbria conversa com o meu pai, que a levou a tomar essa decisão:

> "Em meu entender, isto é como o Batismo, só que agora sou eu própria a decidir, em vez de serem vocês a decidir por mim". "É verdade", respondeu o paizinho. "Então, como é que eu posso decidir ser católica se não sei nada sobre as outras religiões?" O paizinho refletiu por um momento e depois declarou que não tinha nada a argumentar contra isso. Decidi esperar até saber mais sobre outras religiões e estar em condições de optar de forma consciente pelo catolicismo. Sempre tomei os votos ou as promessas muito a sério. Ter-me-ia sentido culpada se violasse um único princípio e tinha de ter a certeza. Mais tarde, o meu irmão Tim escreveu dizendo que isso me convertia no membro mais católico da família, visto que tomava as promessas tão a sério. E continuo a fazê-lo.

Já referi que o meu pai tinha apenas uma irmã: Irene Carol. Nunca cheguei a conhecê-la. Pouco depois de dar à luz o seu primeiro e único filho – Bill, concebido no âmbito do casamento com o seu católico e piedoso esposo Frank Chauvin, um amputado veterano da Segunda Guerra Mundial[36] –, diagnosticaram-lhe um câncer. Tinha-se espalhado com bastante rapidez até aos ovários, e o único tratamento então conhecido era a terapia com rádio e cobalto. Depois de consultar o bispo da diocese, o avô Keeley foi informado de que a sua única filha não podia receber semelhante tratamento: a radiação eliminaria a sua capacidade reprodutiva, violando assim a doutrina da

---

36 O irmão de Frank Chauvin, Bob – ou seja, o cunhado de Irene – foi ordenado sacerdote basiliano. Bill cresceu como devoto católico, envolvendo-se a fundo na fé dos seus avós e dos seus pais. Com o tempo, porém, comportamentos hipócritas tanto de leigos como de pessoas consagradas afastaram Bill da Igreja e do conceito de cristianismo mais geral. O meu primo Bill Chauvin define-se atualmente a si mesmo como agnóstico, tal como a sua mulher Barb e os seus três filhos: Mark, Jeff e Scott.

Igreja. Embora não se saiba ao certo se a radiação e a consequente destruição dos ovários de Irene teriam salvado a sua vida, esta decisão concreta exerceu, em última análise, um efeito profundo no meu pai e também, como era de esperar, na minha irmã, Carol Irene:

> Cresci sabendo que a minha homônima morreu duas semanas antes de eu nascer. Também cresci sabendo que a nossa mãe quase morreu durante o parto do seu sexto filho, o meu irmão Mark. A Igreja recusou-se a autorizar uma histerectomia e o controle da natalidade. Em meu entender, tais posições da Igreja eram completamente irracionais e desprovidas de misericórdia, além de serem completamente inconciliáveis com a forma como Cristo tratava as mulheres. A minha mãe e a minha tia foram tratadas como meras reprodutoras, não como seres humanos cuja vida estava em perigo. Nesses casos, fizeram-se prevalecer vidas hipotéticas sobre vidas reais, já existentes. Isso nunca fez sentido para mim, a não ser como misoginia institucional.

A decisão definitiva de Carol de rejeitar o catolicismo e de se voltar para as tradições orientais, como o budismo, teve lugar alguns anos mais tarde, após a morte do seu melhor amigo, John Rodgers, vítima da Aids.

> O que me afastou de uma vez para sempre da Igreja não foi a forma como ela trata as mulheres, mas a proteção criminosa que reserva para os pederastas e o seu ódio pelos homossexuais, incluindo a sua posição tantas vezes desapiedada frente à Aids. São defeitos institucionais que ultrapassam meras falhas humanas. Em meu entender, contradizem qualquer noção acerca de Deus.

No entanto, considerar Carol anticatólica ou não católica seria excessivamente simplista. "A verdade é que eu não posso deixar de ser católica, tal como não posso deixar de ser norte-americana – escreve ela. – Não se trata apenas de algo cultural; trago-o nas minhas células". Hoje em dia, Carol encontra um grande apoio nos místicos católicos, e de vez em quando procura refúgio na oração católica:

O que me interpela e que dá palavra aos meus sentimentos são os escritos dos místicos de várias tradições diferentes: São João da Cruz, Juliana de Norwich, Teresa de Jesus, Hildegard von Bingen, Inácio de Loyola, Thomas Merton, Rumi, Hafiz e Buda.

Contudo, enquanto permanecia em vigília, naquelas horas no meio da noite, durante os últimos e agônicos dias de Denny [refere-se à morte da nossa mãe], os credos que adquirira posteriormente falharam-me. Tentei consolar-me com canções em sânscrito e com orações budistas, mas nem umas nem outras surtiam efeito, não ressoando sequer no meu interior. Só as Ave-Marias me ajudaram a alcançar a paz profunda de que precisava.

* * *

Outros nem sequer levantam a questão da existência de Deus, porque, ao que parece, não sentem inquietação religiosa alguma nem percebem o motivo da preocupação pelo fato religioso (GS 19).

No entanto, nem todos os irmãos Keeley têm a sensibilidade de Carol para o místico e o divino. "Após uma investigação sistemática e mais profunda do que o habitual das principais religiões do mundo – escreve o meu irmão Larry –, cheguei à conclusão de que a maioria delas se baseia em tolices. Sinto um certo afeto pelo Deus de Espinosa: em linhas gerais, a ideia de uma 'presença divina' está engastada na beleza, na sofisticação e na interdependência sistêmica de tudo aquilo que conhecemos, graças à física, à química, à biologia etc. Contudo, eu não rezo regularmente nem de forma organizada nem participo em celebrações religiosas. Na realidade, sou ateu. Se tivesse de eleger uma grande religião para me encaixar nela à força, diria que sou um budista preguiçoso"³⁷. Dito isso, Larry não lamenta de modo algum o legado religioso que recebeu: "Talvez graças, em pequena parte, à minha educação católica, continuo a acreditar que é imperioso fazer obras boas no mundo. Concretamente, considero-me responsável por fazer com que qualquer coisa mude para o maior número possível de seres humanos menos afortunados do que eu".

Além de Michael, os meus dois irmãos mais novos do que eu, Ric e Mark, são homossexuais. Os três definem-se como pessoas espirituais com aversão por todas aquelas religiões que defendem visões pouco compreensivas da homossexualidade, incluindo o catolicismo. Não é possível pertencer de forma plenamente consciente a uma religião que qualifica como "maligna" ou "intrinsecamente desordenada" a conduta inata e natural de uma pessoa. As inclinações e as práticas homossexuais de numerosos sacerdotes mostram, além disso, como é difícil para qualquer pessoa ir contra a sua própria natureza, até mesmo mediante votos ou promessas solenes.

* * *

> *O homem não pode viver sem amor. Ele continua a ser para si mesmo um ser incompreensível, a sua vida fica privada de sentido, se não se lhe revelar o amor, se não se encontrar com o amor, se não o experimentar nem o fizer seu, se não participar vivamente nele (RH 10).*

---

37 Larry, na sua condição de assessor de inovação, foi procurado em três ocasiões pela Igreja de Jesus Cristo dos Santos dos Últimos Dias para que a ajudasse a renovar-se. Larry refere que a Igreja Católica tem um certo orgulho em dispor de um portal em funcionamento e de um único canal de televisão por satélite. Em contraposição, os mórmons possuem três satélites, além de centenas de cadeias de televisão e de emissoras de rádio globais espalhadas por todo o mundo.

Para o meu irmão, Mark, a hipocrisia em assuntos sexuais serviu apenas de fator distanciador, mas não foi o mais determinante. Sendo um dos líderes da comunidade civil de St. Louis, Missouri, responsável pelos cuidados de apoio a prestar a milhares e milhares de crianças e adultos com necessidades especiais, Mark viu-se envolvido nas lutas da família Armitage. Os Armitage estavam confiantes de que o seu filho Christopher, que sofre de Síndrome de Down, poderia se matricular numa escola católica local. No entanto, apesar de prolongados e pacientes esforços, as autoridades eclesiásticas locais rejeitaram a criança, sem darem à família uma explicação satisfatória. "A Igreja Católica deve empreender mudanças sistêmicas e admitir crianças com necessidades especiais nas escolas paroquiais – escreve Mark. Como pode a Igreja excluir aquelas pessoas das quais Jesus mais se aproximou?"[38]

Curiosamente, os dois companheiros estáveis dos meus irmãos – Rhey Castillo e Jay Fisck – definem-se a si mesmos de forma enfática como cristãos, embora não pertençam a nenhuma Igreja nem seita. Jay fala apaixonadamente da sua juventude na Igreja Batista, quando participava assiduamente nas celebrações matutinas e vespertinas dos domingos, nas celebrações de quarta-feira à tarde, nos ensaios do coro de quinta-feira à tarde, nas partidas de beisebol, nas merendas e em outras atividades do grupo de jovens. No fim, porém, a religião organizada rejeitou-o:

> Quando a minha mãe faleceu depois de uma doença prolongada, eu estive junto ao seu leito de morte, ajudando-a e falando-lhe dos gozos celestiais e da paz de que por fim poderia desfrutar. Morreu nos meus braços, e essa foi uma das experiências mais dolorosas da minha vida. Também foram os momentos em que me senti mais próximo de Deus. Receava não ter agido "corretamente", de tal modo que dois dias depois fui ter com o nosso pastor e

---

[38] Enquanto escrevo estas linhas, prossegue a luta por matricular Christophe Armitage na Escola Maria, Rainha da Paz. Quando os Armitage se ofereceram para pagar todas as despesas adicionais que o seu filho poderia gerar, tornou-se manifesto que o problema não eram as limitações materiais.

interroguei-o a esse respeito. Não tomou a sério a minha preocupação, dizendo-me que estava certo de que aquilo que eu fizera fora bem feito. Nesse domingo, o seu sermão foi dedicado aos males da homossexualidade, tendo afirmado que todos "eles" (e, por conseguinte, também "eu") iriam para o inferno. Esse foi, de fato, o último dia em que me considerei membro de qualquer "Igreja".

Com três irmãos homossexuais e várias histórias como estas, para muitos de nós – e também para mim, que sou católico praticante – não é nada fácil admitir os ensinamentos da Igreja sobre a homossexualidade. Muitas religiões organizadas parecem esquecer, de certo modo, a infinita caridade e misericórdia de Deus, em especial quando se trata de casais do mesmo sexo comprometidos e fiéis, cujas relações servem muitas vezes de modelo de fidelidade.

A minha irmã Michelle se casou com um católico e, tal como o meu irmão Tim e como eu próprio, educou continuamente os seus filhos, segundo as tradições católicas. Atualmente, porém, os ensinamentos da Igreja parecem já não lhe dizer nada:

> Considero-me a mim própria uma católica afastada da Igreja. Embora creia que esta é um dos fundamentos da minha vida, desliguei-me dela por causa de alguns dos seus juízos e posturas, que não estão à altura do nosso tempo nem são relevantes na atualidade, como, por exemplo, o papel da mulher na Igreja Católica, o controle da natalidade e o matrimônio homossexual. Também penso que alguma das suas opiniões não são coerentes com a ideia de um "Cristo todo-amoroso". Em muitos casos, a Igreja tem promulgado doutrinas que têm mais de intolerância do que de aceitação. Isso levou-me a "dar o passo de me afastar da Igreja", tanto de forma figurada como literal.

* * *

A Igreja também pode chegar a reconhecer costumes próprios não diretamente ligados ao

núcleo do Evangelho,
alguns muito arraigados,
ao longo da história,
que hoje já não são
interpretados da mesma
forma e cuja mensagem
não costuma ser
adequadamente percebida
(EG 43).

De todos os meus irmãos e irmãs, só Tim e eu nos consideramos católicos praticantes. A experiência mais importante de Tim como crente moderno teve lugar recentemente, quando, entre 2009 e 2013, viveu na China comunista. Através de um grupo que conheceu na sua paróquia católica, tanto ele como a sua mulher, Veronique, e a sua filha, Agatha, ensinaram inglês a crianças migrantes pobres mesmo à saída de Xangai. O programa teve tanto êxito, que o governo comunista viu nele uma ameaça e obrigou a sua suspensão. Se não tivesse sido a Igreja, semelhante missão educativa nunca teria sido levada a cabo. Embora hoje em dia só a sua filha mais nova se defina a si própria como católica, as suas outras três filhas parecem estar influenciadas pela educação religiosa que receberam; todas elas dedicam a sua vida a causas sociais louvadas pela Igreja[39].

Eu segui o meu irmão Michael, ingressando também na Universidade de Notre Dame e – tal como o meu avô Hector – também passei algum tempo no seminário de Moreau, ponderando seriamente a possibilidade de seguir o sacerdócio. No entanto, consciente de que desejava ter descendência, acabei por rejeitar as limitações de uma vida celibatária. O celibato parecia-me (e ainda continua a parecer-me) antinatural e algo que eu não conseguiria observar. Por

---

39 Caroline trabalha para *Solutions for Poverty*, uma ONG que procura soluções público-privadas para pessoas economicamente desfavorecidas do mundo inteiro. Sophie ensinou inglês no México, tanto a alunos normais como a alunos com necessidades especiais, e também tem trabalhado com mulheres maltratadas. Juliette acaba de regressar de uma estadia, como voluntária do Peace Corps, na Guiné (África), onde ensinou matemática e realizou um trabalho de incidência política (*advocacy work*) em favor das mulheres.

sorte, a minha esposa – Saskia Bory, de Genebra (Suíça) – aceitou educar os nossos filhos na fé católica. Isso permitiu que nos casássemos com o consentimento da Igreja[40].

Estou firmemente convencido de que o fato de termos visões diferentes acerca de Deus e da fé foi benéfico para os nossos filhos. Os nossos dois filhos rapazes seguiram, até hoje, o mesmo caminho que a sua tia Carol: Batismo e Primeira Comunhão, mas sem Confirmação. É evidente que os dois rapazes ainda se encontram nos estágios iniciais dos seus respectivos itinerários religiosos. Enquanto Calum se declara cristão, Julian ainda hesita. "Não creio que Jesus Cristo 'tenha morrido pelos nossos pecados'. Também não estou certo de que Ele fosse divino, embora a coerência entre as suas palavras e as suas ações me impressione profundamente". Por outro lado, Julian crê no seu Criador divino e em algum tipo de vida depois da morte, só que não pensa em demasia sobre esses dois assuntos. Tal como muitos dos seus primos, tanto direitos como afastados, nem Julian nem Calum pensam profundamente na sua própria mortalidade nem nas questões escatológicas em geral. As suas mentes indagadoras, adequadamente sintonizadas, ainda têm muito que discernir nos anos vindouros.

O fato de a sua herança católica a ajudar a dar sentido à sua mortalidade é o que a minha prima Debra Ludowe mais aprecia nela. "Entender que existe vida depois da morte: isso é o mais importante para mim. Com efeito, é a única coisa que me ajuda a aceitar a morte." De qualquer modo, Deb define-se atualmente como uma pessoa espiritual e não pratica formalmente nenhuma religião. "Creio em Deus e creio em Jesus Cristo. Creio que Jesus Cristo ressuscitou dentre os mortos e nos oferece a vida eterna. Contudo,

---

[40] O Padre Theodore Hesburgh concelebrou, no nosso casamento em Nyon (Suíça). Bernard e Joan Bory permitiram que a sua filha contraísse matrimônio com um católico. Bernard é descendente de Guilherme de Orange, pertencendo a uma antiga linhagem de huguenotes perseguidos. Joan também procede de uma importante linhagem de protestantes holandeses. Os católicos não foram especialmente amáveis com os antepassados da minha mulher.

não creio que Deus ou Jesus nos julguem, nem acredito no céu ou no inferno. Não me guio de modo nenhum pelo que diz o papa, a Igreja ou o magistério. Raramente entro numa igreja, a não ser na Sexta-feira Santa."

O pai de Deb, George Ludowe, era um judeu não praticante extremamente amável, tal como as suas três irmãs – Karen, Pamela e Stefanie. Como a maioria dos irmãos Malette, a sua mãe, Claire, era católica praticante. Atualmente, nenhuma das irmãs Ludowe nem os seus esposos e filhos praticam o catolicismo.

* * *

> *A fé ilumina tudo com uma nova luz e manifesta o plano divino sobre toda a vocação do homem, orientando, por isso, a mente para soluções plenamente humanas (GS 11).*

Os filhos do tio John e da tia Mary, os seus dez netos e os cônjuges de uns e de outros representam o contrário destas dúvidas sobre a religião organizada e o afastamento em relação à Igreja Católica. Com poucas exceções, todos eles se consideram católicos praticantes. "Sempre me senti orgulhosa da minha fé e das minhas crenças, nunca me envergonhei delas – escreve Mary Kit Malette McGrath. – Aceito a maioria dos ensinamentos da Igreja, excetuando o controle da natalidade e a negação do direito dos homossexuais a partilhar plenamente a vida com o companheiro que elegerem. Creio que Deus quer que toda a gente seja feliz e receba o mesmo trato que os outros." Missa semanal, grandes celebrações por ocasião do Batismo, da Primeira Comunhão e da Confirmação, leituras noturnas, sinal da cruz na fronte e uma oração final antes de se prepararem para conciliar o sono: os filhos da família Malette-McGrath foram educados da maneira mais tradicionalmente católica que se conhece na América do Norte moderna.

Tal como o tio John e a tia Mary, Mary Kit e os seus irmãos cresceram participando com devoção na missa e realizando com frequência especiais invocações às irmãs do Preciosíssimo Sangue, entre as quais se contava a sua tia-avó, irmã Mary Herman. A irmã Mary Herman é uma pessoa fora do comum, em parte devido à sua contínua alegria, mas também porque se trata de uma espécie de taumaturga, de uma fazedora de milagres. As orações às irmãs do Preciosíssimo Sangue – e com elas – eram atendidas. Por exemplo, quando nasceu Erin, a segunda filha de Bill e de Mary Kit McGrath, a pequena tinha uma série de manchas vermelhas no corpo e no rosto, incluindo as pálpebras, o nariz e o lábio superior. Mary Kit ficou alarmada, até ao ponto de consultar um cirurgião plástico. A tia Rita (também conhecida como irmã Mary Herman) sugeriu que se aspergissem as manchas vermelhas de Erin com água-benta e que, ao mesmo tempo, se dirigissem, às irmãs do Preciosíssimo Sangue, orações suplicando a sua cura. Quando Erin completou dois anos, todas as manchas do seu rosto se tinham tornado menos intensas. Embora essas manchas já não se notem, as manchas vermelhas do pescoço e das costas de Erin que Mary Kit não aspergiu com água benta ainda continuam visíveis. "Glória a Deus", exclamou a tia Rita.

A irmã mais nova de Mary Kit, Michelle, partilha a devoção da sua mãe e da sua irmã pela Igreja Católica. Também fez todo o possível por transmitir aos seus filhos as suas firmes crenças: "Aprecio muitíssimo ter uma fé partilhada e uma comunidade a que pertenço e onde posso rezar. Participo regularmente na Eucaristia para dar graças a Deus e louvá-lo, bem como para receber alimento espiritual – conta Mich com entusiasmo. – Creio que Jesus é Deus incarnado e que é nosso redentor, nossa salvação. Só através dele somos salvos do pecado e nos é prometida vida eterna com Deus, com Maria, com todos os anjos e santos e com quem nos precedeu". Apesar disso, Mich não considera que a Igreja esteja isenta de faltas: "O lado humano da Igreja é imperfeito, como o resto da humanidade". Contudo, põe-se na defensiva: "Por que havemos de nos fixar sempre no mal que a Igreja tem feito? Então e todo o bem que ela faz, as obras de caridade, os cuidados de saúde, a educação?" Mich também dá uma explicação mais sinistra para os defeitos da Igreja. Crê no anticristo. "Já alguma vez alguém pensou que a Igreja está sendo atacada pelo diabo? Este tenta as pessoas e debilita-as, instila nelas dúvida, inveja e egoísmo. A missão do diabo é acabar com a fé em Deus. Nada lhe agradaria mais do que ver cair a Igreja".

* * *

> *Em união com o Sínodo exorto vivamente os pastores e toda a comunidade dos fiéis a ajudarem os divorciados, procurando com solícita caridade que não se considerem separados da Igreja [...]. Apesar disso, a Igreja, fundando-se na Sagrada Escritura, reafirma a sua práxis de não admitir a comunhão eucarística aos divorciados que se voltam a casar (FC 84).*

A devoção da ala da família Malette, associada ao tio John e à tia Mary, é tanto mais especial porquanto teve de superar outro desafio: o divórcio. O tio John abandonou a sua mulher Mary e os seus quatro filhos, quando estes ainda eram pequenos e acabou por se dedicar por toda a vida a outra mulher (também católica). Mary não queria tal separação. Mais tarde tentou em vão que o seu matrimônio com John fosse anulado canonicamente. Isso foi uma fonte de singular dor para ela, sobretudo tendo em conta a sua particular piedade e devoção. "Também não creio que a Igreja deva negar, aos católicos divorciados que tenham sido leais, o acesso aos sacramentos", escreve Mary Kit, sentindo claramente o anseio e a dor da sua mãe. Tal como aconteceu à tia Mary, o casamento da sua filha Mich terminou, quando o marido desta, Martin Barry, a abandonou, deixando-a sozinha com os seus filhos pequenos. Neste caso, também não era isso que desejava a esposa, pelo que ela, em consciência, não sente que fosse culpa sua: "Penso que o itinerário da vida consiste em amar e perdoar. A minha fé ajudou-me a fazê-lo, em especial quando as coisas se complicaram. Ora, é minha responsabilidade transmitir essa mesma fé aos meus filhos, de tal modo que possam atravessar as épocas difíceis e estar agradecidos por tudo o que têm". Mais tarde, voltou a casar com um católico divorciado. Dado o esforço imenso que fez para tentar manter intacto o seu primeiro matrimônio, Mich está firmemente convencida de que não se lhe deveria negar a comunhão: "Deus sabe que eu não fiz nada de mal. Creio que Ele estaria de acordo que eu comungasse".

John, irmão de Mary Kit e Mich, faleceu tragicamente devido a um enfarte de coração, aos 45 anos de idade. Deixou uma viúva muito desgostosa, Renee, três filhas e um filho, John Paul. No entanto, como sucedeu a Mich, a sua fé católica ajudou-os a atravessar esse período difícil: "Sou católica praticante – escreve Renee. – Dito isso, John tinha mais fé do que eu. Penso que isso se devia ao fato de a sua mãe, Mary, ser muito devota". No velório de John, Renee pediu-lhe abertamente fortaleza e valentia, um vibrante testemunho da sua fé na vida depois da morte.

A partir de então, duas das filhas de John e Renee, Rachelle e Jacqueline, casaram-se. Os seus esposos, Kevin Christensen e Rob Biswas, converteram-se – ou estão em processo de conversão – de confissões protestantes ao catolicismo. Se na próxima geração dos Malette houver algum católico praticante, o mais provável é que saia dentre os descendentes de John e Mary. Se assim fosse, a irmã Mary Herman ficaria encantada.

Embora John tenha abandonado Mary, trocando-a por outra mulher, seria errado caracterizá-lo como descrente ou até como não católico: "Não há nada que John não tivesse feito por alguém necessitado – escreve a tia Sue, sua irmã. – Quando morreu, já se tinha reconciliado com a sua fé católica há mais de 25 anos. Também contribuiu para que a nossa irmã Claire regressasse à Igreja. Em muitos sentidos, era como o paizinho (Hector)". De todos os netos de John e Mary, só dois manifestam reservas em relação à sua herança católica: Matt e Shannon McGrath. "Nós dois somos católicos não praticantes. Nós dois acreditamos que ser boas pessoas é o que realmente importa na vida", escreve Shannon.

O último dos sete irmãos Malette com filhos ou netos que se definem como católicos praticantes é Claude Malette. A esposa de Claude, Glória, procedia de uma antiga linhagem de devotos católicos polacos, alguns dos quais pertenceram à Ordem Terceira de São Francisco de Assis. A mãe de Glória era de missa diária. Os três filhos de Claude e Glória – Chris, Paul e Claude – frequentaram escolas católicas em diversas cidades de Otava e Québec, consoante as responsabilidades de Claude na *Chrysler*. Chris recorda vários episódios arrepiantes, que, apesar disso, o ajudaram na sua formação, na época em que era aluno interno no Colégio Católico da Assunção:

> O Padre Cullen e eu ficamos chocados desde o princípio. Durante o meu último ano de bacharelado, o bom padre agarrou-me literalmente pela garganta e, empurrando-me contra a parede no seu gabinete, disse-me: "Esclareçamos uma coisa: o chefe aqui sou eu, e não pretendo deixar que tu leves a tua avante". Mais tarde, nesse mesmo ano, o Padre Cullen nomeou-me responsável pelo famoso time de hóquei do Colégio da Assunção, uma equipe de onde saíam regularmente destacados jogadores da NHL (*National Hockey League*, a liga profissional de hóquei). Creio que foi esse passo que inculcou em mim o sentido da honra, do dever e da responsabilidade que ainda hoje possuo.

Ao que parece, nem todos os castigos corporais sofridos por homens e mulheres na Igreja Católica deixaram cicatrizes permanentes, embora alguns, como é óbvio, as tenham deixado. Chris também se divorciou da sua primeira mulher e depois voltou a se casar. No entanto, isso não o afastou da sua educação nem das suas crenças católicas:

> Eu definir-me-ia a mim mesmo como católico praticante; com reservas, é verdade, pois provavelmente infrinjo algumas normas e regulamentos. Ainda considero verdadeiros muitos dos princípios da Igreja, embora ao mesmo tempo questione alguns dos seus dogmas. O que mais me convence é a última frase do Credo: "Creio no Espírito Santo, na santa Igreja Católica, na comunhão dos santos, na remissão dos pecados, na ressurreição da carne e na vida eterna".

Chris reza com frequência, "estranhamente, através dos meus pais". Tal como nos acontece praticamente a todos os Malette e a todos os Keeley, a família é primordial para Chris e para os seus dois irmãos, Paul e Claude. Apesar disso, Paul diz ser ateu, com uma acentuada afinidade pela obra de Christopher Hitchens e de Richard Dawkins. Tal como o seu primo Larry, Paul pensa que grande parte da religião ignora obstinadamente a ciência e é com demasiada frequência a principal *fonte* de conflitos humanos. A mulher de Paul, Alicia, e os filhos de ambos são, no entanto, pessoas espirituais, e ainda estão aperfeiçoando os seus sistemas de crenças. O irmão mais novo de Chris e de Paul, Claude, igualmente divorciado que voltou a se casar, também se autodefine como uma pessoa espiritual. A filha que teve do seu primeiro casamento – Brittany – é um caso único entre os netos de Claude pai e de Glória, porquanto se define a si própria como católica praticante. O seu meio-irmão, Ben, e a sua prima Nicole consideram-se cristãos.

Por último, na terceira geração dos Malette, há os filhos de Madeleine Malette e de Paul Thomson: Heather, Melissa e David. Embora o divórcio também tenha quebrado essa união, a tia Deedee (como chamávamos a Madeleine) manteve-se em contato com a fé católica e até ensinou durante algum tempo em escolas paroquiais, depois de se ter divorciado. No entanto, quando os seus patrões souberam que tinha voltado a contrair matrimônio, desta vez civil, foi despedida. Com o tempo, Madeleine começou a trabalhar numa organização que ajudava mulheres e crianças maltratadas. Especializou-se na incidência política (*advocacy*) em favor das crianças, com especial atenção às vítimas de abusos. No seu último ano de vida, recuperou a sua relação com Deus e com a Igreja: "Fechando o círculo", como a sua segunda filha, Melissa. No ano em que faleceu a tia Deedee, Heather sofreu outra perda incalculável: o seu filho mais velho, Matthew, morreu de frio, na rua, depois de um tempo a lutar contra a toxicodependência.

> O que eu mais aprecio por ter sido educada como católica é o fato de ter fé em Deus e o consolo que a oração me tem dado, ao longo de toda a minha vida, apesar de não irmos regularmente à missa. O que eu lamento é o sentimento de culpa que tenho... Continuo a rezar diariamente, embora não participe regularmente em celebrações católicas. Antes de perder Matthew, era católica praticante. Agora sinto que preciso de uma mudança. Tenho ido algumas vezes à comunidade local da Igreja da Aliança (*Alliance Church*), e agradou-me que as suas celebrações não fossem repetitivas, semana após semana. Acho que me definiria como católica não praticante, e sem dúvida nenhuma como cristã ainda em processo de busca.

* * *

> *Um dos sinais concretos dessa abertura é ter templos com as portas abertas em toda a parte. Desse modo, se alguém quiser seguir um movimento do Espírito e deles se aproximar, em busca de Deus, não deparará com a frieza de umas portas fechadas (EG 47).*

Os outros dois irmãos, Melissa e David, definem-se como pessoas espirituais. Melissa afirma o seguinte: "Creio que existe um poder ou ser superior, mas também penso que isso é uma manifestação de todas as pessoas. Creio que Deus é amor. Creio na reencarnação e em que todos estamos aqui para aprender. O amor é o maior ganho". Pelo que diz respeito à forma como ela e o seu marido – um antigo católico que agora se considera agnóstico – educarão os seus filhos, Melissa escreve: "As crianças precisam de orientação, mas também de liberdade para chegarem a ser quem são. Trata-se de um equilíbrio difícil de alcançar. As famílias partilham um vínculo comum e deveriam ser capazes de confiar nele quando surgem dificuldades. A comunidade também ajuda a educar e a proteger os filhos". Apesar de alguns deles ainda serem jovens, todos os filhos de Heather, Melissa e David consideram-se a si próprios pessoas com inquietações espirituais, ainda em busca e com a mente aberta a futuras revelações. A filha de Heather, Breeanne, parece falar em nome de muitos membros da sua geração que foram educados na fé católica, quando antevê um futuro incerto:

> Penso (e espero) que exista algum tipo de poder superior ao ser humano e também algum tipo de vida depois da morte; não estou completamente certa do que possa ser exatamente. Contudo, basta-me isso. Não sinto necessidade de "indagar" em busca de resposta à pergunta sobre o que será esse poder e também não creio que exista uma resposta "correta". Cada um tem as suas crenças. Também não considero que indagar venha a produzir necessariamente qualquer fruto. Dito isso, não lamento ter sido educada na fé católica. Sinto que isso me transmitiu uma boa base moral e me proporcionou, em pequena, um sentido da fé que depois me ajudou durante a minha juventude. No entanto, à medida que fui crescendo, a experiência da vida, unida à aquisição de novos conhecimentos, fez-me olhar de maneira diferente para determinados tipos de credos. Isso traduziu-se numa mudança das minhas opiniões sobre a religião em geral.

3 A prioridade do Sínodo: as gerações futuras

A sincera descrição que Breeanne faz da sua fé e das direções que esta pode seguir oferecem uma honesta e urgente orientação para o processo sinodal iniciado no outono de 2014, no Vaticano. As decisões que se tomem e o tom da mensagem terão profundas implicações para os crentes, para os que não creem e para os que estão abertos a ser guiados em novas direções. Como me disse uma prima em segundo grau de Breeanne – Agatha Jane Keeley, filha mais nova de Tim e Vero –, "embora hoje seja católica, não posso garantir que continue a sê-lo dentro de cinco anos. Talvez ainda seja católica, mas também é possível que seja outra coisa. Sinceramente, não sei".

De modo igualmente revelador, outro membro da quarta geração – Marlia Keeley, a filha mais nova de Larry e Beth Ylvisaker Keeley – fala dos seus planos para educar os filhos:

> Gostaria de inculcar valores religiosos aos meus filhos, incluindo o amor ao próximo e o tratamento respeitoso de todas as pessoas; no entanto, não sei se educarei os meus filhos numa religião em sentido restrito. Em vez disso, gostaria de educar os meus filhos em todas as formas possíveis de religião, permitindo-lhes escolher o que melhor se adeque a cada um deles. Se depois tenderem para uma religião particular ou para um conjunto concreto de crenças, certamente os apoiarei e os animarei a seguir essa sua escolha.

Note-se a ambivalência e a incerteza de Marlia em relação às suas próprias crenças, algo que parece ter herdado dos seus pais e que certamente influenciará a vida dos seus filhos e netos:

> Não sei se existe um deus ou qualquer outra divindade; apesar disso, hesito em rotular as minhas opiniões com uma etiqueta tão contundente como "agnósticas". Penso que isso obedece ao desejo de crer num poder superior; e senão num poder superior, então, pelo menos, em algum tipo de existência que interliga a humanidade inteira e todos os seres a um nível mais profundo. Estes pontos de vista evoluíram a partir das concepções religiosas dos meus pais. O meu pai, um católico "convalescente",

como ele próprio se define, sente uma fortíssima aversão à religião, de modo particular ao catolicismo. A minha mãe, pelo seu lado, é extremamente espiritual e abraçou todo o tipo de sistemas de crenças, desde o cristianismo até ao budismo e à "espiritualidade", e a tudo aquilo que nos possa ocorrer. Creio que isso me levou a ter a mente aberta a diversas formas de religião, mas também me priva de certezas sobre aquilo que é "bom" e que é "mau", ou até que é real ou que não o é.

Brieze, a irmã de Marlia, cresceu na mesma família e, durante anos, manteve opiniões igualmente ambivalentes. Embora em sua casa não faltassem inquietações espirituais ("a minha mãe dava sempre graças no início da refeição familiar, com as palavras: 'Mãe do céu, Pai do céu'"), as intensas experiências vividas por Brieze na Faculdade de Medicina obrigaram-na a procurar amarras mais fortes:

> À medida que fui tendo maior contato com os pacientes, comecei a deparar com muito mais sofrimento. Ser testemunha da passagem de tantas pessoas desta vida para a outra, dia após dia, tem qualquer coisa de especial. A intensidade das experiências que partilhava fez surgir em mim o desejo de reservar mais tempo por semana para refletir especificamente sobre a minha fé e a minha espiritualidade.

Impelida por essa necessidade de maior equilíbrio, Brieze começou a assistir semanalmente, pela primeira vez, a serviços religiosos. Descobriu que, na verdade, ansiava para que chegasse esse momento da semana, sobretudo para estar ao lado de outros cristãos ativos com valores partilhados e apreciados. Também conheceu pessoas crentes que viviam a sua vida de uma maneira que ela respeitava e admirava: "Encontrei uma igreja em Nova York que me encanta profundamente – escreve. – Chama-se Hillsong. É uma igreja não confessional, e cada celebração parece mais profunda e inspiradora do que a anterior". Hoje em dia, Brieze considera-se cristã:

> A minha fé proporciona-me uma âncora e uma luz que me guia em momentos de grande solidão e incerteza. Como diz o Papa Bento XVI, com tanta beleza, "na vida tive momentos de alegria, mas também outros em que sentia que o Senhor estava dormindo". Nos momentos de alegria, a

minha fé potencia a minha já rica consciência de abundância, amor e ligação com a minha comunidade e com o mundo. Alicerça-me sobre aqueles valores em conformidade com os quais decidi viver a minha vida, inclusive sempre que me confrontou com a tentação ou com a frustração. E ajuda-me a continuar a percorrer a senda que sei ser a mais adequada para mim, dia após dia. Finalmente, como dizia Martin Luther King: "Fé é dar o primeiro passo, mesmo quando não se vê a escada inteira".

O importante, porém, é tomar consciência de que a fé não *tornou* Brieze melhor, nem sequer a tornou boa. Pelo contrário, ajudou-a a desenvencilhar-se em momentos de estresse, bem como a perseverar na conduta que desejava assumir. Jay Fisk fala, analogamente, de uma "vontade de bem" que se manifesta de igual modo em crentes e não crentes:

> Tenho trabalhado com vítimas de violência doméstica, pessoas sem lar, pessoas com incapacidades físicas e psíquicas, prostitutas, adolescentes fugidos de casa e muitas outras pessoas "infravalorizadas". Tenho conhecido muitas e muitas pessoas que realizam um trabalho assombroso e que travam lutas diárias, enquanto o Espírito de Deus resplandece no seu rosto. Muitos desses trabalhadores abandonaram a Igreja e muitos outros não a abandonaram, mas creio que todas as pessoas que levam a cabo a obra de Deus são administradores ou agentes fiduciários de Deus, independentemente de se considerarem cristãos ou judeus, crentes ou ateus.

* * *

Ao entrevistar, ao longo dos últimos meses, todos os meus parentes vivos, e refletindo sobre as crenças sinceras dos meus avós, afloraram à minha mente uma série de convicções. Por um lado, estou convencido de que a Igreja Católica poderia e deveria desempenhar um papel de destaque no momento de oferecer orientação e de transmitir esperança, fé e alegria a um mundo muito aflito, que continua a ser injusto e a estar demasiado dominado pela angústia.

Ao mesmo tempo, apercebi-me de que, na realidade, hoje acontece o contrário. Sem uma mudança de direção, a Igreja tornar-se-á quase inevitavelmente mais marginal, cada vez mais estridente, alienadora e, se possível, até uma fonte de graves danos. Nesse caso, os meus filhos e outros parentes que talvez ainda se pudessem tornar católicos são empurrados em outras direções. Apesar das energias e dos evidentes desejos do Papa Francisco, dos dois rumos possíveis, este parece o mais provável.

No texto que escreveu para preparar o portentoso processo sinodal que está começando, escreve o Cardeal Walter Kasper: "É essa a crise que estamos vivendo. O evangelho do matrimônio e da família já não é compreensível para muitos, e caiu numa crise profunda. Muitos consideram que, na sua situação, esse evangelho não é vivível. Que fazer? Palavras bonitas, por si só, de pouco servem" (KASPER, 2014: 29).

Se a precedente exposição das experiências reais de vida [...] significa algo, uma série de ações específicas poderiam servir de ajuda:

1) Permitir que católicos divorciados, como a minha tia Mary, Mich e Chris, e outras divorciadas e divorciados de boa vontade, participem plenamente na vida da Igreja, incluindo o Sacramento da Eucaristia. Seria incompreensível que o Sínodo não aprovasse a política de possibilitar a católicos fiéis, ansiosos por receber os sacramentos e com responsabilidade limitada nos seus divórcios, a bênção da sagrada comunhão. Negar esse visto equivaleria a reafirmar uma política que contradiz a amplitude e a profundidade da misericórdia divina. Também convenceria milhares e milhares de pessoas, vacilantes e ainda indecisas com inquietações espirituais, e cristãos em germe, de que a Igreja Católica de Roma é simplesmente demasiado inflexível e implacável para as suas sensibilidades.

2) Anunciar uma mensagem mais acolhedora e oferecer abrigo seguro a todos os homossexuais e casais homossexuais de boa vontade, como Mark e Jay, Ric e Rhey. O mundo ficou positivamente surpreendido quando o Papa Francisco, referindo-se aos homossexuais, disse há não muito tempo: "Quem sou eu para julgar alguém?" Demasiada gente se acostumou à ideia de que a Igreja *só* sabe julgar. As ações concretas para acolher na comunidade católica homossexuais ativos, como Mike, não só propiciariam o regresso de numerosos homens e mulheres homossexuais crentes, mas também ajudariam os seus parentes – incluindo sobrinhas e sobrinhos, como Marlia, Brieze, Julian e Calum, e também eu próprio – a acreditar na universalidade da mensagem e das intenções da Igreja. O verdadeiro amor não pode ser mau. O ódio, pelo contrário, é sempre mau.

3) *Atender a todas as necessidades reais das mulheres.* Ao contrário de Denise Keeley, Mary Kit renunciou conscientemente a ter mais filhos, antes que a sua vida corresse perigo. Tal como a maioria das mulheres sensatas, Mary Kit era quem melhor sabia quantos filhos ela e o seu marido, Bill, poderiam criar de forma adequada. Como Carol refere, com razão, tratar as mulheres como máquinas reprodutoras é uma forma de misoginia institucionalizada. Também é uma atitude cada vez mais equivocada num mundo que precisa de mais médicas, advogadas, professoras, mulheres líderes e mães. Na verdade, uma política que, na prática, deixa os progenitores carinhosos expostos a trazer ao mundo criaturas das quais não se podem ocupar devidamente, é uma política insensata. O controle da natalidade bem utilizado poderia conciliar-se com uma cultura da vida (incluindo a vida da mãe, que é muito importante) e incorporar-se numa solução integral e viável para a pobreza.

4) *Reconhecer que às mulheres – tanto leigas como religiosas – não se tem permitido nem permite assumir papéis e responsabilidades na Igreja proporcionais às suas capacidades e à sua devoção crente.* Há uma profunda lição a extrair da polêmica com a Conferência de Superioras de Congregações Religiosas [*Leadership Conference of Women Religious*, LCWR], uma polêmica em que tem sido envolvidas tantas das nossas queridas dominicanas de Adrian, como a congregação da tia Sue, as irmãs dos Sagrados Nomes de Jesus e Maria. Essa lição é a seguinte: há que confiar nas mulheres, há que escutá-las, valorizá-las, respeitá-las e honrá-las. Ali onde elas estão, o mundo transforma-se num lugar mais cheio de amor, mais justo, mais equi-

librado e mais sábio. A falta de respeito com que se tem tratado as dominicanas de Adrian e outras religiosas levou o meu pai a duvidar da sua Igreja e a definir-se como católico não praticante[41]. E fez um mal terrível à tia Sue. Para ser sábia, universal e semelhante a Deus, a Igreja precisa de ter mais mulheres entre os seus responsáveis.

5) *Praticar uma verdadeira humildade e realizar uma autêntica penitência pelas transgressões do passado.* A Igreja tem muito trabalho a fazer, se deseja recuperar algo da autoridade moral que perdeu nas últimas décadas. Os pecados de orgulho, de gula, de preguiça, de luxúria, de inveja, de ira e de avareza tornam-se manifestos, tanto dentro como fora da Igreja. A Igreja deve pregar mediante o exemplo. Não o fazendo, assim estará espicaçando os cínicos e os maldosos.

6) *Não atacar as descobertas, virtudes e possibilidades da ciência; louvá-las quando contribuem de forma genuína para o progresso da condição humana.* Lê-se na *Gaudium et Spes*: "O remédio para o ateísmo deve ser procurado na exposição adequada da doutrina e na integridade de vida da Igreja e dos seus membros" (GS, 21). Totalmente correto. Um reconhecimento mais pleno dos abismos que reiteradamente se abriram entre as fronteiras da ciência e as doutrinas comuns da Igreja também ajudaria a que pessoas como Paul Malette e Larry Keeley recuperassem o respeito pela fé em que nasceram. A intrincada mecânica e as extraordinárias promessas da biologia, da física e da química são criação de Deus em medida não inferior aos milagres da tia Rita.

7) *Por último, e sobretudo, não esquecer as crianças.* "Se eu pudesse falar com o papa – escreve a prima Mich –, dir-lhe-ia que se não saímos com maior determinação ao encontro dos jovens, vamos perdê-los a todos. Eles são o nosso futuro. As pessoas abandonam a Igreja pois não veem que esta tenha algo a oferecer-lhes.

---

41 O meu pai escreveu recentemente: "Agora que me aproximo do fim da minha vida, a minha fé debilitou-se. E eu não estou satisfeito com isso. Os meus sentimentos em relação à Igreja Católica são contraditórios. Quero ter esse cálido sentimento que experimentava amiúde, em criança, quando ouvia falar de Deus às minhas monjas e sacerdotes preferidos: a segurança que isso proporciona, o Pai afetuoso que sempre compreende e perdoa".

Devemos fazer mais por transmitir aos nossos filhos e filhas as crenças que professamos e ajudá-los a compreender por que são tão importantes".

Que sentido encontrarão, em última análise, para as suas vidas, as futuras gerações dos Keeley, dos Malette, dos Ludowe, dos McGrath, dos Chauvin, dos Thomson, dos Barry, dos Biswas, dos Christensen, dos Bory, dos Flanagan e outros? Dar-lhes-á a Igreja uma orientação positiva, inspiradora e exequível? Ou afastá-los-á dela com doutrinas estéreis, inflexíveis e inacessíveis, e condutas contraditórias que os empurrem para outros sistemas de crenças? A resposta a estas perguntas decisivas está agora nas mãos do Sínodo. Peço fervorosamente que o Espírito Santo e o amor puro ajudem os padres sinodais a descobrir e promover a vontade de Deus.

Os autores

CHRISTOPH SCHÖNBORN é doutor em Teologia e arcebispo de Viena (Áustria).

DIETMAR MIETH é doutor em Teologia; catedrático emérito de Ética Teológica e Ética Social, na Universidade Eberhard Karl de Tubinga (Alemanha).

EBERHARD SCHOCKENHOFF é doutor em Teologia; catedrático de Teologia Moral, na Universidade Albert Ludwig de Friburgo de Brisgóvia; membro do Conselho de Ética da Alemanha.

ECKHARD NAGEL é doutor em Medicina, Filosofia e Teologia (*honoris causa*); diretor médico e presidente da Junta Diretiva da Clínica Universitária de Essen (Alemanha); diretor-gerente do Instituto de Gestão Médica e de Ciências da Saúde da Universidade de Bayreuth; membro do Conselho de Ética da Alemanha; membro da presidência das Jornadas Evangélicas Alemãs (Deutscher Evangelischer Kirchentag).

GEORGE AUGUSTIN é doutor em Teologia; catedrático de Teologia Dogmática e Fundamental, na Escola Superior de Filosofia e Teologia de Vallendar; fundador e diretor do Instituto de Teologia, Ecumenismo e Espiritualidade "Cardeal Walter Kasper"; acompanha espiritualmente sacerdotes, na Diocese de Rotembugo-Stuttgart (Alemanha).

GERHARD LUDWIG MÜLLER é doutor em Teologia e cardeal da Igreja Católica; prefeito da Congregação para a Doutrina da Fé, no Vaticano.

Isabel Schmidt é doutora em Ciências Políticas; conselheira acadêmica no Instituto de Gestão Médica e Ciências da Saúde da Universidade de Bayreuth; porta-voz do grupo de trabalho "Prevenção e fomento da saúde".

Michael Lauerer é auxiliar científico e doutorando no Instituto de Gestão Médica e de Ciências da Saúde da Universidade de Bayreuth (Alemanha); porta-voz do grupo de trabalho "Medicina, ética e antropologia" e membro do grupo de investigação "Priorização na medicina" da Fundação Alemã de Investigação Científica (Deutsche Forschungsgemeinschaft, DFG).

Ralph Weimann é doutor em Teologia e professor convidado no Ateneu Pontifício Regina Apostolorum, de Roma.

Reinhard Marx é doutor em teologia e cardeal da Igreja Católica; presidente da Conferência Episcopal Alemã; arcebispo de Munique e Freising.

Terrence Keeley é diretor executivo e presidente do Official Institutions Group, em BlackRock, Nova York (Estados Unidos).

Thomas Krafft é filósofo e publicista em Munique, na Alemanha.

Ursula Nothelle-Wildfeuer é doutora em Teologia; catedrática de Doutrina Social Cristã, na Faculdade de Teologia da Universidade Albert Ludwig de Friburgo de Brisgóvia (Alemanha).

Walter Kasper é doutor em Teologia e cardeal da Igreja Católica; presidente emérito do Conselho Pontifício para a Promoção da Unidade dos Cristãos, no Vaticano; anteriormente, catedrático de Teologia Dogmática, na Universidade de Tubinga e bispo da Diocese de Rotemburgo-Stuttgart (Alemanha).

CULTURAL

Administração
Antropologia
Biografias
Comunicação
Dinâmicas e Jogos
Ecologia e Meio Ambiente
Educação e Pedagogia
Filosofia
História
Letras e Literatura
Obras de referência
Política
Psicologia
Saúde e Nutrição
Serviço Social e Trabalho
Sociologia

CATEQUÉTICO PASTORAL

Catequese
  Geral
  Crisma
  Primeira Eucaristia

Pastoral
  Geral
  Sacramental
  Familiar
  Social
  Ensino Religioso Escolar

TEOLÓGICO ESPIRITUAL

Biografias
Devocionários
Espiritualidade e Mística
Espiritualidade Mariana
Franciscanismo
Autoconhecimento
Liturgia
Obras de referência
Sagrada Escritura e Livros Apócrifos

Teologia
  Bíblica
  Histórica
  Prática
  Sistemática

REVISTAS

Concilium
Estudos Bíblicos
Grande Sinal
REB (Revista Eclesiástica Brasileira)
SEDOC (Serviço de Documentação)

VOZES NOBILIS

Uma linha editorial especial, com importantes autores, alto valor agregado e qualidade superior.

VOZES DE BOLSO

Obras clássicas de Ciências Humanas em formato de bolso.

PRODUTOS SAZONAIS

Folhinha do Sagrado Coração de Jesus
Calendário de mesa do Sagrado Coração de Jesus
Agenda do Sagrado Coração de Jesus
Almanaque Santo Antônio
Agendinha
Diário Vozes
Meditações para o dia a dia
Encontro diário com Deus
Guia Litúrgico

CADASTRE-SE
www.vozes.com.br

EDITORA VOZES LTDA.
Rua Frei Luís, 100 – Centro – Cep 25689-900 – Petrópolis, RJ
Tel.: (24) 2233-9000 – Fax: (24) 2231-4676 – E-mail: vendas@vozes.com.br

UNIDADES NO BRASIL: Belo Horizonte, MG – Brasília, DF – Campinas, SP – Cuiabá, MT
Curitiba, PR – Fortaleza, CE – Goiânia, GO – Juiz de Fora, MG
Manaus, AM – Petrópolis, RJ – Porto Alegre, RS – Recife, PE – Rio de Janeiro, RJ
Salvador, BA – São Paulo, SP